Tania Lieckweg

Das Recht der Weltgesellschaft

Das Recht der Weltgesellschaft

Systemtheoretische Perspektiven auf die Globalisierung des Rechts am Beispiel der Lex Mercatoria

von Tania Lieckweg

 Lucius & Lucius · Stuttgart

Anschrift der Autorin:

Dr. Tania Lieckweg
Fischerinsel 1
10179 Berlin

Bibliografische Information der Deutschen Bibliothek

Die Deutsche Bibliothek verzeichnet diese Publikation in der Deutschen
Nationalbibliografie; detaillierte bibliografische Daten sind im Internet über
http://dnb.ddb.de abrufbar

ISBN 3-8282-0261-6

© Lucius & Lucius Verlagsgesellschaft mbH Stuttgart 2003
   Gerokstr. 51, D-70184 Stuttgart
   www.luciusverlag.com

Druck und Bindung: Ebner & Spiegel, Ulm

Inhaltsverzeichnis

Globalisierung des Rechts in der Weltgesellschaft

1. Einleitung

„Wenn man annimmt, dass eine Weltgesellschaft entstanden oder jedenfalls im Entstehen begriffen ist: wie soll man sich dann die Entstehung eines Weltrechts denken? Doch offenbar nicht in der Form von Staatsverträgen, die nach langen diplomatischen Verhandlungen kaum noch Substanz aufweisen. Und erst recht nicht in der Form von Beschlüssen oder Absichtsbekundungen internationaler Organisationen, die eine aufs Papier beschränkte Existenz führen" (Luhmann 1999: 250). Eine mögliche Antwort: Ein italienisches Unternehmen, das im Besitz eines Patents zur Produktion eines bestimmten Gutes ist, schließt mit einem US-amerikanischen Produktionsunternehmen einen Vertrag über die Lizenzproduktion des italienischen Patents. Dieser Vertrag garantiert dem US-amerikanischen Produktionsunternehmen das exklusive Recht zur Produktion von Gütern auf der Grundlage des Patents des italienischen Unternehmens. In dieser Unternehmensbeziehung entsteht jedoch ein Konflikt, da das US-amerikanische Unternehmen das italienische Unternehmen beschuldigt, den Vertrag im Hinblick auf die zugesagte Exklusivität gebrochen zu haben und es daraufhin wegen des daraus entstandenen Schadens verklagt. Das italienische Unternehmen hingegen beschuldigt das US-amerikanische Unternehmen, dass es zum Vertragsbruch gekommen sei, da es die Tantiemen für die Patennutzung nicht gezahlt habe. „The parties submitted their dispute to ICC arbitration. The Terms of Reference provided that the arbitral tribunal was to decide on the applicable law to substance. The defendant requested the application of the lex mercatoria, including the general principles of law and equity; while the claimant requested the application of American law in general and Massachusetts law in particular, as applicable to substance, with reference to lex mercatoria if necessary" (International Chamber of Commerce 1997, Case No. 5314).[1]

Die lex mercatoria, die hier als anwendbares Recht erwähnt wird, ist derzeit das prominenteste Beispiel für ein Weltrecht ohne Staat; für ein Weltrecht, das jenseits von nationalstaatlicher oder internationaler Politik entstanden ist. Dabei handelt es sich um eine globale Rechtsordnung, die in einem autonomen Prozess der Rechtsproduktion entstanden ist und sich ständig weiterentwickelt. Im Zusammenhang mit der lex mercatoria haben sich Schiedsgerichtsverfahren zur gängigen Institution der Konfliktlösung etab-

---

[1] Schiedssprüche dürfen nur in anonymisierter Form veröffentlicht werden. Dies ist einer der Vorteile von Schiedsverfahren, da im Unterschied zu Gerichtsverfahren hier die Namen von Unternehmen, die in Vertragskonflikte geraten sind, nicht erwähnt werden und so für die Unternehmen ein gewisser „Schutz" besteht.

liert. So enthalten heute 90 % der internationalen Verträge eine Schiedsklausel (Dezalay/Garth 1996). Schiedsgerichte sind eine weltweit anerkannte Alternative zur staatlichen Gerichtsbarkeit und die lex mercatoria erfährt gerade in den Schiedsverfahren ihre Anwendung und Verbreitung.

Entlang der lex mercatoria soll hier versucht werden, Antworten auf Luhmanns Frage nach dem Entstehen eines Weltrechts zu finden. Die lex mercatoria bietet sich dazu an, da hier bereits eine globale Rechtsordnung besteht und sich beständig weiter entwickelt. Zur Beantwortung der Frage wird auf die Systemtheorie Luhmanns zurückgegriffen. Dieses Vorgehen konfrontiert die Diskussion um die lex mercatoria und die Globalisierung des Rechts mit einer spezifischen Beobachtungsperspektive, nämlich der der Systemtheorie. Umgekehrt wird aber die Systemtheorie mit einem spezifischen Fall, dem der lex mercatoria, konfrontiert und muss zeigen, welche Beobachtungsmöglichkeiten sie hier zur Verfügung stellt.

In der rechtswissenschaftlichen Literatur findet sich häufig die Einschätzung, dass sich die Wirtschaft mit der lex mercatoria ihr eigenes globales Recht schaffe. Nun lässt der zitierte Konfliktfall tatsächlich vermuten, dass die Globalisierung des Rechts – zumindest für den Fall der lex mercatoria – in einem engen Zusammenhang mit der Globalisierung der Wirtschaft steht. Wenn aber die Frage von Luhmann, wie man sich das Entstehen eines Weltrechts vorzustellen habe, mit den Mitteln der Systemtheorie Niklas Luhmanns beantwortet werden soll – was ja das Vorhaben dieser Arbeit ist – dann ist zuallererst Skepsis in bezug auf die Annahme eines selbstgeschaffenen Rechts der Wirtschaft geboten. Ausgehend von der Leitunterscheidung der System/Umwelt-Differenz betont die Systemtheorie nämlich in erster Linie die Autonomie der gesellschaftlichen Funktionssysteme, wie Recht, Wirtschaft, Politik etc. Zugleich nimmt sie dabei aber in den Blick, dass die Funktionssysteme wechselseitig aufeinander angewiesen sind. Dies ist der Ansatzpunkt der vorliegenden Arbeit. Die zentrale These ist dabei, dass die Globalisierung des Rechts trotz und wegen der Autonomie des Rechts auf die Beziehungen des Rechts zu anderen Funktionssystemen zurückzuführen ist. Dies ist im Fall der lex mercatoria die Beziehung von Recht und Wirtschaft.

Zur Ausarbeitung der These ist es notwendig, sich diese Beziehung zwischen Recht und Wirtschaft, also den möglichen Zusammenhang zwischen der Globalisierung des Rechts und der Globalisierung der Wirtschaft, zunächst einmal genauer anzusehen. Für dieses genauere Hinsehen stellt die Systemtheorie die Theoriefigur der strukturellen Kopplung zur Verfügung. Mit dieser Theoriefigur können offensichtliche Zusammenhänge zwischen Funktionssystemen erklärt werden, ohne die Annahme einer Autonomie der Systeme zurückzunehmen. Deshalb wird es mit Hilfe dieser Theoriefigur möglich zu zeigen, dass die Globalisierung des Rechts im Fall der lex mercatoria auf die Beziehungen des

Rechts zur Wirtschaft zurückzuführen ist, aber strikt nach ihrer eigenen Logik verläuft. Damit wird es zugleich möglich, Antworten auf die Frage nach der Globalisierung des Rechts und dem Entstehen eines Weltrechts zu geben. Die Anwendung der Theoriefigur der strukturellen Kopplung im Zusammenhang mit einem speziellen Fall von Globalisierung steht im Mittelpunkt der Arbeit. Das Ziel der Arbeit besteht dabei darin, anhand der lex mercatoria Antworten auf Luhmanns Frage nach dem Entstehen eines Weltrechts mit den Mitteln der Theorie Luhmanns zu skizzieren, womit zugleich eine systemtheoretische Perspektive auf die Globalisierung des Rechts insgesamt gerichtet wird.

Die Arbeit setzt sich entsprechend aus drei Teilen zusammen. Im ersten Teil werden einige Entwicklungslinien der Globalisierung des Rechts skizziert (Kapitel 2 und 3) und anschließend die im Verlauf der Arbeit auszuarbeitenden Fragen und Thesen entwickelt (Kapitel 4). Im zweiten Teil werden die strukturelle Kopplung von Recht und Wirtschaft und ihre Rolle im Prozess der Globalisierung des Rechts untersucht. Dies geschieht zum einen im Hinblick auf die strukturelle Kopplung von Recht und Wirtschaft über Eigentum und Vertrag (Kapitel 5) und zum anderen im Hinblick auf die Rolle von Organisationen im Zusammenhang mit strukturellen Kopplungen (Kapitel 6). Der dritte Teil richtet dann den Blick auf das Recht der Weltgesellschaft. Hier geht es zunächst um den globalen Normbildungsprozess, der im Zentrum der Globalisierung des Rechts steht (Kapitel 7). Abschließend wird gefragt, welche Perspektiven für die Globalisierungsforschung mit der hier entwickelten Argumentation eröffnet wurden (Kapitel 8) und welche Konsequenzen sich für die Systemtheorie ergeben (Kapitel 9). Zum Schluss werden die drei Themenfelder resümiert, die für den Titel der Arbeit bestimmend waren: Recht der Weltgesellschaft – Lex Mercatoria – Systemtheoretische Perspektiven (Kapitel 10).

2. Globalisierungsentwicklungen in der Weltgesellschaft

„Globalisierung" ist sicherlich eines *der* Schlagwörter der letzten Jahre. So tauchen in den Massenmedien Begriffe wie Globalisierungsgegner, Globalisierungsfolgen und Globalisierungswahn auf. Bezeichnet werden damit ganz unterschiedliche soziale Phänomene, wie Protestbewegungen, Arbeitslosigkeit und Unternehmenszusammenschlüsse. Dass sie unter dem Begriff Globalisierung aber eine Gemeinsamkeit haben, die mehr beinhaltet als das Schlagwort selbst, wird erst auf den zweiten Blick deutlich. Die Folgen der zurückgehenden Bedeutung von nationalstaatlichen Grenzen für die Kommunikation in der Weltgesellschaft sind der gemeinsame Bezugspunkt von Globalisierungsgegnern (die seit der WTO-Konferenz in Seattle 1999 mit massiven Protestaktionen auftreten), von Entlassungen aufgrund von Produktionsverlagerungen in sogenannte Billiglohnländer und Unternehmensfusionen.

In Luhmanns Theorie finden sich nur wenige Stellen, in denen ausdrücklich das Thema Globalisierung behandelt wird. Dementsprechend fehlt auch ein ausgearbeiteter Globalisierungsbegriff, der aber dann notwendig wird, wenn die Frage nach dem Entstehen eines Weltrechts mit Mitteln der Systemtheorie beantwortet werden soll. Deshalb wird in diesem Kapitel im Rückgriff auf Luhmanns Arbeiten ein Globalisierungsbegriff skizziert, der mit den systemtheoretischen Grundannahmen kompatibel ist. Als Einführung in das Thema der Arbeit werden aber zunächst kurz die Entwicklungen in Wirtschaft (2.1) und Recht (2.2) zusammengefasst, die gemeinhin als Globalisierung verstanden werden. Erst im Anschluss daran wird die Skizze eines Globalisierungsbegriffs versucht, der den systemtheoretischen Grundannahmen entspricht (2.3).

2.1 Globalisierung der Wirtschaft

Da es in diesem Kapitel lediglich darum geht, den Kontext aufzuspannen, in dem sich die Arbeit verortet, wird sich im folgenden auf einige Stichworte zum Thema Globalisierung der Wirtschaft beschränkt. Mit dem Begriff der Globalisierung der Wirtschaft werden – grob zusammengefasst – zumeist zwei Prozesse bezeichnet: die Auflösung zuvor nationalstaatlich organisierter Ökonomien und/oder die Entstehung globalisierter Märkte, vor allem Konsum- und Finanzmärkte.[2] Dabei wird die Annahme, dass es sich bei der modernen Wirtschaft um eine Weltwirtschaft handelt, kaum mehr angezweifelt. Der „Untergang der Nationalökonomien" (Ohmae 1994; Reich 1996) und die damit verbun-

---

[2] Trotz der Globalisierung der Wirtschaft spielt aber der Ort, an dem sich Unternehmen ansiedeln, gerade in wissensbasierten Industrien immer noch eine große Rolle (Dunning 2000).

denen Konsequenzen waren zunächst die Konzentrationspunkte der Diskussion. Schon 1983 hat Theodore Levitt hingegen die Globalisierung der Märkte für standardisierte Konsumgüter beschrieben. Dabei ging er von einer Homogenisierungs-These bezüglich des Konsumenten-Geschmacks aus. Dementsprechend würden sich auch die multinationalen Unternehmen zu globalen Unternehmen wandeln müssen, die Levitt wie folgt beschreibt: „it sells the same things in the same way everywhere" (Levitt 1983: 93).[3] Dass dies stark verkürzend gedacht ist und nur auf einige wenige Konsumgüter (z.B. Coca-Cola) zutrifft, ist offensichtlich.

Als eine der strukturbestimmenden Veränderungen im Prozess der Globalisierung der Wirtschaft wird die zunehmende Bedeutung von multinational operierenden Unternehmen angesehen (Froehling/Rauch 1995; Muchlinski 1995; Muchlinski 1997; Stichweh 1999).[4] Insbesondere in den Bereichen Produktion und Forschung und Entwicklung (F&E) ist der Trend, diese Bereiche nicht mehr nur lokal, sondern global zu organisieren, sehr deutlich zu beobachten (Dunning 1994; Malnight 1995).[5] So gehen Schätzungen davon aus, dass multinationale Unternehmen ¾ des gesamten Welthandels tätigen und 80 % der weltweiten Forschung innerhalb von multinationalen Unternehmen stattfindet.[6] Wie Unternehmen die Globalorganisation ihrer Unternehmensfunktionen umsetzen, ist jedoch sehr unterschiedlich. So werden Unternehmensnetzwerke in Form von Strategischen Allianzen, Joint Ventures, Zuliefernetzwerken oder Kooperationen mit Kleinunternehmen aufgebaut, um weltweit agieren zu können. Multinationale Unternehmen hingegen präsentieren sich selbst als weltweites Netzwerk einzelner Organisationen, die sich den lokalen Gegebenheiten anpassen, aber in ihrem Zusammenspiel die Globalisierung der Aktivitäten ermöglichen (Goshal/Bartlett 1993). Multinational operierende Unternehmen[7] sind im Zusammenhang

---

[3] Zu einem neueren und entwickelteren Verständnis von globalen Unternehmen vgl. Kogut (1999).

[4] Die Besonderheit von multinationalen Unternehmen besteht zusammengefaßt darin, dass „MNCs [multinational corporations] are physically dispersed in environmental settings that represent very different economic, social and cultural milieus [...]; they are internally differentiated in complex ways to respond to both environmental and organizational differences in different businesses, functions and geographic locations [...] and [...] they possess internal linkages and coordination mechanisms that represent and respond to many different kinds and extents of dependence and interdependency in interunit exchange relations" (Goshal/Bartlett 1993: 79.).

[5] Gerade die sogenannten „Mega-Fusionen" der letzten Jahre bestätigen die Rolle von multinationalen Unternehmen. Der wohl am stärksten beachteten Fusion von Daimler-Benz und Chrysler im Jahr 1998 folgten Ford und Volvo-Pkw 1999 und Vodafone und Mannesmann 2000, um nur einige der großen und wegweisenden Fusionen zu nennen.

[6]Eine interessante Studie zur Entwicklung eines multinationalen Unternehmens der pharmazeutischen Industrie stellt Malnight (1995) vor. Zur Rolle von multinationalen Unternehmen bei der Globalisierung der Wissenschaft vgl. auch Stichweh (1999).

[7] Als multinationale Unternehmen werden solche Unternehmen bezeichnet, die selbst ein globales Netzwerk von Unternehmen sind. Multinational operierende Unternehmen hingegen können diese Art von multinationalen Unternehmen sein, schließen aber alle global operierenden Unternehmen mit ein.

mit der Globalisierung der Wirtschaft von besonderem Interesse, weil ihre Organisationsstrukturen genau das widerspiegeln, was mit Globalisierung im engeren Sinne gemeint ist:
wirtschaftliche Kommunikation ist nicht an nationalstaatlichen Grenzen orientiert, sondern
bildet einen globalen Zusammenhang. „The really new phenomena brought about by the
so-called globalization of the economy do not rely merely on the increase in international
commerce. What is new, [...], is that the control of fragmented production processes,
spread all over the world, is now exercised by organizations which have themselves spread
beyond state frontiers" (Robé 1997: 45; H.i.O.). Wenn auch multinational operierende
Unternehmen als Hauptakteure der Globalisierung gehandelt werden, so bleibt die Frage,
welcher Zusammenhang zwischen der Globalisierung der Wirtschaft und den multinationalen Unternehmen besteht, doch erstaunlich unbearbeitet. So werden zwar multinationale
Unternehmen als „principal vehicles for foreign direct investment" (Muchlinski 1995: 1vi)
gesehen, aber der mögliche Zusammenhang zwischen den Strukturbesonderheiten multinationaler Unternehmen und der Globalisierung der Wirtschaft bleibt (bislang) weitgehend
unbeachtet. Die Organisationsstrukturen multinationaler Unternehmen machen weltweite
Anschlussmöglichkeiten der Kommunikation wahrscheinlicher, machen also globale
Wirtschaftskommunikation erst möglich. Dass damit dann wiederum eine Reihe weiterer
Wirtschaftsorganisationen in die globale Kommunikation einbezogen sind, wie z.B. Banken, ist naheliegend.

2.2   Globalisierung des Rechts

Ist die Globalisierung der Wirtschaft eine – mehr oder weniger – akzeptierte Tatsache, so
gilt dies für Globalisierungsentwicklungen in anderen gesellschaftlichen Bereichen, wie
Recht, Politik oder Wissenschaft nicht in dem selben Maße. Insbesondere der Annahme
einer Globalisierung des Rechts wird, gerade von praktizierenden Juristen und Rechtswissenschaftlern, mit sehr viel Skepsis begegnet. Diese Skepsis lässt sich durch den Hinweis begründen, dass in der modernen Gesellschaft das Rechtssystem neben der Politik
die stärksten nationalstaatlichen Differenzierungen aufweist. Dass sich aber gerade im
Rechtssystem Globalisierungstendenzen zeigen, sich also ein Weltrecht in unterschiedlichen Rechtsbereichen entwickelt, soll in diesem Abschnitt skizziert werden.[8] Im weiteren
Verlauf wird sich die Arbeit dann auf den Bereich des Wirtschaftsrechts beschränken, da
sich hier Globalisierungstendenzen am deutlichsten zeigen und diese im engen Zusammenhang mit der Globalisierung der Wirtschaft stehen.

---

[8] So stellt z.B. Basedow (2000) fest, dass bei jeder zehnten Eheschließung in Deutschland ein ausländischer
Ehepartner beteiligt ist und dass mit der Einführung des Euro die transnationalen Transaktionen zunehmen
werden. Hier sieht er Hinweise darauf, dass transnationale Konflikte noch zunehmen werden.

Das Thema der Rechtsglobalisierung wird, anders als das Thema der Globalisierung der Wirtschaft, bislang vorrangig von nur einer Disziplin bearbeitet: der Rechtswissenschaft.[9] Aber auch Arbeiten, die der Law&Society-Tradition verpflichtet sind, beschäftigen sich mit dem Thema (Friedman 1996). In der Rechtssoziologie und Rechtspolitologie, von denen man Beiträge erwarten könnte, sind allerdings bislang nur wenige Arbeiten entstanden, die zu dem Thema beitragen.[10] Aus diesem Grund bezieht sich der folgende Überblick auf Ergebnisse, die vor allem in der rechtswissenschaftlichen Literatur zu Globalisierungsentwicklungen im Bereich der Menschenrechte, des Arbeits- und Umweltrechts, des Sportrechts, eines Rechts des Internet und des Wirtschaftsrechts zu finden sind.[11] Dabei sollen Tendenzen aufgezeigt werden, die sich in den unterschiedlichen Rechtsbereichen in Richtung der Entwicklung eines Weltrechts beobachten lassen, bevor dann in Kapitel 3 ausführlich auf die Entwicklung eines globalen Wirtschaftsrechts, die lex mercatoria, eingegangen wird.

Am Beispiel der Menschenrechte lässt sich sehr deutlich nachzeichnen, wie sich eine bestimmte Rechtsidee international durchgesetzt hat. Bei der Durchsetzung der Menschenrechte spielten und spielen Non-Governmental-Organizations (NGOs) eine große Rolle (Bianchi 1997). Auch daran wird schon deutlich, dass es sich bei Menschenrechten in erster Linie um geteilte Werte und erst dann um international durchgesetztes Recht handelt. Dabei ist der menschenrechtliche Universalismus eher so zu verstehen, dass die Anerkennung des Wertes, im Sinne einer globalen Ethik, selbstverständlich nicht heißt, dass die Menschenrechte auch global anerkannt und geschützt werden.[12] Gerade darin liegen die Probleme, die mit der globalen Durchsetzung der Menschenrechte verbunden sind. Sobald diese global anerkannt und im internationalen Recht verankert sind, sind sie nicht mehr die Angelegenheit einzelner Nationalstaaten (Bianchi 1997: 180ff.). Damit entstehen Fragen nach dem angemessenen Raum der Rechtsprechung, die nur teilweise durch Institutionen wie den Europäischen Gerichtshof für Menschenrechte gelöst werden.

Auch im Bereich des Arbeitsrechts lassen sich erste Tendenzen einer Globalisierung des Rechts beobachten, obwohl das Arbeitsrecht sicher einer der Rechtsbereiche ist, bei

---

[9] Aber auch einige neuere politikwissenschaftliche Arbeiten haben das Thema aufgenommen: Jayasuriya (1999); McGrew (1998); Neyer (1998); Scheuermann (1999).

[10] Siehe aber z.B. Voigt (1999/2000); wobei auch Ziegert (1999/2000: 69) eine auffällige Distanziertheit der Rechtssoziologie zum Thema Globalisierung des Rechts feststellt.

[11] Damit wird aber immer noch nur ein Ausschnitt aus den aktuellen Globalisierungsentwicklungen im Rechts betrachtet. So verweist z.B. Carberry (1999) auf die Herausforderungen des Terrorismus als globales Phänomen für das Rechtssystem.

[12] Zu einer globalen Ethik vgl. auch Burger (1999) und Luhmann (1999).

denen man aufgrund der nationalen Orientierung der industriellen Beziehungen eine hohe Globalisierungsresistenz vermuten würde. Aber gerade die industriellen Beziehungen erfahren im Zuge der multinationalen Unternehmensfusionen und multinationalen Ausrichtung der Unternehmen eine globalere Orientierung. So haben Gewerkschaften der Telekommunikationsbranche in den USA, Mexiko und Kanada eine Allianz zur wechselseitigen Unterstützung beschlossen. Ebenso haben sich die Gewerkschaften, die in den BMW-Werken in Deutschland, Brasilien und den USA aktiv sind, zusammengeschlossen, um zu verhindern, dass Produktionsverlagerungen als Druckmittel in Verhandlungen genutzt werden können (Trubek/Mosher/Rothstein 1999). Im Herbst 2001 fand der erste Weltkongress der weltumspannenden Dienstleistungsgewerkschaft Union Network International (UNI) in Berlin satt, womit 15 Mio. Mitglieder aus 1000 Gewerkschaften in 150 Ländern unter einem Dach zusammengeschlossen sind. Damit geht die bislang eher symbolische Rolle von internationalen Gewerkschaftsorganisationen über zu einer Rolle der aktiven Gestaltung der arbeitsrechtlichen Standards der globalisierten Wirtschaft.[13] Auch hier spielen NGOs, insbesondere Menschenrechtsgruppen, eine große Rolle. Sie haben die Arbeitsbedingungen und die Behandlung der Arbeitnehmer durch die Unternehmen, vor allem in den sogenannten Entwicklungsländern, zum Thema gemacht. Aber auch internationale Organisationen wie die International Labor Organization (ILO) nehmen Einfluss auf die industriellen Beziehungen. Diese unterschiedlichen Akteure werden als wesentliche Größen im Prozess der Entwicklung eines globalen Arbeitsrechts gesehen (Bercusson 1997).

Obwohl das Umweltrecht ein noch sehr junger Rechtsbereich ist, lassen sich gerade hier aus naheliegenden Gründen Globalisierungstendenzen beobachten (dazu und zum folgenden: Hobley/Wagner 1999). Denn spätestens mit dem Reaktorunglück von Tschernobyl ist deutlich geworden, dass sich Umweltprobleme nicht an nationalen oder regionalen Grenzen orientieren. Dies spiegelt sich auch in der Entwicklung des Umweltrechts und in der Entwicklung von Umweltschutzprinzipien in den letzten 20 Jahren wider. In Europa ist auf der Ebene der EU das Umweltrecht mittlerweile gut etabliert, so dass die Staaten, die eine Mitgliedschaft anstreben, um eine Anpassung ihres Umweltrechts (falls vorhanden) bemüht sind. Aber auch über diese Form der Rechtsharmonisierung im Zuge der EU-Integration hinausgehende Entwicklungen lassen sich beobachten. Ein globales System der Umweltregulierung stützt sich auf die Stockholm-Erklärung von 1972 und vor allem auf die Erklärungen des sogenannten Umweltgipfels von Rio, der Konferenz für Umwelt und Entwicklung der Vereinten Nationen (UNCED).[14] Hier ist zu beobachten, dass die Prinzipien der Nachhaltigkeit, die aus der Rio-Erklärung folgten,

---

[13] Zu globalen arbeitsrechtlichen Standards s. auch Charny (2000).

[14] Die Erklärung zum Klimaschutz ist wohl der bekannteste Teil der dort ausgehandelten Vereinbarungen.

von multinationalen Unternehmen aufgenommen werden. Nachhaltigkeit könnte somit zum Kernprinzip eines globalen Umweltrechts werden. Hier gilt, dass die Globalisierung der Wirtschaft und des Umweltschutzes die Praxis des Umweltrechts in eine internationale Praxis transformiert hat. So werden z.B. bei internationalen Unternehmensfusionen auch Umweltrechtler hinzugezogen, die sich dann mit den unterschiedlichen Ausgestaltungen des Umweltrechts konfrontiert sehen. Diese Annäherung lässt Hobley/Wagner (1999) zu dem Schluss kommen, dass die Umweltrechtler zunehmend die gleiche Sprache sprechen und hier der deutlichste Hinweis auf eine Globalisierung des Umweltrechts zu sehen ist.[15]

Das Internet – als globales Kommunikationsmedium – hat ebenfalls Bedarf für ein globales Recht entstehen lassen. Insbesondere seitdem das Internet ein Handelsplatz für Dienstleistungen, Güter, Informationen und Ideen geworden ist, nehmen hier Konflikte zu, für deren Lösung noch keine angemessenen Normen zur Verfügung stehen. Dabei handelt es sich häufig um Vertragskonflikte, die auf Spezifika der Internet-Transaktionen zurückzuführen sind. Nationales Recht bietet für diese Art von Konflikten keinen angemessenen Rechtsrahmen, so dass hier möglicherweise ein eigenes Recht des Internet entsteht – eine lex informatica (Mefford 1997). Damit würde eine globale Rechtsordnung entstehen, die eigens auf die Bedürfnisse des Internet zugeschnitten ist.[16] Diese eigene Rechtsordnung des Internet ist zwar bislang noch nicht vollständig entwickelt, aber es lassen sich erste Ansätze zur autonomen Rechtsentwicklung im Internet beobachten. Der Code of Conduct on Online Marketing, der von der Internationalen Liga für Wettbewerbsrecht im Herbst 2000 verabschiedet wurde, ist ein gutes Beispiel dafür, wie die Ergebnisse einer international zusammengesetzten Arbeitsgruppe zu einer Rechtsordnung (hier: Werberechtsordnung) emergieren. Auch im Bereich des Verbraucherschutzes lassen sich erste Ansätze einer Internetgovernance beobachten (Calliess 2001b).

Ebenfalls lässt sich die Entwicklung eines internationalen Sportrechts beobachten. Dies ist „more than a static set of rules and principles: it is better described as a process for avoiding and resolving disputes" (Nafziger 1996: 130). Internationale Sportaktivitäten bringen nationales Recht an seine Grenzen und nationale Gerichte können internationale Konflikte im Sport nicht angemessen behandeln. Als Reaktion darauf entstehen hier Regeln und Institutionen, die Konflikte vermeiden oder lösen sollen. So z.B. die Anti-Doping-Resolution, auf die sich das International Olympic Committee (IOC) und die

---

[15] „This is a language which includes such terms as polluter pays, the precautionary principle, sustainable development, retrospective liability, phase I and phase II audits and so forth. It is a language which recognises that issues such as pollution, depletion of the ozone layer and global warming do not recognise national frontiers and so consequently require multi-national strategies and solutions" (Hobley/Wagner 1999: 241).

[16] Gerade in bezug auf das Internet ist die Frage nach der möglicherweise bedrohten Staatssouveränität und nach neuen Möglichkeiten demokratischer Foren naheliegend (Perritt 1998; Sassen 1998).

Association of Summer Olympic International Federations (ASOIF) verständigt haben und auf die sich nun weltweit berufen wird.

Im Bereich des Wirtschaftsrechts lässt sich, wie eingangs erwähnt, der derzeit wohl prominenteste Fall einer Globalisierung des Rechts beobachten. Dieser Globalisierungsfall steht im engen Zusammenhang mit der Globalisierung der Wirtschaft. Mit der Globalisierung der Wirtschaft entsteht ein Rechtsraum, der der zusätzlichen Normsetzung bedarf, da eine Orientierung an nationalstaatlicher Gesetzgebung für grenzüberschreitende Wirtschaftsbeziehungen unzureichend ist.[17] Diese Normsetzung scheint auf die Vertragsgestaltung und die Festlegung bestimmter Regelungen multinational agierender Unternehmen zurückzuführen zu sein. „[T]he voluntary use of contracts by MNEs [multinational enterprises] [...] may be a significant source of the 'global proto-law',, (Muchlinski 1997: 83). Somit ist ein „Praxisrecht der internationalen Wirtschaft" entstanden, das den globalen Strukturen der Wirtschaft entspricht und heute unter der Bezeichnung lex mercatoria zunehmend Beachtung findet.[18] Dies wird in Kapitel 3 ausführlich dargestellt.

Zur Einführung in das Thema der Arbeit ist aber der skizzenhafte Überblick über die Globalisierung der Wirtschaft und die Globalisierung des Rechts allein nicht ausreichend. Wenn in der Arbeit Luhmanns Frage mit den Mitteln der Theorie Luhmanns beantwortet werden soll, muss an dieser Stelle auch geklärt werden, wie das Thema Globalisierung in Luhmanns Arbeiten behandelt wird um so ein Verständnis von Globalisierung zu umreißen, das mit den systemtheoretischen Grundannahmen kompatibel ist und im weiteren Gang der Arbeit verwendet werden kann.

2.3   Globalisierungsentwicklungen in der funktional differenzierten Weltgesellschaft

Die Suche nach einem Begriff von Globalisierung, der mit den systemtheoretischen Grundannahmen kompatibel ist und explizit auf Luhmanns Arbeiten zurückgreift, führt zunächst zum Thema Weltgesellschaft. Ist schon die Tatsache, dass sich bestimmte Getränke, Sportschuhe oder Superstars[19] auf der ganzen Welt der gleichen Beliebtheit erfreuen, ein ausreichendes Argument dafür, dass es sich bei der modernen Gesellschaft

---

[17] „Je umfassender, globaler Veranstaltungen und Auswirkungen von Märkten sind, desto begrenzter, dysfunktionaler werden nationale aber auch regionale Steuerungsinstrumente. Letztere beherrschen indessen nach wie vor die normative Weltkarte" (Schnyder 2000: 515).

[18] Zu einer „Weltwirtschaftsverfassung" s. Behrens (2000).

[19] Wie Coca-Cola, Nike und Madonna.

um eine Weltgesellschaft handelt? Abgesehen von der empirischen Evidenz solcher weltgesellschaftlichen Homogenisierungen, bezeichnet der Begriff der Weltgesellschaft aber sehr viel mehr als die kulturelle Annäherung über Kontinente hinweg. Der Begriff der Weltgesellschaft ist aber nicht erst im Zuge der Globalisierungsdiskussion aufgetaucht, sondern hat schon in den 1960er und 1970er Jahren in der Soziologie für kurze Zeit Aufmerksamkeit erfahren (z.B. Moore 1966).[20] So hat auch Luhmann den Begriff der Weltgesellschaft schon früh in seine Gesellschaftstheorie eingeführt (Luhmann 1975). Die Begründung dafür, warum die (System-)Theorie der Gesellschaft nur eine Theorie der Weltgesellschaft sein kann, findet sich in der Struktur der modernen Gesellschaft. Eine Gesellschaft, die intern in funktionale Teilsysteme differenziert ist, kann zutreffend nur als Weltgesellschaft verstanden werden (Luhmann 1975: 60f.; Luhmann 1997a: 145ff.). Damit ist schon der zweite Theoriestrang angesprochen, auf den man bei der Suche nach einem Begriff von Globalisierung in Luhmanns Arbeiten stößt: die Theorie funktionaler Differenzierung. Die einzelnen Funktionssysteme selbst sind weltumspannende Systeme, wobei der weltumspannende Charakter selbstverständlich unterschiedlich stark ausgeprägt ist. Ist er in bezug auf die Wirtschaft kaum noch zu bestreiten, so werden Recht und Politik immer noch als nationalstaatlich geprägt wahrgenommen. Für die Gesellschaft gilt jedoch, dass sie ihre Grenzen nur gegenüber der nicht-kommunikativen Umwelt zieht und auch deshalb schon Weltgesellschaft ist. Ein Begriff von Gesellschaft, der so radikal an der Grenzziehung von Kommunikation/Nicht-Kommunikation ansetzt, muss davon ausgehen, dass Gesellschaft immer Weltgesellschaft ist. Denn für alle anschlussfähige Kommunikation kann es nur ein Gesellschaftssystem geben (Luhmann 1997a: 145). Weltweite Kommunikation lässt sich aber auch empirisch gut beobachten. So nennt Luhmann (1975) Organisation und Telekommunikation als die wichtigsten Errungenschaften, die die weltweite Kommunikation ermöglichen. Seit der Etablierung des Internet hat diese These in Bezug auf Telekommunikation noch einmal an Evidenz gewonnen. Räumliche Entfernung führt in der modernen Gesellschaft – anders als in vormodernen Gesellschaften – nicht mehr dazu, dass Kommunikationsmöglichkeiten abnehmen. In der Folge sind auch die Funktionssysteme als Weltfunktionssysteme zu verstehen. Es handelt sich dann um Weltwirtschaft, Weltrecht, Weltwissenschaft etc.

Der Zusammenhang zwischen funktionaler Differenzierung und Weltgesellschaft bietet einen zentralen Ansatzpunkt für einen Globalisierungsbegriff, der mit den systemtheoretischen Grundannahmen kompatibel ist. Bei diesem Zusammenhang setzt auch Stichweh (1994; 1995; 1996a; 1996b) an, der in verschiedenen Arbeiten ein Verständnis von Globalisierung entwickelt, das sich deutlich an Luhmanns Arbeiten orientiert. Dieser Begriff

---

[20] Wobei Moore (1966) den Begriff Gesellschaft für die Subsysteme eines alle Menschen umfassenden Globalsystems versteht, also letztlich bei einem an Nationalstaaten orientierten Gesellschaftsbegriff verbleibt.

von Globalisierung baut auf den zwei bereits genannten gesellschaftstheoretischen Prämissen auf: die moderne Gesellschaft ist nur noch als Weltgesellschaft zu verstehen und diese ist differenziert in funktionale Teilsysteme, die jeweils einen weltweiten Kommunikationszusammenhang konstituieren und – als Funktionssysteme – nicht an nationalstaatlichen Grenzen orientiert sind. Innerhalb dieser Funktionssysteme kann es dann wiederum zu Differenzierungen kommen, die durchaus an nationalstaatlichen Grenzen orientiert sein können, wie z.B. die Politik der jeweiligen Staaten. Der Globalisierungsbegriff Stichwehs besteht folgendermaßen aus zwei Teilen, in denen jeweils die eine gesellschaftstheoretische Prämisse der Ausgangspunkt ist. Der eine Teil des Globalisierungsbegriffs ergibt sich aus der Grundannahme der funktionalen Differenzierung der Gesellschaft: Globalisierungsprozesse finden auf der Ebene der Funktionssysteme statt und müssen deshalb auch für jedes dieser Systeme analysiert werden. Der an dem Konzept der Weltgesellschaft orientierte Teil des Globalisierungsbegriffs lässt sich in drei Komponenten zerlegen: globale Diffusion, globale Vernetzung von Kommunikation (Interrelation) und Dezentralisierung innerhalb der Funktionssysteme. Dabei wird Weltgesellschaft im Anschluss an Luhmann verstanden als ein „emergente[s] Sozialsystem, das weltweit alle denkbaren Kommunikationen zur Einheit eines und nur eines Systems zusammenführt" (Stichweh 1994: 88). Globale Diffusion bezeichnet die weltweite Homogenisierung bestimmter Strukturen, so z.B. die weltweite Durchsetzung bestimmter Organisationsstrukturen im Wissenschaftssystem. Mit globaler Interrelation wird ein Prozess beschrieben, in dem Kommunikationen zunehmend gesellschaftsweit Relevanz haben, wie zum Beispiel unternehmerische Entscheidungen, die nicht mehr nur mit Bezug auf die lokalen Gegebenheiten getroffen werden können, sondern die globalen Umweltbedingungen reflektieren müssen. Dezentralisierung innerhalb der Funktionssysteme ist eine Folge aus den beiden zuerst genannten Komponenten. Mit der globalen Vernetzung von Kommunikationen und der Annäherung von Strukturgleichheiten gehen die Möglichkeiten einer Zentralisierung in Funktionssystemen zurück.

Das Konzept funktionaler Differenzierung und die Annahme einer Weltgesellschaft gehören innerhalb der Systemtheorie deshalb so eng zusammen, weil mit der Entscheidung für funktionale Differenzierung als Primärdifferenzierung der modernen Gesellschaft, regionale Differenzierungen nicht gleichbedeutend sein können.[21] So betont Luhmann (1997a: 145ff.) dann auch, dass nur das politische System regional in Staaten

---

[21] Gegen das Konzept der Weltgesellschaft schlägt Helmut Willke (2000) vor, einen Begriff zu finden, der das Zwischenstadium bezeichnet, in dem sich die moderne Gesellschaft seiner Meinung nach derzeit befindet: zwischen regionalen Gesellschaften und Weltgesellschaft. Denn wie er herausstellt, befinden sich nur manche der Funktionssysteme in einem globalisierten Zustand, wie seiner Meinung nach z.B. Sport oder das Finanzsystem, in anderen hingegen sind regionale Differenzierungen weitaus dominanter als globale Kommunikationszusammenhänge. Er schlägt deshalb vor, von lateralen Weltsystemen auszugehen, um zu betonen, dass Globalität nur für einige Funktionssysteme zutrifft. Diesem Vorschlag schließt sich die vorliegende Arbeit nicht an.

differenziert ist und somit auch das Rechtssystem, da dies an die jeweiligen Staaten gekoppelt ist. Allerdings lassen sich ja gerade, wie zuvor skizziert, im Rechtssystem in der
letzten Zeit Globalisierungstendenzen beobachten, so im Wirtschaftsrecht oder bei der
Etablierung von Menschenrechten. Für alle anderen Funktionssysteme sind jedoch regionale Grenzen unbedeutend. Luhmann will damit nicht negieren, dass es regionale Unterschiede gibt, nur betont er, dass diese regionalen Unterschiede eben nicht die Form
von Systemgrenzen annehmen. So ist das Wissenschaftssystem eben nicht nach Nationalstaaten differenziert, sondern nach wissenschaftlichen Disziplinen. Deutlicher wird
dieses Argument noch, wenn man sich den symbolischen Kommunikationsmedien, wie
z.B. Geld, zuwendet, die den Funktionssystemen zur Verfügung stehen. Diese sind nicht
auf regionale Begrenzungen festlegbar.

Schon anhand dieser sehr knappen Ausführungen ist deutlich geworden, dass es wenig
Sinn machen würde, die Funktionssysteme als lediglich auf Nationalstaaten begrenzte
Systeme zu verstehen. In der Soziologie hat aber gerade diese Sichtweise eine lange Tra-
dition und führt dazu, dass Gesellschaft häufig als Nationalgesellschaft, also italienische
Gesellschaft, chinesische Gesellschaft usw. verstanden wird. Für die moderne Gesellschaft ist dies aufgrund ihres weltumspannenden, alle Kommunikationen einschließen-
den Charakters nicht mehr eine angemessene Beschreibung. Die für die moderne Gesellschaft kennzeichnende funktionale Differenzierung bedeutet im Gegenteil, dass die Differenzierung nach Nationalstaaten zwar für das politische System zutrifft, nicht aber dass
die gesamte Gesellschaft in einzelne Nationalgesellschaften zerfallen würde. Dies ist eine
radikale Veränderung des in der Soziologie vorherrschenden Gesellschaftsbegriffs. „Erst
wenn man die sehr verschiedenen Globalisierungstendenzen in den einzelnen Funktionssystemen zusammenfassend vor Augen führt, wird das Ausmaß der Veränderung gegenüber allen traditionalen Gesellschaften erkennbar. Angesichts so heterogener Quellen der
‚Globalisierung' fehlt ein einheitlicher Gesellschaftsbegriff. Das systemtheoretische Konzept der Gesellschaft als eines operativ geschlossenen autopoietischen Sozialsystems, das
alle anderen Sozialsysteme, also alle Kommunikation in sich einschließt, versucht, diese
Lücke zu füllen" (Luhmann 1997a: 171).

Ein mit den systemtheoretischen Grundannahmen kompatibler Globalisierungsbegriff,
der bei Weltgesellschaft und funktionaler Differenzierung ansetzt, lässt sich dann im
Rückgriff auf Luhmanns und Stichwehs Arbeiten wie folgt zusammenfassen: Globalisierung beschreibt einen evolutionären Prozess, in dem globale Vernetzungsmöglichkeiten
der Kommunikation innerhalb der einzelnen Funktionssysteme zunehmen und sich in
der Folge die Funktionssysteme zu weltumspannenden Systemen, also zu Weltfunktionssystemen, entwickeln. Diese Entwicklung findet in allen Funktionssystemen der modernen Gesellschaft statt, jedoch muss sie als gradueller Prozess verstanden werden, der in
den verschiedenen Funktionssystemen unterschiedlich weit vorangeschritten ist. Schon

damit wird deutlich, dass die Globalisierungsprozesse in den einzelnen Funktionssystemen einerseits nach ihrer je eigenen Logik ablaufen, aber die Globalisierungsentwicklungen sich andererseits auch wechselseitig beeinflussen.

Bevor es in den nächsten Kapiteln darum gehen wird, mit diesem Verständnis von Globalisierung – das sich in Luhmanns Arbeiten zwar nicht explizit so findet, aber in seinen Arbeiten durchaus in dieser Form angelegt ist – an die Globalisierung des Rechts und insbesondere an die lex mercatoria heranzutreten, wird es in Kapitel 3 zunächst darum gehen, einen ausführlicheren Blick auf die lex mercatoria zu richten. In Kapitel 4 beginnt dann die Analyse der Globalisierung des Rechts am Fall der lex mercatoria, die auf das hier skizzierte Globalisierungsverständnis zurückgreift.

3.   Globalisierung des Rechts

Die lex mercatoria als globales Wirtschaftsrecht ist mittlerweile ein prominentes Beispiel für die Globalisierung des Rechts (3.1). Nicht nur der enge Zusammenhang zur Globalisierung der Wirtschaft, sondern gerade auch der eigenständige Charakter der Rechtsentwicklung der lex mercatoria haben dieser in letzter Zeit viel Aufmerksamkeit eingebracht (3.2). Kennzeichnend für die lex mercatoria ist, dass sie sich im engen Zusammenhang mit der Internationalen Handelsschiedsgerichtsbarkeit entwickelt (3.3) und sich die Arbeit der sogenannten Formulating Agencies auf die lex mercatoria bezieht und so zu ihrer Weiterentwicklung beiträgt (3.4).

3.1   Globalisierung des Rechts am Beispiel der lex mercatoria

Die Globalisierung des Rechts wird sehr unterschiedlich diskutiert und beobachtet. Geht es den politikwissenschaftlichen Ansätzen eher um Fragen nach der Auswirkung auf die Politik und der Entstehung neuer politischer Arenen und Akteure (McGrew 1998; Neyer 1998) als Reaktion auf die Globalisierung des Rechts, so diskutieren die rechtswissenschaftlichen Arbeiten Fragen nach der Rolle der Staatssouveränität (Fidler 1999), nach der Rolle von Juristen im Prozess der Globalisierung (Fox 1998) oder Probleme einer rechtswissenschaftlichen Analyse globalen Rechts. Aus Sicht der Rechtssoziologie geht es um Fragen nach der Angleichung von Rechtskulturen (Apelbaum 1998; Gessner 1994), nach den Konsequenzen für eine globale Rechtssoziologie (Friedman 1996; Gessner 1995) und um eine gesellschaftstheoretisch offene Perspektive auf die Globalisierung des Rechts (Teubner 1997a; Teubner 2000).

Gemeinsam ist den Arbeiten, dass sie davon ausgehen, dass die Globalisierung des Rechts im engen Zusammenhang mit der Globalisierung der Wirtschaft stehe.[22] So sieht Shapiro (1993) die Globalisierung des Rechts auch lediglich als eine Begleiterscheinung der Globalisierung der Wirtschaft. Dass die Globalisierung des Rechts sich aber nach ihrer eigenen Logik vollzieht, zeigt das zur Zeit prominenteste Beispiel für ein Weltrecht, das jenseits von nationalstaatlicher oder internationaler Politik entstanden ist: die sogenannte lex mercatoria,[23] das „selbstgeschaffene Praxisrecht der internationalen Wirt-

---

[22] Dass hier aber auch gerade die Gefahr der Verkürzung besteht, macht Teubner (2000) deutlich. Die Globalisierung des Rechts nur im Zusammenhang mit der Politik oder mit der Wirtschaft zu sehen, verstellt den Blick dafür, dass die Globalisierung des Rechts im Kontext der Weltgesellschaft stattfindet und es deshalb vielfältige Beziehungen zwischen den Funktionssystemen gibt, die die Globalisierung des Rechts vorantreiben.

[23] Schon im Mittelalter gab es eine sog. lex mercatoria. Bei dieser handelte es sich um ein noch bis ins 18. Jahrhundert bestehendes Kaufmannsgewohnheitsrecht des interregionalen und internationalen Handels- und Wirtschaftsverkehrs. Die moderne lex mercatoria hat aber mit dieser Fassung fast nur noch den Namen ge-

schaft". Dabei handelt es sich um eine globale Rechtsordnung, die in einem autonomen Prozess der Rechtsproduktion entstanden ist und sich ständig weiterentwickelt. Wegen dieser Politikunabhängigkeit wird die lex mercatoria häufig als informelles Recht bezeichnet.[24] Die lex mercatoria dient vor allem der Regelung grenzüberschreitender Wirtschaftsverträge und Wirtschaftskonflikte. Aber auch im Dienstrecht international tätiger Manager findet sie z.B. Anwendung. Als globales Wirtschaftsrecht wurde sie 1994 mit den Unidroit-Prinzipien schriftlich fixiert und hat damit ihre Kodifizierung erfahren (Bonell 1997a; Stein 1995). Im engen Zusammenhang mit der lex mercatoria haben sich Schiedsgerichtsverfahren zur gängigen Institution der Konfliktlösung etabliert. So enthalten heute 90 % der internationalen Verträge eine Schiedsklausel (Dezalay/Garth 1996). Schiedsgerichte sind eine weltweit anerkannte Alternative zur staatlichen Gerichtsbarkeit und die lex mercatoria erfährt gerade in diesen Verfahren ihre Anwendung und Verbreitung.

Die lex mercatoria und die mit ihr im Zusammenhang entstandene internationale Handelsschiedsgerichtsbarkeit eignen sich in besonderer Weise zur Analyse der Globalisierung des Rechts, da sich hier bereits ein globales Recht – im Sinne einer globalen Rechtsordnung – entwickelt hat, das in Verträgen und Schiedsverfahren angewendet und von staatlicher Rechtsprechung anerkannt wird, schriftlich fixiert wurde und einen hohen Bekanntheitsgrad aufweist. Anders als bei den zuvor skizzierten Entwicklungen im Bereich des Umwelt- und Arbeitsrechts (Abschnitt 2.2) handelt es sich bei der lex mercatoria um eine Rechtsordnung, die in der Anwendung laufend auf ihre Tauglichkeit hin überprüft wird und tatsächlich im globalen Wirtschaftsverkehr für Rechtssicherheit sorgt und damit ihre Globalität ständig unter Beweis stellt. Außerdem steht die Entwicklung dieses globalen Rechts im engen Zusammenhang mit Globalisierungsentwicklungen in anderen Funktionssystemen, insbesondere mit der Globalisierung der Wirtschaft, wie eine rechtswissenschaftliche Formulierung verdeutlicht: Die Rechtsanwender sehen sich „dem Grunddilemma des internationalen Wirtschaftsrechts ausgesetzt: die territoriale Beschränkung der Geltungskraft nationaler Rechtsordnungen führt zu der den Interessen der internationalen Wirtschaftspraxis häufig zuwiderlaufenden Nationalisierung des internationalen Sachverhalts" (Berger 1996: 9). Des weiteren sind in den Rechtswissenschaften mittlerweile eine Vielzahl von Arbeiten zu dem Thema entstanden, die die empirische Relevanz belegen und hier zur Analyse genutzt werden können. Die Ergebnisse dieser Arbeiten sollen im folgenden kurz vorgestellt werden, damit im weiteren Verlauf der Arbeit auf sie zurückgegriffen werden kann. Dazu wird es zunächst um die lex mercatoria gehen

---

meinsam (vgl. dazu Volckart/Mangels 1996). Mehr oder weniger synonym verwendete Begriffe lauten: new law merchant, autonomes Recht des Welthandels oder law of international commercial transactions.

[24] Siehe zum Zusammenhang von Globalisierung und Informalität des Rechts auch Scheuermann (1999).

(3.2), sodann um die Internationale Handelsschiedsgerichtsbarkeit, in der die lex mercatoria zur Anwendung kommt und die zur Verbreitung der lex mercatoria beiträgt (3.3)
und anschließend um sogenannte Formulating Agencies, Rechts- bzw. Branchenorganisationen, die für die schriftliche Fixierung und Weiterentwicklung der lex mercatoria
sorgen, also den institutionellen Rahmen bilden (3.4).

3.2   Lex mercatoria

Seit den 60er Jahren wird in der Rechtswissenschaft über eine globale Rechtsordnung,
die lex mercatoria, diskutiert. Unter den Stichworten „selbstgeschaffenes Recht der internationalen Wirtschaft" oder „transnationales Handelsrecht" werden hier Entwicklungen behandelt, die auf ein anationales Praxisrecht der Weltwirtschaft, vor allem bezogen
auf den Handel unter Kaufleuten, hinweisen. [25] Interessant ist an dieser Entwicklung,
dass die lex mercatoria nicht eine internationale Rechtsordnung ist, die durch einen Prozess der Rechtsangleichung entstanden ist, wie er sich etwa im Zuge des europäischen
Vereinigungsprozesses beobachten lässt, sondern die lex mercatoria ist darauf zurückzuführen, dass „die am Wirtschaftsverkehr Beteiligten [...] ein jedenfalls de facto staatsau-
tonomes transnationales Wirtschaftsrecht" entwickeln (Mertens 1992: 226), so dass die
Rechtsbeziehungen von multinational operierenden Unternehmen zueinander und zu
anderen Organisationen häufig nicht einer eindeutigen Bindung an nationalstaatliches
Recht unterliegen. Die Diskussion um die lex mercatoria hat in den letzten zehn Jahren
noch einmal an Intensität gewonnen und wird nun verstärkt mit der allgemeinen Globalisierungsdiskussion in Zusammenhang gebracht. Zwischen den Gegnern und Befürwortern der lex mercatoria[26] besteht die grundlegende Kontroverse – verkürzt gesagt – darin,
dass die Frage, ob es überhaupt Recht geben kann, dem eine nationalstaatliche Grundlage fehlt, unterschiedlich beantwortet wird.[27] Auf den zweiten Blick erfährt man allerdings
dann mehr, wenn man, eine Formulierung von Stein (1995) zitierend, zwischen „Reali-

---

[25] Der so genannte Handel unter Kaufleuten (aus dem Bereich des e-commerce als B2B bekannt), wird durch
das Internationale Privatrecht geregelt. Dies sieht vor, dass „das anzuwendende Privatrecht entweder durch
freie Vereinbarungen der Parteien bestimmt wird, oder aber mangels einer solchen Rechtswahl das Recht am
Sitz desjenigen gilt, der die 'vertragscharakteristische Leistung' erbringt, also kein Geld zahlt, sondern eine Ware
liefert oder eine Dienstleistung erbringt" (Calliess 2001a: 194). Für den B2C-Bereich, also für den Handel
zwischen Unternehmen und Verbrauchern, gilt aus Gründen des Verbraucherschutzes das Privatrecht am
Wohnort des Verbrauchers.

[26] Vgl. dazu auch Baron (1999).

[27] Stein stellt dazu fest, dass die Schwierigkeiten, die die Rechtswissenschaftler identifizieren, in keinem Verhältnis zu der Leichtigkeit der Vertragsgestaltung und Konfliktlösung der Praxis stehen. „Zugleich steht die
Aufmerksamkeit, die das Thema lex mercatoria in der juristischen Lehre erregt, außer jedem Verhältnis zu
seiner Bedeutung in der Praxis des internationalen Wirtschaftsverkehrs" (Stein 1995: 5).

tät" und „Theorie" der lex mercatoria unterscheidet.[28] Gegen die Realität der lex mercatoria lässt sich aufgrund ihrer empirischen Evidenz kaum etwas einwenden, allerdings lässt sich aus rechtspolitischer Perspektive durchaus Kritik an der lex mercatoria formulieren. So sind dann auch die Gegner und Befürworter der lex mercatoria allein in diesem Kontext zu verorten. Die Realität der lex mercatoria lässt sich am ehesten darüber erschließen, wenn man zunächst in den Blick nimmt, auf welche Erfordernisse der Weltwirtschaft an rechtliche Rahmenbedingungen sie reagiert. Dabei sind drei empirische Befunde besonders relevant. Erstens lässt sich beobachten, dass die Entwicklung der rechtlichen Rahmenbedingungen aufgrund ihrer nationalstaatlichen Ausrichtung für eine globale Wirtschaft nicht mehr angemessen ist. Zweitens hat die Rechtspraxis darauf bereits mit eigenen Varianten der Vertragsgestaltung und Konfliktlösung reagiert. Und drittens hat auch die nationalstaatliche Gesetzgebung erste Reaktionen gezeigt, indem sie dieses Praxisrecht anerkennt (Stein 1995: 14f.).

Der „Widerspruch zwischen der Internationalität des Handels und der Nationalität des Rechts" (Blaurock 1993: 249) wird als der Hauptgrund für die Entwicklung der lex mercatoria angesehen. Denn die nationale Geltung des Rechts kann die Erwartungen und Ansprüche einer internationalen Wirtschaft nur unzureichend erfüllen. Hinzu kommt, dass Konflikte zunächst erst nationalisiert werden müssten, um überhaupt behandelt werden zu können (Berger 1996: 9). Aber nicht nur die Rechtsprechung, sondern auch das materielle Recht selbst erfüllt nicht die Bedürfnisse der internationalen Wirtschaft. Komplexe Computersoftware erhält durch nationale Copyrightgesetze keinen angemessenen Schutz und im Bereich des Rückversicherungsgeschäftes gibt es keine adäquaten nationalen Regelungen, so dass hier auf selbstgeschaffene Regelungen ausgewichen wird, die von einem nationalen Recht losgelöst sind (Berger 1996: 14f.). Auch an den bestehenden kollisionsrechtlichen Möglichkeiten wird vor allem deren starke nationalstaatliche Ausrichtung kritisiert. Denn hier gibt es keine einheitlichen Lösungen für identische Konflikte, so dass fehlende Sicherheit, fehlende Vorhersehbarkeit und Willkür des Verfahrens die Hauptkritikpunkte sind (Stein 1995: 19f.). Nationales Recht wird in Bezug auf die Erfordernisse der Weltwirtschaft als veraltet und zu rigide angesehen.

Auf die Einschränkungen, die die Weltwirtschaft sowohl in ökonomischer als auch in rechtlicher Hinsicht durch unangemessene rechtliche Rahmenbedingungen erfährt, wird in der Rechtspraxis mit der Herauslösung der internationalen Vertrags- und Organisationsbeziehungen aus den starren nationalen Rechtsordnungen reagiert. In der Praxis zeigen sich zwei Möglichkeiten der Denationalisierung: zum einen komplexe internatio

---

[28] Diese Unterscheidung liegt der Arbeit von Stein (1995) zugrunde, die derzeit wohl die umfassendste Darstellung und Diskussion der lex mercatoria liefert. Umfassende Analysen stellen aber auch die Arbeiten von Meyer (1994) und Berger (1996) dar.

nal einheitliche materiellrechtliche Gestaltungsformen[29] und zum anderen Ausweichen in die internationale Handelsschiedsgerichtsbarkeit (Stein 1995: 35). Die Regelungen des so entstehenden Praxisrechts sind weitaus ausführlicher und spezifischer als die national-staatlicher Rechtsangebote. Zur Schaffung einer Rechtsordnung außerhalb des positiven staatlichen Rechts greift die internationale Vertragspraxis auf unterschiedliche Methoden zurück: Standardisierung der Vertragsgestaltung, einzelvertragliche Komplettregelung und Organisationsbildung. „Die Standardisierung der Vertragsgestaltung leistet den quantitativ weitaus bedeutendsten Beitrag zum Praxisrecht der internationalen Wirt-schaftsbeziehungen und erzielt die nachhaltigste Wirkung bei der Substitution positiven staatlichen Rechts, indem sie großflächig ihre eigene vollausgebildete Vertragsordnung an seine Stelle setzt" (Stein 1995: 38). Auch die einzelvertragliche Komplettregelung ist eine Substitutionsstrategie, wobei angestrebt wird, den Vertrag als alleinige Rechtsordnung der Parteien zu etablieren. Nach dem Vorbild der US-amerikanischen Kautelarpraxis werden die Verträge komplett ausformuliert, was zu einem entsprechend großen Umfang der Dokumente führt. Die dritte Möglichkeit, die der Organisationsbildung, ist die si-cherste Strategie der Denationalisierung und der Absicherung vor Zugriffen nationalen Rechts, wobei gerade multinationale Unternehmen selbst als Quellen der Rechtsschöp-fung angesehen werden (Muchlinski 1997; Robé 1997).[30]

Die internationale Handelsschiedsgerichtsbarkeit, die ausführlich in Abschnitt 3.3 behan-delt wird, bietet ein neutrales Forum für die Bearbeitung internationaler Streitfälle. Eine entsprechende Schiedsklausel wird heute in nahezu allen Verträgen des internationalen Wirt-schaftsverkehrs vereinbart, so dass hier ein erster Hinweis darauf zu finden ist, dass die Bedeutung des staatlichen Rechtsprechungsmonopols abnimmt. Die geringe Erfahrung der Richter an staatlichen Gerichten mit internationalen Streitfällen, mangelnde Vertraulichkeit des Verfahrens, die Unfähigkeit staatlicher Gerichte, den gewünschten Befriedungseffekt herzustellen (der für die Fortsetzung der ökonomischen Beziehungen von großer Bedeutung ist), und die Tatsache, dass Urteile staatlicher Gerichte in internationalen Streitfällen im Gegensatz zu Schiedssprüchen häufig nicht freiwillig erfüllt werden, führen dazu, dass sich die internationale Handelsschiedsgerichtsbarkeit mittlerweile weltweit als *die* Alternative zur staatlichen Gerichtsbarkeit entwickelt hat (Stein 1995: 60ff.). Häufig werden eine geringe Dauer, geringe Kosten und bessere Vollstreckungsmöglichkeiten als Vorteile gegenüber der staatlichen Gerichtsbarkeit angesehen. Aber mit der Angleichung der Schiedsgerichte in

---

[29] Die damit gemeinte Standardisierung der Vertragsgestaltung ist vor allem auf die Kodifikationswerke unter-schiedlichster Organisationen, wie die International Chamber of Commerce (ICC), die United Nations Com-mission on International Trade Law (UNCITRAL) oder die International Law Association (ILA) zurückzufüh-ren.

[30] Unterstützt wird die Durchsetzung des selbstgeschaffenen Rechts auch durch die Einrichtung von Barrieren, die den Einfluß des staatlichen Rechts beschränken sollen. Die Kautelarpraxis hat hier einige Abwehrtechniken entwickelt, so Rechtswahl und Klauselrecht, Konfrontationsvermeidung und Arbitrage.

Form und Auftreten an staatliche Gerichte sind auch hier die gleichen Defizite aufgetreten. Davon abgesehen, ist die internationale Handelsschiedsgerichtsbarkeit aber eine etablierte Möglichkeit, Streitfälle der internationalen Wirtschaft außerhalb der einzelnen nationalstaatlichen Rechtsordnungen zu lösen und sie trägt darüber zur Weiterentwicklung und Festschreibung eines globalen Wirtschaftsrechts bei.

Die „Theorie", also die Lehre und Doktrin der lex mercatoria, bietet, anders als die „Realität" der lex mercatoria, einige Anlässe für Kritik. Dabei verfolgt die Lehre der lex mercatoria ein eindeutiges rechtspolitisches Anliegen: die wirtschaftlichen Entwicklungen hin zu einer Weltwirtschaft auch rechtlich angemessen zu erfassen. Im Kern geht es darum, „dass letztlich nicht das Recht entscheidet, was Recht ist, sondern dass Normanwendung immer neue Kompromisse mit dem Leben suchen muss, dass [...] der Savigny, der die [...] Dialektik von Rechtsgeist und gesellschaftlicher Entwicklung erfasste, der eigentliche geistige Ziehvater eines Internationalen Rechts bleiben muss, in dem auch das transnationale Wirtschaftsrecht und die lex mercatoria ihren Platz haben" (Mertens 1992: 240f.). Dazu muss allerdings von einem Rechtsquellenpluralismus ausgegangen werden,[31] der die alleinige Akzeptanz des positiven staatlichen Rechts als Rechtsquelle hinter sich lässt. Gerade dies ist der Punkt, der zu großem Widerspruch führt.[32] Zugleich hat aber gerade die lex mercatoria in der letzten Zeit durch bestimmte Rechtsinstanzen Anerkennung erfahren. So sieht die Kommission der EU in der lex mercatoria ein internationales Handelsrecht, dessen Normen auf internationalen Handelsbräuchen und allgemeinen Rechtsgrundsätzen basieren (Stein 1995: 192).

Auch in bezug auf den Rechtsordnungscharakter der lex mercatoria besteht keine Einigkeit. Zugleich existiert aber auch in der Rechtswissenschaft kein einheitliches theoretisches Konzept einer Rechtsordnung, so dass sich nur einige Minimalanforderungen an eine Rechtsordnung angeben lassen: die Normen müssen rechtlichen Bestimmtheits- und Qualitätsansprüchen genügen und Publizität und Transparenz müssen gegeben sein. Weiterhin müssen die Normen einen Gerechtigkeitsbezug aufweisen. Zudem müsste die lex mercatoria als Rechtsordnung „Systemstrukturen" aufweisen und die Effizienz ihrer Normen müsste erkennbar sein (Stein 1995: 240ff.). Allerdings wird auch hier eingewendet, dass die Beantwortung der Frage nach dem Rechtsordnungscharakter der lex mercatoria allein auf theoretischer Ebene wenig Sinn mache (Mertens 1997: 31), solange kein gemeinsames Verständnis einer Rechtsordnung vorliegt.

---

[31] Dazu Kapitel 7.

[32] So wendet auch Michaels (1998) ein, dass eine soziale Geltung keine juristische Geltung begründen kann. Die juristische Geltung ist dabei ausschließlich die durch den Gesetzgeber oder durch den Richter.

Trotz der sicherlich berechtigten rechtspolitischen Einwände gegen die lex mercatoria als globales autonomes Recht der Weltwirtschaft, zeigt die empirische Situation, dass mit der lex mercatoria eine Möglichkeit besteht, auf die Probleme eines nationalstaatlichen Rechtspartikularismus zu reagieren. Mit der Globalisierung der Wirtschaft ist ein nationalstaatlich strukturiertes Rechtssystem nur mehr ein Hindernis, das die lex mercatoria zu überwinden sucht. Die Formierung eines globalen Rechts, also eines Rechts, das sich von den Rechtssystemen einzelner Nationalstaaten gelöst hat, lässt sich hier auch in der Praxis beobachten. Dabei ist die internationale Handelsschiedsgerichtsbarkeit die wichtigste Institution zur Garantie der Funktionsfähigkeit der lex mercatoria. Der folgende Fall eines Vertragskonfliktes zeigt, wie der Zusammenhang zwischen der lex mercatoria und der Internationalen Handelsschiedsgerichtsbarkeit in der Praxis aussieht. 1976 schlossen ein US-amerikanischer Architekt und ein Unternehmen aus Saudi-Arabien einen Vertrag über ein Bauprojekt in Jeddah, Saudi-Arabien. Beide Parteien stimmten überein, im Fall eines Konflikts das ICC Schiedsgericht in Genf anzurufen. Über das anwendbare Recht gab es in den Verträgen keine Festlegung. Als ein Konflikt über die Höhe der Zahlungen an den Architekten entstand, wandte sich dieser an das Schiedsgericht in Genf. Der Beklagte reagierte mit einer Gegenklage, da aus seiner Sicht der Architekt bereits überbezahlt war. Während des Schiedsverfahrens entstand ein Konflikt über das anwendbare Recht. „Claimant submitted in the alternative Swiss substantive law, being the lex fori, or, possibly, the lex mercatoria should apply. Finally, relied on 'analogous international rules' regarding the provision of engineering services which suggest that the law of the place of domicile of the engineer rather than of the employer will govern the legal relations between the parties, in the absence of any express agreement on the contrary" (International Chamber of Commerce 1994, Case No. 4650).

3.3   Internationale Handelsschiedsgerichtsbarkeit

Die Schiedsgerichtsbarkeit, als Alternative zur staatlichen Gerichtsbarkeit, ist in den letzten Jahren zu einer verbreiteten Form der Konfliktlösung geworden. Insbesondere in den USA werden viele Handelskonflikte nur noch vor Schiedsgerichten gelöst und in den Gebrauchsanweisungen von Produkten wird beispielsweise das im Konfliktfall anzurufende Schiedsgericht häufig schon aufgeführt. Im internationalen Wirtschaftsverkehr ist die Schiedsgerichtsbarkeit zu der führenden Konfliktlösungsmöglichkeit geworden. So enthalten 90 % aller Verträge eine Schiedsklausel und damit ist die internationale Handelsschiedsgerichtsbarkeit selbst zu einer schnell wachsenden Wirtschaftsbranche geworden (Gottwald 1997: 126), in der unterschiedliche Anbieter um Aufträge konkurrieren (Dezalay/Garth 1996). Die interne Handelsschiedsgerichtsbarkeit,[33] also die innerhalb eines

---

[33] Vgl. zur Situation in den USA z.B. Benson (1995; 1999).

nationalen Rechtssystems stattfindende Form der alternativen Konfliktlösung, unterscheidet sich jedoch von der internationalen Handelsschiedsgerichtsbarkeit in einem zentralen Punkt. Innerstaatlich handelt es sich nur um eine Alternative zur staatlichen Gerichtsbarkeit, aber international muss die gänzlich fehlende internationale Gerichtsbarkeit für Handels- und Wirtschaftskonflikte durch die internationale Handelsschiedsgerichtsbarkeit kompensiert werden (Stein 1995: 78). Diese Anationalität der internationalen Handelsschiedsgerichtsbarkeit führt allerdings zu einer weitgehenden Privatisierung (Carbonneau 1990: 6) und handelt ihr den Vorwurf des Rechtlosigkeit ein (McConnaughay 1999: 454f.).[34] Die Rechtlosigkeit der internationalen Handelsschiedsgerichtsbarkeit wird vor allem mit ihrer Nichtöffentlichkeit, den Unregelmäßigkeiten im Ablauf und der Abwendung von nationalem Recht und nationalen Gerichten begründet. Dies sind aber gerade die Vorteile gegenüber staatlichen Gerichten, die die internationale Handelsschiedsgerichtsbarkeit für den internationalen Wirtschaftsverkehr attraktiv machen. So stehen die Schiedsgerichte auch nicht in Konkurrenz zu staatlichen Gerichten, da diesen die notwendige Neutralität fehlt (Gottwald 1997: 134).

Die Unabhängigkeit der internationalen Handelsschiedsgerichtsbarkeit von nationalem Recht, also die Autonomie ihrer Rechtsquellen, bedeutet aber nicht, dass sie gänzlich unabhängig ist von der Anerkennung durch staatliches Recht. Denn im Gegenteil ist gerade diese Anerkennung ein wichtiger Grundstein für ihren Erfolg. Mit der New York Convention von 1958 zur Anerkennung von Schiedssprüchen sind die in dieser Hinsicht notwendigen Voraussetzungen geschaffen worden. Trotzdem bleibt eine der entscheidenden Fragen, welche Normen in Schiedsverfahren angewendet werden. Die damit offensichtliche Notwendigkeit zur Normbildung durch Schiedsgerichte begründet zu einem großen Teil den Inhalt der lex mercatoria.[35] Zugleich wird damit auch der Bedarf für Schiedsgerichtsordnungen und deren Bedeutung deutlich. Die Schiedsverfahren haben seit 1985 mit dem UNCITRAL Model Law on International Commercial Arbitration ein weltweit akzeptiertes Vorbild der Verfahrensordnung, das sich aufgrund seiner weltweiten Verbreitung als Grundlage zur Weiterentwicklung des Schiedsverfahrensrecht anbietet. Die Schiedsgerichtsordnung, wie z.B. das UNCITRAL-Modell, ist in ihrer Bedeutung nicht zu unterschätzen, da sie bestimmte Mängel der Schiedspraxis, wie beispielsweise Unregelmäßigkeiten im Ablauf, kompensieren kann. Außerdem trägt sie dazu

---

[34] Ein interessantes Beispiel zur nahezu vollständigen Privatisierung der Schiedsverfahren stellt Bernstein (1992) anhand des Diamantenhandels vor. Hier werden Konflikte allein von den Schiedsverfahren der World Federation of Diamond Bourses, bzw. den lokalen Organisationen, wie z.B. dem New York Diamond Dealers Club, gelöst. Auch die National Grain and Feed Association in den USA hat ein eigenes Verfahren der Konfliktlösung etabliert. Alle Mitglieder der Vereinigung sind dazu verpflichtet, Konflikte ausschließlich vor dem eigenen Schiedsgericht zu verhandeln (Bernstein 1996).

[35] Kritiker wenden hier ein, dass die lex mercatoria keine Rechtsordnung und keine Rechtsquelle sei und deshalb auch nicht vor Schiedsgerichten angewendet werden könne (Spickhoff 1992).

bei, die internationale Handelsschiedsgerichtsbarkeit zu einem eigenständigen, internationalen Verfahrenstyp zu entwickeln, der sich von nationalen Verfahrensrechten weitestgehend emanzipiert. Dabei sind Schiedsordnungen in erster Linie „geronnene Schiedspraxis" (Stein 1995: 102). Darauf ist es auch zurückzuführen, dass derzeit etwa 150 Organisationen (meist unterschiedliche) Verfahrensordnungen anbieten (Gottwald 1997: 132), wodurch der Bedarf zur Vereinheitlichung noch einmal deutlich wird. Die Vereinheitlichung wird auch dadurch erschwert, dass es neben den etablierten Schiedsgerichten, wie dem der International Chamber of Commerce (ICC) in Paris, der American Arbitration Association (AAA) in New York, den Schiedsgerichten der Handelskammern in Stockholm, Zürich, Genf und Wien, dem London Court of International Arbitration (LCIA) und der China International Economic and Trade Arbitration Commission (CIETAC) auch viele ad hoc stattfindende Schiedsgerichte gibt, die keiner Verfahrensordnung eines bereits etablierten Schiedsgerichts unterliegen.[36] Jedoch macht gerade die Möglichkeit zu ad hoc stattfindenden Verfahren einen Teil der Attraktivität der internationalen Handelsschiedsgerichtsbarkeit aus.

Eine noch sehr junge Entwicklung sind Schiedsverfahren, die nur online stattfinden. Die Internet Corporation for Assigned Names and Numbers (ICANN) hat am 24. Oktober 1999 Regeln zur Konfliktlösung im Internet vorgeschlagen, die Uniform Domain Name Dispute Resolution Policy and Rules. Diese werden von den vier führenden online Schiedsgerichten (dispute-resolution service provider) angewendet. Neben eResolution gehören dazu das CPR Institute for Dispute Resolution, The National Arbitration Forum (NAF) und die World Intellectual Property Organization (WIPO). Die Schiedsverhandlungen werden nur online ausgetragen und dauern meist nur wenige Wochen. Einschränkend muss hinzugefügt werden, dass sich die meisten der Schiedsfälle bislang nur auf Konflikte im Zusammenhang mit Domainnamen beschränken, was auch im folgenden Beispiel der Fall gewesen ist. Das Unternehmen Noodle Time klagte im Februar 2000 bei eResolution, einem online Schiedsgericht, gegen den Besitzer der Internet-Domain benihanaoftokyo.com, Max Marketing. Der Grund für die Klage war, dass Noodle Time eine Kette von Restaurants unter dem Namen Benihana of Tokyo betreibt, welcher als Markenname registriert ist. Max Marketing wurde deshalb beschuldigt, den Domainnamen nur zum Zwecke des Weiterverkaufs erworben zu haben. Dieser Konflikt wurde durch einen online arbitration process von eResolution gelöst. Im Fall von Noodle Time und Max Marketing entschied das online Schiedsgericht im März 2000, dass Max Marketing das Eigentumsrecht an benihanaoftokyo.com entzogen wird, denn „Max Marketing had tried to sell the domain name to Noodle Time, and had also threatened to disrupt Noodle Time's e-mail. [The Arbitrator] found on this basis that Max Marketing had registered the domain name for the sole purpose of selling it to Noodle Time for

---

[36] Zur Harmonisierung der Regeln der etablierten Schiedsgerichte s. Greenblatt/Griffin (2001).

profit, and that Max Marketing's registration and use of the domain name was in bad faith. Such conduct, known as 'cyber-squatting', is proscribed by ICANN Policy" (International Legal Materials 2000: 794ff.).

Die Bereiche, in denen die internationale Handelsschiedsgerichtsbarkeit zur Anwendung gelangt, bilden insgesamt ein sehr breites Spektrum: von Handelskonflikten zwischen Staaten bis hin zu Handels- und Wirtschaftskonflikten zwischen Unternehmen oder zwischen Unternehmen und Einzelpersonen oder Unternehmen und Staaten (Blessing 1992: 79; Redfern/Hunter 1991: 39ff.). Die Mehrheit aller internationalen Schiedsverfahren entfällt dabei sicherlich auf die Konfliktlösung zwischen Unternehmen, die auch in der vorliegenden Arbeit im Mittelpunkt stehen wird. Der vielfach zitierte Zusammenhang zwischen der Globalisierung der Wirtschaft und der Globalisierung des Rechts muss daher in erster Linie hier verortet werden. Die globalen Beziehungen der Wirtschaftsunternehmen führen dazu, dass globale Möglichkeiten der Konfliktlösung gefunden werden müssen, da im nationalstaatlichen Kontext keine angemessenen Verfahren zur Verfügung stehen. Unter der Überschrift „From Business Miscommunications to Legal Battles: The Rise of Business Litigation and Arbitration" schildern Yves Dezalay und Byrant Garth (1996), wie sich in den 70er Jahren sowohl die rechtliche als auch wirtschaftliche Landschaft dahingehend verändert hat, dass sich Schiedsverfahren zur präferierten Konfliktlösung durchsetzten. „In the early 1970's, according to one of the New York lawyers who plays a central role in our case study [...] the legal environment then began to change. He described a 'crazy period' when 'companies were buying everything that they didn't know about' [...], and he assisted a client owned by one major corporation in the acquisition of another corporation. The acquired entity, it turned out, engaged in major construction projects facilitated by the boom in oil revenues: 'they had contracts all over the world' [...]. Since the small law firm had assisted in helping acquire the company, it in effect acquired a client. The litigator became the principal outside counsel for the acquired company, replacing a large New York law firm. The predecessor form, it turned out, had promoted arbitration in its representation of the client. Because of successful experiences in nationalization cases, the firm 'believed strongly in ICC arbitration' [...] for contracts with third world countries. The numerous construction contracts all called for ICC arbitration of disputes. The fortuity of these arbitration clauses turned the disputes into arbitrations rather than ordinary litigation" (Dezalay/Garth 1996: 101).

Die internationale Handelsschiedsgerichtsbarkeit und mit ihr die lex mercatoria bieten eine Alternative, die heute zur gängigen Praxis geworden ist. Dabei verweisen sie wechselseitig aufeinander, so dass die lex mercatoria ohne die internationale Handelsschiedsgerichtsbarkeit ihre Grundlage verlieren würde und umgekehrt die internationale Handelsschiedsgerichtsbarkeit ohne die lex mercatoria keine Rechtsordnung zur Verfügung hätte, auf die sie sich berufen kann. Interessant ist dabei der hybride Charakter der internationalen Handelsschiedsgerichtsbarkeit (Redfern/Hunter 1991: 8),[37] der die Bedeutung des Praxisrechts belegt.[38] Dieser hybride Charakter zeigt sich aber auch an der lex mercatoria im allgemeinen.[39]

3.4   Formulating Agencies

Zur Etablierung des Praxisrechts der internationalen Wirtschaft – und damit zur Etablierung eines globalen Rechts –, leistet die Standardisierung der Vertragsgestaltung im internationalen Wirtschaftsverkehr den wohl größten Beitrag (Stein 1995: 37f.). Erst damit ist die Substitution des nationalen Rechts in Form von einheitlichen Prinzipien und Regelungen in weltweitem Umfang möglich. „Standardization of contractual provisions through model contracts or standardized clauses for specific transactions often represent fully-fledged systems of provisions that positively replace national law in an encompassing way" (Lehmkuhl 2000: 8). Die einheitliche Gestaltung von Wirtschaftsverträgen anhand von weltweit bekannten und akzeptierten Vertragsprinzipien hat so gesehen großen Anteil an der Entstehung und Fortentwicklung der lex mercatoria. Wichtige Voraussetzung für die Vereinheitlichung ist dabei die schriftliche Fixierung der Regeln. Diese Arbeit an der Kodifizierung leisten die sogenannten Formulating Agencies.

Formulating Agencies sind zwischenstaatliche oder private Organisationen, die – neben den Branchenorganisationen – regelmäßig Empfehlungen zur Vertragsgestaltung herausgeben. Dazu zählen die United Nations Commission on International Trade (UNCITRAL) in Wien, das International Institute for the Unification of Private Law (Unidroit) in Rom, die Economic Commission for Europe (ECE) in Genf, die International Chamber of Commerce (ICC) in Paris, die International Maritime Commission (IMC) in Antwerpen und die International Law Association (ILA) in London. Dies ist aber keinesfalls eine vollständige Aufzählung, denn es treten auch neue Organisationen

---

[37] „International commercial arbitration is a hybrid. It begins as a private agreement between the parties. It continues by way of private proceedings, in which the wishes of the parties are of great importance. Yet it ends with an award which has binding legal force and effect and which [...] the courts of most countries of the world will be prepared to recognise and enforce" (Redfern/Hunter 1991: 8).

[38] Der hybride Charakter der internationalen Handelsschiedsgerichtsbarkeit ist auch Anlaß für politikwissenschaftliche Studien, sich mit dem Thema zu beschäftigen, so Lehmkuhl (2000).

[39] In Analogie zur open source Software könnte man auch die lex mercatoria als „open source" verstehen, denn hier sind ganz unterschiedliche Kräfte an der Entwicklung der Rechtsordnung beteiligt. Die vom Center for Transnational Law (CENTRAL) in Münster entwickelte Datenbank Transnational Law Database (TLDB) nimmt diese Idee auf und präsentiert eine ständig aktualisierte Liste der Prinzipien und Regeln der lex mercatoria: www.tldb.de.

auf, die sich selbst als Formulating Agencies verstehen und ebenfalls umfangreiche Werke zur Vertragsgestaltung betreuen. Ein bekanntes Beispiel ist die Lando-Kommission, so benannt nach ihrem Vorsitzenden Ole Lando, der Professor in Kopenhagen ist. Die Lando-Kommission setzt sich zusammen aus einer Gruppe von Professoren, von denen einige auch praktizierende Juristen sind. Der offizielle Titel der Gruppe lautet Commission on European Contract Law und damit ist auch ihr Ziel schon bezeichnet: der „Entwurf eines europäischen Vertragsrechts – bestehend aus Grundregeln, die in allen nationalen Privatrechten akzeptiert werden können und die [...] für jedermann zugänglich gemacht werden" (Preinerstorfer 1997/1998). Die meisten der genannten Organisationen haben ausgearbeitete Kodifikationswerke vorgelegt, die in der internationalen Praxis der Vertragsgestaltung angewendet werden: die Incoterms, 1936 erstmals von der ICC herausgegeben, das UNCITRAL Model Law on International Commercial Arbitration, 1985 in der Zusammenarbeit von Vertretern aus 58 Ländern von der UN herausgegeben und die Unidroit Principles of International Contracts, 1994 von Unidroit nach langjähriger Arbeit präsentiert. Damit sind schon drei ganz unterschiedliche Verfahren und Bereiche der Vereinheitlichung benannt. Bei den Incoterms handelt es sich um ein Klauselwerk, das gängige Handelsbräuche notiert hat und sich seit dem ersten Erscheinen ständig weiterentwickelt hat. Die Internationale Handelskammer (ICC) hat damit ein branchenübergreifendes Werk von Handelsklauseln vorgelegt, das sehr einfach in der Handhabung ist und für unterschiedliche Verträge genutzt werden kann. Im Gegensatz dazu bezieht sich das UNCITRAL Model Law direkt auf die internationale Handelsschiedsgerichtsbarkeit und hat das Ziel, „to harmonize international arbitral procedure among nations and to free international arbitrations from the parochial requirements of domestic laws" (Kolkey 1998: 5f.). Das Model Law wurde von einer dafür eingesetzten Kommission der UN entwickelt und ist von über 20 Ländern akzeptiert worden. Die Unidroit Prinzipien sind das derzeit wohl umfassendste Werk von weltweiten Vertragsregeln, die das gesamte Spektrum internationaler Wirtschafts- und Handelsverträge abdecken. Schon 1968 ist bei Unidroit die Idee zu dieser schriftlichen Ausführung eines Rechts der internationalen Handelsverträge entstanden (Bonell 1997a: 146). Auf Basis der Rechtsvergleichung hat dann seit den 80er Jahren ein international zusammengesetztes Team aus über 70 Wissenschaftlern und Praktikern an der Entwicklung der Prinzipien gearbeitet. Die beiden zuvor genannten Kodifikationswerke, Incoterms und UNCITRAL Model Law, sind ebenfalls in die Unidroit Prinzipien mit eingeflossen, so dass man die Unidroit Prinzipien durchaus als das führende Kodifikationswerk ansehen kann. Eine erste Befragung zur empirischen Relevanz der Unidroit Prinzipien nach zwei Jahren ihrer Existenz hat ergeben, dass 59 % der befragten Praktiker die Unidroit Prinzipien in Vertragsverhandlungen angewendet haben (Bonell 1997b: 3).[40] Aber auch als das Recht,

---

[40] Davon gaben wiederum 30,9 % an, dass sie die Prinzipien nutzten, um Sprachbarrieren zu überwinden, 32,1 % benutzen die Prinzipien als eine Checkliste und 37 % als Modell für Vertragsklauseln.

das den Vertrag regelt, wurden die Prinzipien verwendet. So gaben 27,3 % der Befragten an, dass die Prinzipien, oder auch allgemeiner die lex mercatoria, im Vertrag als das entscheidende Recht festgehalten wurden. Außerdem wurden die Prinzipien auch in Schiedsverfahren angewendet, so dass die ersten Schiedssprüche auf der Basis der Unidroit Prinzipien zum Zeitpunkt der Befragung bereits gefällt waren. Allerdings bringt die ansonsten positiv bewertete Nichtöffentlichkeit der Schiedsverfahren den Nachteil mit sich, dass auch die Schiedssprüche nicht veröffentlicht werden müssen – und wenn, dann nur in anonymisierter Form – und deshalb wenig valide Informationen über die empirische Relevanz in Schiedsverfahren vorhanden sind (Bonell 1997a: 155).

Die vertragliche Autarkie, die mit den Kodifikationswerken ermöglicht wird, da alle erforderlichen Normen selbst gesetzt werden, ist notwendig, wenn nationales Recht nicht den angemessenen Regelungsrahmen für internationale Handels- und Wirtschaftsverträge zur Verfügung stellen kann. Die Unzulänglichkeit nationaler Rechtssysteme für die globale Wirtschaft ist damit der Ausgangspunkt für ein „selbstgeschaffenes Praxisrecht der globalen Wirtschaft".[41] Mit den vorliegenden Kodifikationswerken wird zugleich deutlich, dass dieses Praxisrecht nicht nur eine Erfindung von Rechtswissenschaftlern ist, sondern umgekehrt, eine Entwicklung der Rechtspraxis, die bei einigen Rechtswissenschaftlern immer noch auf Skepsis stößt. Im Zusammenspiel von internationaler Handelsschiedsgerichtsbarkeit und Formulating Agencies gewinnt aber die lex mercatoria zunehmend an Gestalt und setzt sich als globales Wirtschaftsrecht durch. Die Formulating Agencies sind dabei in der Rolle eines „Quasi-Gesetzgebers" (Stein 1995: 39), da sie auch an der Fortentwicklung der Regeln arbeiten, um stets aktuelle Regelwerke zu schaffen.

---

[41] So formuliert Joerges im Hinblick auf ein internationales Wirtschaftsrecht: „Ungeachtet aller Schwierigkeiten, die sich aus den Verschiedenheiten der Rechtsordnungen und den unterschiedlichen handelspolitischen Zielen der Nationalstaaten ergeben, 'funktioniert' die juristische Abwicklung des internationalen Handelsverkehrs, können Marketingstrategien konzipiert und sogar Geldmärkte international organisiert werden. Zu verdanken ist diese Form der Konfliktbewältigung einer von privaten wie gouvermentalen Organisationen unterstützten Praxis, die durch die Ausarbeitung von Formularkontrakten, von standardisierten Lieferbedingungen und Richtlinien einen Rückgriff auf kodifiziertes Recht offenbar weitgehend erübrigt" (Joerges 1979: 39f.).

4. Recht und Wirtschaft: Strukturelle Kopplung

Der zuvor skizzierte Fall der lex mercatoria hat gezeigt, wie weit die Globalisierung des Rechts in einem bestimmten Bereich schon fortgeschritten ist. An dieser Stelle soll nun die Beantwortung der Frage nach dem Entstehen eines Weltrechts am Beispiel der lex mercatoria beginnen. Dazu wird auf das in Kapitel 2 skizzierte Globalisierungsverständnis zurückgegriffen. Dieses dient hier unter anderem dazu, den „Einzelfall" lex mercatoria in einen breiteren Kontext zu stellen und so eine These in bezug auf den Zusammenhang zwischen der Globalisierung des Rechts und der Globalisierung der Wirtschaft zu entwickeln. Aus systemtheoretischer Perspektive löst die Vermutung eines solchen Zusammenhangs ja sowohl Skepsis als auch Zustimmung aus. Skepsis wird in bezug auf die Vorstellung ausgelöst, dass die Wirtschaft sich ihr eigenes Recht schaffe und Zustimmung in bezug darauf, dass ein Zusammenhang zwischen der Globalisierung der Wirtschaft und der Globalisierung des Rechts besteht.

Der in Kapitel 2 skizzierte Zuschnitt einer Perspektive auf die Globalisierungsentwicklungen in der Weltgesellschaft, setzt bei der Annahme an, dass es sich bei der modernen Gesellschaft um eine Weltgesellschaft handelt, deren vorherrschendes Strukturmerkmal die funktionale Differenzierung ist. Damit ist die moderne Gesellschaft eine polyzentrische Gesellschaft, eine Gesellschaft, der aufgrund der funktionalen Differenzierung ein Zentrum fehlt (Fuchs 1992). Alle Funktionssysteme verstehen sich vielmehr aufgrund ihrer Autonomie selbst als Zentrum der Gesellschaft, werden aber aufgrund der bestehenden Abhängigkeiten zu den anderen Funktionssystemen in dieser Selbstwahrnehmung immer wieder enttäuscht. Dieses Verhältnis von Autonomie und Abhängigkeit, das für die Funktionssysteme kennzeichnend ist, bestimmt das systemtheoretische Verständnis der Globalisierungsentwicklungen in der modernen Gesellschaft. Auf die Globalisierungsentwicklungen in der Weltgesellschaft bezogen heißt das erstens, dass sich die Globalisierungsentwicklungen in den jeweiligen Funktionssystemen nach ihrer je eigenen Logik vollziehen und zweitens, dass es aber aufgrund der bestehenden Abhängigkeiten auch in bezug auf die Globalisierungsentwicklungen Zusammenhänge zwischen den Globalisierungsentwicklungen in den Funktionssystemen geben muss, da die Funktionssysteme zwar autonom operieren, aber gerade deshalb auf die anderen Funktionssysteme angewiesen sind. Die in der Diskussion um die Globalisierung des Rechts häufig anzutreffende Annahme, die globale Wirtschaft schaffe sich ein ihren Bedürfnissen angemessenes globales Recht, muss dann in Frage gestellt werden. Entgegen solcher Durchgriffsvorstellungen geht die Systemtheorie von der strikten Eigenlogik des Operierens der Funktionssysteme aus. Daraus folgt die Annahme, dass sich die Globalisierung des Rechts aufgrund der operativen Schließung des Rechtssystems vorrangig nach ihrer eigenen Logik vollzieht. Aufgrund der bestehenden Beziehungen zu anderen Funktionssystemen wird die Globalisierung des Rechts aber durch die Globalisierungsentwicklungen in anderen Funktionssystemen, vor allem denen des Wirtschaftssystems, aber z.B. auch des Wissenschaftssystems, beeinflusst. Dieser komplexe Zusammenhang soll in den folgenden Kapiteln ausgeführt werden. Dazu werden in diesem Kapitel die Fragen und Thesen skizziert, die dann im folgenden (insbesondere in den Kapiteln 5, 6 und 7) ausgeführt werden.

Geht man von der Annahme einer eigenen Globalisierungslogik des Rechtssystems aus, die aber im Zusammenhang mit den Globalisierungsentwicklungen in anderen Funktionssystemen steht, dann tauchen ganz andere Fragen auf, als die, die in einem großen Teil der rechtswissenschaftlichen Diskussion um die Globalisierung des Rechts bislang gestellt wurden. Die Möglichkeiten einer globalen Konfliktlösung und globalen Rechtsprechung sind dann der Problembezug der Globalisierung des Rechts. Wie Teubner (2000) sehr deutlich herausstellt, vollzieht sich die Globalisierung des Rechts gerade deshalb an den Rändern des Rechtssystems, also in den Kontaktzonen zu anderen Funktionssystemen. Die lex mercatoria ist dafür ein besonders geeignetes Beispiel: in den Kommunikationsbeziehungen zwischen Rechts- und Wirtschaftssystem wird die Diskrepanz zwischen der Nationalität des Rechts und der Globalität ökonomischer Kommunikation mehr als deutlich. Die zwei Möglichkeiten der Denationalisierung, Vertragsgestaltung und Internationale Handelsschiedsgerichtsbarkeit, zeigen, dass das Rechtssystem hier seine eigenen Globalisierungsleistungen vollzieht, die sich aber auf die Globalisierungsentwicklungen eines anderen Funktionssystems, der Wirtschaft, beziehen. Für die Eigenlogik der Rechtsglobalisierung spricht auch, dass die beiden Globalisierungsausprägungen (Vertragsgestaltung und Internationale Handelsschiedsgerichtsbarkeit) wechselseitig aufeinander verweisen, und so ihre Etablierung als globale Strukturen jeweils unterstützen (Berger 2001b: 13). Hier zeigt sich, dass das Rechtssystem seine eigenen Strukturen ausbildet und weiterhin auch eigene Strukturen zur Sicherung und Durchsetzung dieser Strukturen entwickelt. Dies sind nur systemeigene Strukturen, die zwar auf fremde Organisationen in der Durchsetzung zurückgreifen können, deren Kommunikation aber strikt dem Rechtssystem angehört. So wirken auch die Formulating Agencies als unterstützende Einrichtungen, deren Rechtskommunikation vom Rechtssystem zur eigenen Globalisierungsleistung genutzt wird. Zugleich wird an diesen Organisationen – Formulating Agencies und Schiedsgerichte – aber deutlich, dass sie nicht nur Leistungen für das Rechtssystem erbringen, sondern auch das Wirtschaftssystem von diesen Leistungen profitiert. Denn die Wirtschaft verlässt sich bei ihren Transaktionen darauf, dass Verträge auch unter Globalisierungsbedingungen Anschlussfähigkeit im Rechtssystem erfahren (dazu Kapitel 5). Eine Garantie dafür sind die Leistungen von Formulating Agencies und Schiedsgerichten. Multinational operierende Unternehmen beobachten diese Organisationen in ihrer Umwelt im Hinblick auf deren Leistungen für ihre Operationsfähigkeit (dazu Kapitel 6).

Vor diesem Hintergrund muss die Formulierung, bei der lex mercatoria handele es sich um „das selbstgeschaffene Praxisrecht der globalen Wirtschaft"[42] als stark verkürzend betrachtet werden. Zwar stehen die Globalisierung der Wirtschaft und die Globalisierung des Rechts offensichtlich in einem engen Zusammenhang, jedoch setzt nicht die Wirtschaft das Recht, das sie benötigt. Der Zusammenhang zwischen den beiden Globalisierungsentwicklungen muss also komplizierter sein und wirft deshalb einige Fragen auf, die im folgenden formuliert werden sollen. Wenn man von Weltgesellschaft ausgeht, ist es konsequent, anzunehmen, dass Globalisierungsprozesse in allen Funktionssystemen stattfinden, aber eben in jedem Funktionssystem nach seiner eigenen Logik geschehen. Damit hängt zusammen, dass Globalisierung nur ein gradueller Prozess sein kann, der in den jeweiligen Funktionssystemen unterschiedlich weit voran geschritten ist. Gleichzeitig fällt aber auch auf, dass die Globalisierungsprozesse in den verschiedenen Funktionssystemen in einem deutlichen Zusammenhang stehen. So steht z.B. die Globalisierung der Wissenschaft in bestimmter Hinsicht im engen Zusammenhang mit der Globalisierung der Wirtschaft, da ein großer Teil der Forschung in multinationalen Unternehmen stattfindet (vgl. Stichweh 1999). Die Globalisierung der Wirtschaft und die Globalisierung des Rechts verlaufen auf jeweils sehr unterschiedliche Weise. Jedoch sind es gerade die Globalisierungsentwicklungen in diesen Funktionssystemen, die einen deutlichen Zusammenhang vermuten lassen. Dabei besteht dieser Zusammenhang nicht nur, wie es naheliegend ist, in bezug auf das globale Wirtschaftsrecht, das die lex mercatoria präsentiert. Sondern auch die anderen Rechtsbereiche, in denen sich Globalisierungsentwicklungen nachzeichnen lassen, wie Umweltrecht, Arbeitsrecht oder ein Recht des Internet, zeigen einen deutlichen Bezug zur Globalisierung der Wirtschaft.

Unter der Annahme einer funktionalen Differenzierung der modernen Gesellschaft und der damit verbundenen Autonomie der Funktionssysteme, wirft die Vermutung eines solchen Zusammenhangs allerdings einige Fragen auf. Operieren die Funktionssysteme nach ihrer je eigenen Logik und sind dabei nicht durch die Umwelt oder durch andere Systeme in der Umwelt zu beeinflussen, so stellt sich die Frage, wie der offensichtliche Zusammenhang zwischen den Globalisierungsentwicklungen in Recht und Wirtschaft zu erklären ist. Welche Kommunikationsbeziehungen bestehen zwischen Rechts- und Wirtschaftssystem, die diesen Zusammenhang – unter der Annahme einer strikten Autonomie der Systeme – erklären können? Welche Kommunikationsstrukturen in der jeweiligen Umwelt der Systeme können diesen Zusammenhang erklären? Mit dem Hinweis, die Wirtschaft schaffe sich ihr eigenes (Praxis-)Recht, kann sich die Systemtheorie nicht zufrieden geben, da Durchgriffsvorstellungen dieser Art der Annahme einer strikten Autonomie der Funktionssysteme widersprechen. Wenn es sich nicht um Einflussnahme

---

[42] Eine Formulierung, die sich insbesondere in der Arbeit von Stein (1995) sehr häufig findet, aber in der gesamten Diskussion von den „Befürwortern" der lex mercatoria gerne verwendet wird.

handeln kann und das Recht nur nach seiner eigenen Logik operiert, wie erklärt sich dann der offensichtliche Zusammenhang zwischen den beiden Globalisierungsentwicklungen?

„Ein multinationales Unternehmen schließt einen Vertrag über umfangreiche Investitionen mit einem Entwicklungsland ab. Die Parteien können sich wie häufig nicht über das anwendbare Recht einigen: Das Unternehmen fürchtet die staats-interventionistischen Tendenzen des Gastlandes, während die Regierung den neo-liberalen Rahmen des Heimatrechts des Unternehmens nicht akzeptieren kann. Entsprechend einigen sie sich nur darauf, dass im Konfliktfall ein Schiedsgericht die allgemeinen Prinzipien des internationalen Wirtschaftsrechts anwenden soll. Nach mehreren Jahren, in denen umfangreiche Investitionen getätigt wurden, verlangt die Regierung des Entwicklungslandes, den Vertrag an die Verhältnisse des Weltmarkts, die sich inzwischen drastisch geändert haben, anzupassen und beruft sich auf das Prinzip der ungleichen Handlungsmacht als eines Ausdrucks des ordre public. Das Schiedsgericht wendet weder das Recht des Gastlandes, noch das Heimatrecht des Unternehmens an, sondern die lex mercatoria und trifft in diesem Rahmen eine kühne Entscheidung" (Teubner 1999: 566).

Dieses von Teubner konstruierte Beispiel zeigt nur eine Möglichkeit des Zusammenhangs zwischen den beiden Globalisierungsentwicklungen. Zugleich benennt das Beispiel aber schon die Kommunikationen bzw. Kommunikationsstrukturen, die untersucht werden müssen, wenn man diesen Zusammenhang vor dem Hintergrund der jeweiligen operativen Geschlossenheit der beiden Funktionssysteme erfassen will: Vertrag und Organisation. Denn diese Kommunikationsstrukturen stellen auf je unterschiedliche Weise Beziehungen zwischen Rechts- und Wirtschaftssystem her. Die Systemtheorie macht auf Kommunikationsstrukturen dieser Art aufmerksam, da sie von der strikten Geschlossenheit der Funktionssysteme ausgeht, jedoch zugleich annimmt, dass Umweltkontakte gerade zur Aufrechterhaltung der Identität der Systeme unter Bedingungen operativer Geschlossenheit notwendig sind. Aber trotzdem entstehen alle Strukturen des Systems nur aufgrund seiner eigenen Operationen. Für eine systemtheoretische Perspektive auf die Frage nach dem Zusammenhang zwischen der Globalisierung des Rechts und der Globalisierung der Wirtschaft ist es notwendig, gerade bei dieser Grundannahme der operativen Geschlossenheit anzusetzen. Denn erst dann taucht die Frage auf, wie es einen Zusammenhang dieser Art überhaupt geben kann. Der Vorteil einer solchen Perspektive besteht darin, dass Thesen, wie „Die Wirtschaft schafft sich ihr eigenes Recht" in Frage gestellt werden[43] und statt dessen die Frage auftaucht, wie der Zusammenhang überhaupt erklärt werden kann.

Ansatzpunkt einer systemtheoretischen Perspektive auf den Zusammenhang zwischen der Globalisierung des Rechts und der Globalisierung der Wirtschaft sind dann Beziehungen der Funktionssysteme zu ihrer Umwelt und enger: Beziehungen zwischen den Funktionssystemen. Eine Theorie, die, wie die Systemtheorie, strikt auf die Differenz von System und Umwelt setzt, konfrontiert sich selbst mit dem Problem, wie die Beziehungen zwischen System und Umwelt gestaltet sind. Dieses Problem verschärft sich natürlich dann, wenn für Systeme von operativer Geschlossenheit ausgegangen wird und der Kontakt zur Umwelt nur über die Selbstreferenz der jeweiligen Systeme gedacht werden kann. Noch einmal komplizierter wird es, wenn es um die Beziehungen von Systemen zu Systemen in der Umwelt geht. Gerade diese Theoriestelle der System-zu-System-Beziehungen ist aber erstaunlich wenig ausgearbeitet (Baecker 2000: 210), jedoch liegt mit dem Begriff der strukturellen Kopplung ein Vorschlag vor, wie diese Beziehungen mit angemessenen Theoriemitteln beobachtet werden können.

Unter Bedingungen funktionaler Differenzierung der modernen Gesellschaft stellt sich die Frage nach den Beziehungen zwischen den Funktionssystemen in besonderer Weise. Denn zum einen sind die Funktionssysteme nun vollständig autonom und das sowohl im Hinblick auf ihre eigenen Operationen als auch im Hinblick auf ihre Funktionerfüllung für die gesamte Gesellschaft. Zum anderen bestehen aber Abhängigkeiten zwischen den Funktionssystemen, die auf die Notwendigkeit des Leistungsaustausches zurückzuführen sind. Erschwerend kommt hinzu, dass keines der Funktionssysteme die Funktion oder die Leistungen eines anderen übernehmen kann. So werden Beziehungen zwischen den Funktionssystemen notwendig, die es den einzelnen Funktionssystemen ermöglichen, ihre Exklusivität zu erhalten. Aber schon auf den ersten Blick ist deutlich, dass die Beziehungen zwischen den Funktionssystemen sehr verschieden sein können. Strukturelle Kopplungen sind dabei eine Möglichkeit der Beziehungen, Leistungsbezüge eine andere. So sind fast alle Funktionssysteme auf Leistungen des Erziehungssystems angewiesen und eigentlich alle auf die Leistungen der Wirtschaft. Aber nur solche Beziehungen, die dauerhaft der wechselseitigen Selbstirritation der Systeme dienen, sind strukturelle Kopplungen. Diese dauerhafte Selbstirritation führt langfristig zum structural drift der Systeme und auch daran lässt sich erkennen, ob es sich um strukturelle Kopplung handelt oder nicht. Diese koordinierten Strukturentwicklungen zwischen Funktionssystemen (Luhmann 1993a: 494f.) sind nahezu ausschließlich auf strukturelle Kopplungen zurückzuführen, womit schon deutlich wird, dass es sich bei strukturellen Kopplungen um evolutio-

---

[43] Andere, die in der Diskussion sind, und in Frage gestellt werden sollten, nennt Teubner (2000: 437). Er entwickelt hier seine Gegenthesen, die bei strikter Autonomie des Rechtssystems ansetzen.

näre Errungenschaften handelt, die sich nicht auf einen bestimmten Entstehungsgrund zurückführen lassen, sondern gemeinsam mit den Funktionssystemen evolvieren (Luhmann 1990: 208).

Bekannte Beispiele für strukturelle Kopplungen sind Eigentum und Vertrag als strukturelle Kopplung von Recht und Wirtschaft, Verfassung als Kopplung von Politik und Recht und Universitäten als Kopplung von Erziehung und Wissenschaft. Schon an diesen Beispielen wird deutlich, wie unterschiedlich die Einrichtungen sind, die von der Gesellschaft als strukturelle Kopplungen genutzt werden. Gemeinsam ist ihnen, dass sie jeweils auf die Differenz der miteinander gekoppelten Systeme aufmerksam machen, also zugleich verbinden und trennen. Strukturelle Kopplungen werden von beiden Systemen in Anspruch genommen, aber auf je verschiedene Weise. So ist die Universität aus Sicht der Wissenschaft etwas anderes als aus Sicht des Erziehungssystems, jedoch wird sie von beiden Systemen – nach deren je eigener Logik – zur Reproduktion genutzt und ist deshalb eine dauerhafte Kommunikationseinrichtung zur wechselseitigen Selbstirritation der Systeme. Das gleiche gilt für Verfassung, Eigentum und Vertrag. Die Verfassung macht wiederum auch deutlich, dass sie in den durch sie gekoppelten Systemen etwas Verschiedenes bedeutet, aber zugleich den gekoppelten Systemen Spielräume für deren eigene Selbstreferenz ermöglicht (Luhmann 1997a: 782f.). Recht und Politik hängen über die Verfassung eng zusammen, aber eben weil sie voneinander getrennte Systeme sind. So lässt das Beispiel der Verfassung erkennen, dass strukturelle Kopplungen Einrichtungen sind, die akzeptierte Irritationsquellen darstellen, also in den gekoppelten Systemen eine erhöhte Sensibilität für Selbstirritationen produzieren, die von dem jeweils anderen System ausgehen. Dies lässt sich auch an der strukturellen Kopplung von Rechtssystem und Wirtschaftssystem durch Eigentum und Vertrag beobachten. Eigentum und Vertrag werden in Rechts- und Wirtschaftssystem auf unterschiedliche Weise zur Fortsetzung der jeweils eigenen Autopoiesis genutzt. Aus Sicht der Wirtschaft ist die Unterscheidung zwischen Eigentümern und Nicht-Eigentümern eine wichtige Voraussetzung für ihre Operationsweise. Die Primärcodierung der Wirtschaft baut auf dieser Unterscheidung auf und deshalb ist es für das Wirtschaftssystem notwendig, dass stets feststellbar ist, wer Eigentümer ist und wer nicht. Zugleich ist aber auch die rechtliche Bearbeitung, also die eventuelle rechtliche Sanktionierung von unrechtmäßigen (!) Aneignungen, ein Erfordernis für das Funktionieren dieser Codierung (Luhmann 1993a: 452ff.). Dabei wird Eigentum in den beiden Systemen unterschiedlich beobachtet, wobei gerade diese unterschiedliche Bedeutung die Voraussetzung für die gelungene Anschlussfähigkeit der Operation im jeweiligen System darstellt. Mit der Zweitcodierung der Wirtschaft durch Geld ist für jede Transaktion im Wirtschaftssystem notwendig, dass feststellbar ist, „wer nach der Transaktion im Unterschied zu vorher Eigentümer ist und wer nicht" (Luhmann 1993a: 456). Die Transaktion wird vom Wirtschaftssystem als Transfer von Leistungen gegen Zahlungen und vom Rechtssystem als Vertrag beobachtet. Auch hier wird deutlich, dass der Unterschied zwischen vorherigen und aktuellen Eigentümern in beiden Systemen unterschiedlich beobachtet wird, sich aber zugleich beide Systeme auf die jeweilige Unterscheidung des anderen Systems verlassen. Nur wenn die Transaktion im Rechtssystem zugleich als Vertrag beobachtet wird, wird der Vertrag möglich und nur wenn der Vertrag im Wirtschaftssystem als Transaktion beobachtet wird, kann das Rechtssystem an dieser Stelle seine Autopoiesis fortsetzen. So gewinnen beide Systeme anhand der strukturellen Kopplung Freiheiten zur Fortsetzung der eigenen Autopoiesis (Luhmann 1993a: 464). Dies wird im folgenden Kapitel 5 ausgeführt.

Schon diese kurzen Ausführungen zur strukturellen Kopplung von Recht und Wirtschaft durch Vertrag bzw. Transaktion machen deutlich, welche Möglichkeiten, aber auch Folgeprobleme für die gekoppelten Funktionssysteme entstehen. Strukturelle Kopplungen sind kommunikative Einrichtungen, die der wechselseitigen Selbstirritation der gekoppelten Systeme dienen. Innergesellschaftliche strukturelle Kopplungen werden – anders als strukturelle Kopplungen der Gesellschaft zu ihrer Umwelt, wie im Falle von Kommunikation und Bewusstsein – durch operative Kopplungen verstärkt (Luhmann 1997a: 788). Dadurch erscheint es so, als ob strukturelle Kopplungen sich dadurch auszeichnen, dass ein und die gleiche Kommunikation in zwei verschiedenen Systemen gleichzeitig vollzogen wird. Strukturelle Kopplungen unterscheiden sich von operativen Kopplungen aber gerade dadurch, dass die gekoppelten Systeme einander wechselseitig ihrer Strukturen zur Fortsetzung der jeweils eigenen Autopoiesis zur Verfügung stellen. Dies können operative Kopplungen aber nicht leisten. Strukturelle Kopplungen bezeichnen damit eine besonderer Form verdichteter System-zu-System-Beziehungen, da sich die gekoppelten Systeme in ihrer Selbstreproduktion auf die Strukturen des jeweils anderen Systems verlassen. Damit gewinnen die gekoppelten Systeme Freiheiten zur Fortsetzung der eigenen Autopoiesis, denn strukturelle Kopplungen konfrontieren die Erwartungsstrukturen der gekoppelten Systeme mit Enttäuschungen oder Überraschungen. Wie diese dann in den gekoppelten Systeme verarbeitet werden, wird nur durch das jeweilige System bestimmt. Strukturelle Kopplungen erzeugen also nur unspezifische Irritationen, deren Spezifikation den gekoppelten Systeme überlassen bleibt.

Ausgehend von der Theoriefigur der strukturellen Kopplung soll in den folgenden Kapiteln die Annahme entfaltet und erläutert werden, dass der Zusammenhang zwischen der Globalisierung der Wirtschaft und der Globalisierung des Rechts auf strukturelle Kopplungen der beiden Systeme zurückzuführen ist. Die relevanten Kopplungen sind dabei die über Vertrag und Organisation (dazu Kapitel 5 und Kapitel 6). Die globalen Aktivitäten von multinationalen Unternehmen und anderen Wirtschaftsorganisationen führen zu Verträgen, für die nationalstaatliche Rechtsordnungen unzureichend sind. Verträge sind aber für Transaktionen unverzichtbar. Denn mit der Zweitcodierung der Wirtschaft durch Geld entsteht bei jeder Transaktion die Notwendigkeit, den Zusammenhang der beiden Operationen Geldzahlung und Gütertransfer zu gewährleisten. Auf diese Notwendigkeit bezieht sich der Vertrag (Baecker 1988: 119). Da der Vertrag deshalb sowohl im Rechts- als auch im Wirtschaftssystem unterschiedlich zur Fortsetzung der jeweils eigenen Operationen genutzt wird, hat die Unzulänglichkeit der bestehenden Rechtsordnungen Auswirkungen in beiden Systemen. Unter Globalisierungsbedingungen lässt sich ein zugenommenes Aufkommen von Verträgen und ein zugenommener Umfang der einzelnen Vertragswerke beobachten, das als Reaktion auf die Unzulänglichkeit der Rechtsordnung zu verstehen ist, und damit zugleich den Problemdruck für das Rechtssystem erhöht.[44] Genau damit wird aber der Vertrag als eigene Rechtsquelle etabliert (Teubner 2000).

Zu dieser Etablierung tragen weiterhin Organisationen bei, die sich auf die neue Rolle des Vertrags beziehen. Schiedsgerichte und Formulating Agencies sind für die Etablierung des Vertrags als eigene Rechtsquelle unverzichtbar, da Schiedsgerichte mit ihren Schiedssprüchen die Anerkennung von Verträgen als Rechtsquelle und somit die Anerkennung der lex mercatoria vorantreiben. Die Formulating Agencies leisten diese Arbeit zur Anerkennung von der anderen Seite her: Sie ermöglichen die Formulierung von Verträgen mit Verweis auf die lex mercatoria und ermöglichen somit die Globalisierung des Vertrags. Zugleich stellen sie den Rahmen zur Verfügung, in dem sich der Vertrag zur eigenen Rechtsquelle entwickeln kann. Aus einer anderen Perspektive gesehen stellen diese Organisationen somit eine Beziehung zwischen Rechtssystem und Wirtschaftssystem her, die von beiden Systemen genutzt wird. Multinational operierende Unternehmen, Schiedsgerichte und Formulating Agencies sind deshalb Organisationen, die für den Zusammenhang zwischen der Globalisierung des Rechts und der Globalisierung der Wirtschaft eine entscheidende Rolle spielen. Multinational operierende Unternehmen erhöhen aufgrund ihrer globalen Aktivitäten und des unzureichenden Rechtsrahmens die Bedeutung von Verträgen für globale Transaktionen. Auf diese zugenommene Bedeutung beziehen sich Schiedsgerichte und Formulating Agencies in unterschiedlicher Weise, aber beide tragen zur Etablierung des Vertrags als Rechtsquelle bei. Multinational operierende Unternehmen wiederum nutzen dann diese Etablierung des Vertrags in weiteren Transaktionen und tragen somit auf ihre Weise zur Globalisierung des Rechts bei.

Der Begriff der strukturellen Kopplung ermöglicht es nun, bei Beziehungen der Art, wie sie hier erst angedeutet wurden, näher hinzusehen. Unter der Annahme, dass die strukturelle Kopplung von Wirtschaft und Recht über Eigentum unter Globalisierungsbedingungen an Bedeutung verloren hat und die strukturelle Kopplung über Vertrag an Be-

---

[44] Nicht nur der zugenommene Umfang der Vertragswerke, sondern auch die ohne die Beteiligung von Juristen nicht möglichen Unternehmensfusionen der letzten Zeit zeigen die Bedeutung von Verträgen im Kontext globaler Transaktionen.

deutung gewonnen hat, soll im folgenden Kapitel 5 untersucht werden, welchen Beitrag der Vertrag zur Globalisierung des Rechts leistet. In Kapitel 6 wird dann die Rolle von Organisationen bei der Globalisierung des Rechts analysiert. Hier wird die Annahme entwickelt, dass unter Globalisierungsbedingungen neue strukturelle Kopplungen durch Organisation auftauchen. Die relevanten Organisationen sind multinational operierende Unternehmen, Schiedsgerichte und Formulating Agencies. Damit wird es in den folgenden Kapiteln um die Frage gehen, welche Kommunikationsbeziehungen zwischen Rechts- und Wirtschaftssystem dazu führen, dass ein Zusammenhang zwischen den Globalisierungsentwicklungen in diesen Systemen besteht, der zugleich die Globalisierung des Rechts für den hier interessierenden Ausschnitt der lex mercatoria erklärt. Die zentrale Annahme ist dabei, dass dieser Zusammenhang auf strukturelle Kopplungen über Vertrag und Organisation zurückzuführen ist, wobei davon ausgegangen wird, dass sich die beiden Kopplungen wechselseitig bedingen bzw. verstärken. Diese Annahme wird in Kapitel 5 und 6 im Hinblick auf die lex mercatoria als Beispiel für die Globalisierung des Rechts ausgeführt und in Kapitel 7 weiterentwickelt.

Strukturelle Kopplungen

5. Eigentum und Vertrag als strukturelle Kopplung unter Globalisierungsbedingungen

Vor dem Hintergrund der grundlegenden Annahme eines Zusammenhangs zwischen der Globalisierung des Rechts und der Globalisierung der Wirtschaft soll dieser im folgenden mit dem Begriff der strukturellen Kopplung erläutert werden. Damit wird zugleich von einem Zusammenhang zwischen den Globalisierungsentwicklungen in Recht und Wirtschaft *und* von deren strikter Eigenlogik ausgegangen. In diesem Kapitel wird es um den Vertrag als strukturelle Kopplung gehen, wozu zunächst bei den Umweltbeziehungen des Rechtssystems angesetzt wird (5.1). Das Rechtssystem ist an ein bestimmtes System in seiner Umwelt, die Wirtschaft, durch Eigentum und Vertrag strukturell gekoppelt (5.2). Dabei ist aber die strukturelle Kopplung durch den Vertrag unter Globalisierungsbedingungen von weitaus größerer Bedeutung (5.3), denn unter Globalisierungsbedingungen wird der Vertrag selbst globalisiert und wird zu einem global anschlussfähigen Konditionalprogramm (5.4). Damit eröffnen sich zugleich die Qualitäten des Vertrags als Rechtsquelle (5.5).

5.1 Die Umwelt des Rechts

Mit der Frage nach dem Zusammenhang zwischen der Globalisierung des Rechts und der Globalisierung der Wirtschaft richtet sich der Blick auf die Umweltbeziehungen des Rechtssystems. In der vorliegenden Arbeit wird Globalisierung als ein Entwicklungsprozess der Funktionssysteme hin zu Weltfunktionssystemen verstanden und die interessierende Frage ist dann, wie diese Entwicklung der jeweiligen Funktionssysteme durch ihre Beziehungen zur Umwelt beeinflusst wird.[45] Wie schon mehrfach angesprochen, geht die Systemtheorie von strikter operativer Geschlossenheit der Systeme aus, womit die Frage entsteht, wie unter diesen Bedingungen Umweltkontakte möglich sind. Das Rechtssystem besteht aus Kommunikationen, die sich am Code Recht/Unrecht orientieren (Luhmann 1993a: 67). Dies ist ein zugleich enger und weiter Begriff des Rechts. Eng ist dieser Begriff, da nur solche Kommunikationen zum Rechtssystem gehören, die sich diesem Code zuordnen lassen und weit ist dieser Begriff, da aus seiner Perspektive unerheblich ist, von wem diese Kommunikation geführt wird. Nicht nur ausschließlich Richter, Anwälte, Gesetze, Rechtssprüche oder Gerichte gehören dem Rechtssystem an, sondern nur und zugleich alle diejenige Kommunikation, die sich am Code Recht/Unrecht orientiert

---

[45] Und dies im Kontext der Beobachtung, dass Globalisierungsprozesse in allen Funktionssysteme stattfinden.

(Luhmann 1993a: 68). Mit Hilfe dieses Codes schließt sich das Rechtssystem gegenüber seiner Umwelt. Das hat zur Folge, dass in der Gesellschaft nur im Rechtssystem über Recht und Unrecht entschieden werden kann.[46]

Genau darüber bestimmt sich die Exklusivität des Funktionssystems Recht. Nur hier kann über Recht und Unrecht entschieden werden. Nur hier wird die Gesellschaft mit der Möglichkeit ausgestattet, Erwartungen auch im Falle ihrer Enttäuschung aufrecht erhalten zu können. „Das Recht ermöglicht es, wissen zu können, mit welchen Erwartungen man sozialen Rückhalt findet und mit welchen nicht. Gibt es diese Erwartungen, kann man mit größerer Gelassenheit den Enttäuschungen des täglichen Lebens entgegensehen; man kann sich zumindest darauf verlassen, in seinen Erwartungen nicht diskreditiert zu werden" (Luhmann 1993a: 132). Normen sind somit „kontrafaktisch stabilisierte Verhaltenserwartungen" (Luhmann 1993a: 134). Besteht die Funktion des Rechtssystems darin, diese Normen zu produzieren und zu kommunizieren, so besteht seine Leistung in der Verhaltenssteuerung und Konfliktlösung. Damit ist das Rechtssystem zugleich geschlossen und offen: im Hinblick auf die Normen ist es geschlossen, denn diese können nur und allein durch das Recht produziert werden; im Hinblick auf die Kommunikationen und Ereignisse, auf die sich diese Normen beziehen (z.B. Streitfälle) ist das Recht offen. So „können wir feststellen, dass das Rechtssystem normativ geschlossen und zugleich kognitiv offen operiert" (Luhmann 1993a: 77). Dabei ist das Recht gerade wegen seiner operativen Schließung von der Umwelt abhängig (Teubner/Zumbansen 2000: 193). Denn das Recht prozessiert Kommunikationen, die am Code Recht/Unrecht orientiert sind, wie z.B. Gesetze, Verträge oder Rechtssprüche, und die selbstreferentiell mit jeder dieser Kommunikation Rechtsgeltung übertragen. Zugleich nimmt aber jede dieser Kommunikationen fremdreferentiell Bezug auf die Umwelt. So beziehen sich die Konflikte, Streitfälle oder Anklagen jeweils auf Kommunikationsereignisse, die außerhalb des Rechtssystems stattfinden.[47] Aber dieser Bezug ist für die Existenz der Normen die Voraussetzung und umgekehrt ist die Existenz von Normen die Voraussetzung für die Behandlung von Klagen oder Konfliktlösungen durch das Recht.[48] Dieser Zusammenhang begründet auch, warum sich das Recht seine eigene Notwendigkeit schafft: ohne Recht gäbe es viele Konflikte gar nicht (Luhmann 2000c: 31). Die Unterscheidung von Selbst- und Fremdreferenz zeigt somit deutlich, dass diese unterschiedlichen Operationen wechselseitig voneinander abhängig sind; dass also die Ge-

---

[46] Was aber nicht ausschließt, dass über Recht überall in der Gesellschaft kommuniziert werden kann — nur eben nicht im Modus von Entscheidungen darüber, was Recht und was Unrecht ist.

[47] Dazu stellt Luhmann (2000c: 19f.) fest, dass dies in der Soziologie gern zum Anlaß genommen wird, von einer Vergewaltigung der Lebenswelt durch das Recht auszugehen.

[48] Selbstverständlich gibt es auch außergerichtliche Konfliktlösung, die dann aber in Kenntnis des Vorhandenseins rechtlicher Lösungen stattfindet.

schlossenheit des Systems insofern paradox konstituiert ist, als sie nur bei gleichzeitiger Offenheit zu denken ist – und umgekehrt.

Für die Umweltbeziehungen des Rechtssystems bedeutet die Unterscheidung von Selbst- und Fremdreferenz, dass das Rechtssystem selbst über Ausgriffe auf die Umwelt entscheiden kann (Luhmann 1993a: 90). Damit sind keine externen Durchgriffsmöglichkeiten anderer Funktionssysteme auf das Rechtssystem vorhanden. Mit seinen fremdreferentiellen Bezügen berücksichtigt das Rechtssystem zwar notwendigerweise die Umwelt (Luhmann 2000c: 25), aber eben nur nach seiner eigenen Logik und nur mit Hilfe eigener Entscheidungen. Zugleich bedeuten die fremdreferentiellen Bezüge aber, dass sich das Rechtssystem hier durch die Umwelt irritieren lässt. Denn in der Leistungserbringung für andere Funktionssysteme (z.B. Konfliktlösung) bezieht sich das Rechtssystem auf andere Systeme und wird so mit deren Logik konfrontiert und dadurch dauerhaft irritiert (Teubner/Zumbansen 2000: 197). Hier muss nun weiterhin zwischen Zentrum und Peripherie des Rechtssystems unterschieden werden. Im Zentrum des Rechtssystems steht die gerichtliche Kommunikation, alle anderen rechtlichen Kommunikationen gehören zur Peripherie, wie Vertragsschlüsse oder Gesetzgebung (Luhmann 1993a: 321; Calliess 2000: 295). Die Peripherie des Funktionssystems Recht ist aber die Kontaktzone zu anderen Funktionssystemen und „[i]n der Peripherie werden Irritationen in Rechtsform gebracht" (Luhmann 1993a: 322). So befinden sich z.B. viele der Rechtsbereiche, die für die Wirtschaft relevant sind, wie u.a. Vertragsrecht, in der Peripherie des Rechtssystems (Hutter 1992: 289).

Die Unterscheidung von Selbst- und Fremdreferenz macht auf diese Unterscheidung von Zentrum und Peripherie aufmerksam, denn im Kontakt zu anderen Funktionssystemen entstehen die Kommunikationen, die das Rechtssystem irritieren, somit seine kognitive Offenheit herausfordern. Im Zentrum ist das Rechtssystem also gar nicht oder nur schwer durch die Umwelt zu irritieren. Hier kann es sich nur in Folge der Irritationen in der Peripherie selbst ändern, wozu aber eigene Entscheidungen des Rechts notwendig sind. Stellt man dieser Stelle wieder die zentrale Frage der Arbeit nach dem Zusammenhang zwischen der Globalisierung des Rechts und der Globalisierung der Wirtschaft, dann lässt sich diese hier so formulieren: Welche Funktionssysteme in der Umwelt des Rechts irritieren dieses aber nun in der Weise, dass man einen Zusammenhang mit den Globalisierungsentwicklungen im Rechtssystem annehmen kann? Hier ist es naheliegend, zunächst an die Politik zu denken.

Das besondere Verhältnis von Recht und Politik, das sich vor allem durch eine strukturelle Kopplung der beiden Systeme über die Verfassung auszeichnet, sieht auf der Ebene der Weltgesellschaft ganz anders aus, da hier eine entsprechende Einrichtung fehlt.[49] Die Frage ist deshalb, welche Rolle die Politik unter diesen Bedingungen bei der Entstehung eines Weltrechts spielt. Auch die Politik kann als Weltfunktionssystem verstanden werden, allerdings mit der Besonderheit, dass dieses Funktionssystem eine segmentäre Differenzierung in Staaten aufweist (Luhmann 1993a: 582). Allein schon deshalb kann es derzeit auf der weltgesellschaftlichen Ebene keine Entsprechung für die Verfassung geben, denn diese ist jeweils an die Nationalstaaten gebunden. Nun lässt sich im Zuge der allgemeinen Globalisierungstendenzen aber auch ein Wandel von Staatlichkeit beobachten, der vor allem darauf zurückzuführen ist, dass die Politik mit der Bearbeitung der Folgen der funktionalen Differenzierung überfordert ist. Wie jedoch Mathias Albert (1999/2000) herausstellt, bedeutet dieser Wandel nicht, dass territoriale Grenzen für die Politik an Relevanz verlieren. Vielmehr ist es so, dass die regionale Differenzierung des politischen Systems gerade die Eigendynamik der anderen Funktionssysteme sichert, da es sie vor der Politisierung schützt (Luhmann 1998: 376f.). Der Nationalstaat ist also in das politische System der Weltgesellschaft eingebunden, aber das enge Verhältnis von Recht und Politik, das auf der Ebene des Nationalstaats besteht, findet auf der Ebene der Weltgesellschaft keine Fortsetzung. „Im weltpolitischen System der Gegenwart ist Politik eine weltgesellschaftlich notwendige Funktion kollektiv bindenden Entscheidens. Segmentäre Differenzierung dieses Systems dient dazu, diese Funktion an die regional extrem unterschiedlichen Bedingungen heranzuführen" (Luhmann 1998: 380). Aber gerade die segmentäre Differenzierung des politischen Systems in Nationalstaaten, die zur Erfüllung der gesellschaftlichen Funktion der Politik notwendig ist, macht es unmöglich, dass die Politik ein die Globalisierung des Rechts vorantreibendes Irritationspotential zur Verfügung stellt. Obwohl die strukturelle Kopplung von Recht und Politik auf der nationalstaatlichen Ebene selbstverständlich bestehen bleibt, hat diese Beziehung aber auf der Ebene der Weltgesellschaft keine Entsprechung. So sind für das Rechtssystem territoriale Grenzen weiterhin von Bedeutung, da es ja in weiten Teilen auf Politik angewiesen ist, aber zugleich entsteht ein Weltrecht, das von Politik unabhängig ist. Der Grund dafür besteht in erster Linie darin, dass es auf der Ebene der Weltgesellschaft keine Entsprechung für die Verfassung gibt, das Weltrecht also nicht dauerhaft durch Politik irritiert wird.

Wenn also nicht Politik, wieso dann Wirtschaft? Bis auf das politische System weisen alle anderen Funktionssysteme keine segmentäre Differenzierung anhand territorialer Grenzen auf. Dies gilt auch für das Rechtssystem, obwohl hier offensichtlich starke regionale Unterschiede vorhanden sind. Bis auf das politische System sind also alle anderen Funktionssysteme im Kontakt mit dem Rechtssystem nicht durch nationalstaatliche Differen-

---

[49] Eine interessante Frage wäre, ob aber funktionale Äquivalente entstehen, die eine Kopplung der beiden Systeme auch auf der Ebene der Weltgesellschaft ermöglichen.

zierungen beschränkt und kommen deshalb zunächst alle für Kontakte mit der Peripherie des Rechtssystems – auf weltgesellschaftlicher Ebene – in Frage. Der mögliche Zusammenhang zwischen der Globalisierung der Wissenschaft und der Globalisierung des Rechts wurde schon erwähnt. Hier könnte ein auf globaler Ebene unzulänglicher Schutz geistigen Eigentums Anlass für Irritation des Rechts sein. Die Kontaktzonen des Rechts zu anderen Funktionssystemen stellen gerade deshalb eine Quelle für den Zusammenhang zwischen der Globalisierung des Rechts und anderen Globalisierungsentwicklungen dar, weil hier die Möglichkeit der Irritation des Rechts besteht. Diese Irritation kann vom Rechtssystem zur Selbständerung genutzt werden. Zwar ist durchaus jede Konfliktlösung Anlass für Irritation (Teubner/Zumbansen 2000), aber neben dieser diffusen Dauerirritation, lassen sich Beziehungen zwischen Recht und anderen Funktionssystemen identifizieren, die sehr viel konkreter der wechselseitigen (Selbst-)Irritation der Systeme dienen.

Mit dem Begriff der strukturellen Kopplung weist die Systemtheorie auf kommunikative Einrichtungen hin, die akzeptierte Irritationsquellen darstellen und aufgrund dieser Akzeptanz die Sensibilität für Irritation erhöhen. Strukturelle Kopplungen bringen voneinander getrennte Funktionssysteme so in einen engeren Zusammenhang. Für das Rechtssystem sind neben der Verfassung als strukturelle Kopplung mit der Politik, vor allem die strukturelle Kopplung mit der Wirtschaft über Eigentum und Vertrag von Bedeutung. Wie schon erwähnt, spielt die strukturelle Kopplung über Verfassung für die Frage nach der Rolle von Umweltbeziehungen bei der Globalisierung des Rechts keine Rolle, da sie auf weltgesellschaftlicher Ebene keine Entsprechung hat. Eigentum und Vertrag, durch die Recht und Wirtschaft strukturell gekoppelt sind, sind aber nicht an territoriale Grenzen gebunden und könnten deswegen eine wichtige Rolle spielen.

5.2   Recht und Wirtschaft: Eigentum und Vertrag

Zwischen Rechtssystem und Wirtschaftssystem der modernen Gesellschaft bestehen vielfältige Beziehungen, denn schon jeder Arbeitsvertrag, jede Unternehmensverfassung und jede rechtliche Konfliktlösung stellt eine Beziehung zwischen diesen beiden Systemen her. Hier soll aber nach solchen Beziehungen zwischen Recht und Wirtschaft gefragt werden, durch die sich das Recht dauerhaft irritieren lässt. Denn die Globalisierung des Rechts ist vor allem auf diese Irritationen zurückzuführen. Das Recht lässt sich notwendigerweise durch seine Umwelt irritieren und es sind diese dauerhaften Irritationsbeziehungen, die das Potential für Veränderungen der sich jeweils selbst irritierenden Systeme bereitstellen. Strukturelle Kopplungen sind nun Einrichtungen, die dieser wechselseitigen Selbstirritation dienen und sollen hier deshalb auf ihren Beitrag zur Globalisierung des Rechts hin untersucht werden. Die zunächst naheliegenden strukturellen Kopplungen von Recht und Wirtschaft sind die über Eigentum und Vertrag.

Dass ausgerechnet diese Kommunikationen als strukturelle Kopplung dienen, begründet sich vor allem über die Beschaffenheit der Basaloperationen des Wirtschaftssystems. Versteht man Transaktionen als Letztelemente des Wirtschaftssystems (Luhmann 1997a: 755f.; Hutter 1989: 131), weil mit ihnen die Einheit von Selbst- und Fremdreferenz in jeder Operation vollzogen wird, dann wird schon damit deutlich, dass sowohl Eigentum als auch Vertrag notwendig in beiden Systemen – Recht *und* Wirtschaft – eine Bedeutung haben müssen. Mit jeder Transaktion werden sowohl Bedürfnisse befriedigt als auch Zahlungsfähigkeit übertragen, jede Transaktion ist also sowohl Güter- als auch Geldtransfer. Somit koppeln Transaktionen Zahlungen an Umweltzustände und sind stets gleichzeitiger Vollzug von Selbst- und Fremdreferenz. Für diese Operationen des Wirtschaftssystems ist es erforderlich, dass zwischen Eigentümern und Nichteigentümern unterschieden werden kann. Nur wenn sich Eigentümer und Nichteigentümer kommunikativ am Wirtschaftssystem beteiligen, können überhaupt Transaktionen zustande kommen (Luhmann 1988a: 189), denn nur dann besteht Bedarf für sich stets erneuernde Transfers von Gütern und Zahlungen. Dabei akzeptieren die Nichteigentümer die Exklusion von bestimmtem Eigentum, da gerade dadurch die Inklusion in die Wirtschaft gewährleistet wird (vgl. auch Baecker 1988: 160f.). Transaktionen verbinden diesen Aspekt der Exklusivität des Eigentums mit der Transferierbarkeit des Eigentums auf spezifische Weise.

Mit der Zweitcodierung der Wirtschaft durch Geld dominiert aber der Geldcode den Eigentumscode, wobei jedoch Geld „Eigentum als wirtschaftlichen Code ebenso wie als Rechtsform voraussetzt" (Luhmann 1988a: 196), da jede Nutzung von Geld eine Übertragung von Eigentum ist. Der Geldcode einer ausdifferenzierten Wirtschaft funktioniert also nur, wenn er den Eigentumscode voraussetzen kann. Aus der Perspektive der modernen Wirtschaft zeigt die Entwicklung des Eigentumsbegriffs, dass sich der Begriff mit der Entwicklung der Geldwirtschaft nicht mehr nur auf Grundeigentum beziehen darf, sondern sich entsprechend der nun vielfältigen Eigentumsmöglichkeiten verändern muss, da jetzt auch Interdependenzen zwischen den verschiedenen Möglichkeiten der Nutzung des Eigentums entstehen. So reagiert auch das Recht darauf, indem es Kriterien dafür entwickelt, wie die Verhältnisse zwischen den verschiedenen Eigentümern sozial geregelt werden können (Luhmann 1988a: 208).

Damit entsteht im Rechtssystem ebenfalls ein komplexer Eigentumsbegriff, der das Eigentumsrecht begründet. Aus der Sicht des Rechtssystems ist Eigentum ebenso wie im Wirtschaftssystem schlicht eine Beobachtungsform anhand derer zwischen Eigentümern und Nichteigentümern unterschieden werden kann. Allerdings mit dem wichtigen Zusatz, dass „gewaltsame Wegnahme unterbunden und gegebenenfalls durch das Recht sanktioniert wird" (Luhmann 1993a: 454). Somit hat Eigentum im Rechtssystem eine andere Bedeutung als im Wirtschaftssystem – und eben doch nicht. Denn gerade die unterschiedliche Bedeutung des Eigentumsbegriffs in beiden Systemen ist nur möglich, solange sich jedes System auf gerade diese unterschiedliche Bedeutung verlässt. Für das Rechtssystem macht die Unterscheidung von Eigentümern und Nichteigentümern nur dann Sinn, wenn es sich darauf verlassen kann, dass in bezug auf die gleiche Operation auch das Wirtschaftssystem die Unterscheidung von Eigentümern und Nichteigentümern für relevant hält. Oder anders gesagt, die Unterscheidung macht im Rechtssystem nur dann Sinn, wenn sie zugleich auch im Wirtschaftssystem Sinn macht und umgekehrt. Deshalb eignet sich Eigentum zur strukturellen Kopplung von Wirtschaft und Recht auf besondere Weise. Eigentum ist nicht nur die Voraussetzung für die Zweitcodierung der Wirtschaft durch den Geldcode, sondern sorgt in Rechts- und Wirtschaftssystem gleichermaßen für Anschlussfähigkeit. Diese Anschlussfähigkeit ist jedoch nur dann gesichert, wenn Eigentum in beiden Systemen eine unterschiedliche Bedeutung hat und sich beide der gekoppelten Systeme auf diese unterschiedliche Bedeutung wechselseitig verlassen können.

Die Leistungserwartungen einer ausdifferenzierten Geldwirtschaft an das Recht ergeben sich dann ebenfalls aus den Basaloperationen des Wirtschaftssystems. Transaktionen koppeln Zahlungen mit Umweltzuständen in der Weise, dass das Eigentum, das bei allen Transaktionen vorausgesetzt wird, in Geld bewertet wird. Aufgrund dieser Gleichzeitigkeit von Selbst- und Fremdreferenz werden die beiden Operationen Gütertransfer und Geldtransfer, aus denen eine Transaktion besteht, auseinandergezogen. Hier entsteht die Notwendigkeit, den Zusammenhang zwischen den beiden Operationen zu gewährleisten, da nur so Transaktionen vollständig vollzogen werden können. Diese Gewährleistung erwartet das Wirtschaftssystem vom Rechtssystem. Das Rechtssystem ist für diese Erwartungen die richtige Adresse, da es im Sinne der Erwartungssicherheit „Rechtssicherheit" gewährleisten kann. Die dafür gefundene Form ist der Vertrag. In einer ausdifferenzierten Geldwirtschaft ist Eigentum ohne Vertrag nicht denkbar. Dabei ist der Vertrag aber nicht nur eine Leistung des Rechtssystems, auf die sich andere Funktionssysteme verlassen können, sondern im Fall der Beziehung zwischen Recht und Wirtschaft ist der Vertrag eine weitere, sehr bedeutende kommunikative Einrichtung, die diese beiden Systeme strukturell koppelt. Dies wird in Abschnitt 5.3 ausgeführt.

Die beiden Möglichkeiten der strukturellen Kopplung, Eigentum und Vertrag, sind auf unterschiedliche Weise von großer Bedeutung für die Selbstreproduktion des Wirtschaftssystems. Aber sie sind zugleich auch für die Selbstreproduktion des Rechts unverzichtbar. Strukturelle Kopplungen sind deshalb als kommunikative Einrichtungen zu verstehen, die von den gekoppelten Systemen unterschiedlich zur Fortsetzung der eigenen Autopoiesis genutzt werden. Die Operationen werden somit nicht nur einem der gekoppelten Systeme zugerechnet, sondern werden von beiden Systemen in die eigenen Operationen eingebaut. Die unterschiedliche Ausformung der Beobachtungsform Eigentum in Recht und Wirtschaft zeigt dies deutlich. Da strukturelle Kopplungen innerhalb der Gesellschaft durch operative Kopplungen verstärkt werden (Luhmann 1997a: 788), scheint es sich zunächst immer um ein und dieselbe Kommunikation zu handeln.[50] Dies ist aber nur insofern richtig, als es sich tatsächlich um eine Kommunikation handelt, die in beiden Systemen zugleich zur Fortsetzung der Autopoiesis genutzt wird. Aber schon damit handelt es sich nicht um ein und dieselbe Kommunikation, da die Anschlusskommunikation grundsätzlich verschieden ist. Eigentumsrechte werden im Rechtssystem anders zur Fortsetzung der Kommunikation genutzt als die Unterscheidung von Eigentümern und Nichteigentümern in der Wirtschaft. Somit ermöglichen strukturelle Kopplungen den gekoppelten Funktionssystemen, intensivierte Beziehungen zu anderen Funktionssystemen zu unterhalten, ohne ihre Autonomie zu gefährden. Dabei scheint es gerade eher so zu sein, dass strukturelle Kopplungen die Autonomie der Funktionssysteme stärken (Luhmann 1997a: 373f.).

Unter Globalisierungsbedingungen verändert sich aber die Bedeutung der beiden Möglichkeiten der strukturellen Kopplung. Denn die Globalisierung der Wirtschaft führt aufgrund der zunehmenden Virtualisierung des Eigentums und der Entmaterialisierung der Güter (vgl. z.B. Hutter 2001a) dazu, dass die Bedeutung des Eigentums als strukturelle Kopplung von Wirtschaft und Recht zurückgeht. Mit der Zweitcodierung der ausdifferenzierten Geldwirtschaft durch Zahlung bzw. Geld (Luhmann 1993a: 453ff.), tritt die Erstcodierung durch das Eigentum hinter der Zweitcodierung zurück. Selbstverständlich bleibt die Unterscheidung von Eigentum und Nicht-Eigentum grundlegend für die Wirtschaft, jedoch macht gerade die New Economy deutlich, dass Fragen nach den Eigentümern für die Wirtschaftsentwicklung oft zweitrangig sind. Die Aufrechterhaltung der Zahlungsfähigkeit (und sei dies nur virtuell) steht jetzt im Vordergrund. Wichtiger als diese „oberflächliche" Veränderung – denn Eigentum bleibt das leitende Beobachtungsschema für die Wirtschaft – ist aber, dass die strukturelle Kopplung über Eigentum, anders als die über Vertrag, kaum Anlass zu intersystemischer Kommunikation gibt. Denn dies leistet erst die strukturelle Kopplung von Recht und Wirtschaft durch den Vertrag: Mit der Durchsetzung der Zweitcodierung Geld fallen in jeder Transaktion die Operationen Geldzahlung und Gütertransfer auseinander. Hier sichert der Vertrag, dass dieser Zusammenhang stets gewahrt wird. Nun zeigt sich gerade unter Globalisierungsbedingungen, dass die Bedeutung des Vertrags zur Sicherung der Wirtschaftskommunikation deutlich angestiegen ist. Nicht nur der zugenommene Umfang der Vertragswerke ist ein Hinweis auf die gestiegene Bedeutung von Verträgen. Globale Anwaltskanzleien,

---

[50] Operative Kopplungen sind solche Kommunikationsereignisse, die in den gekoppelten Systemen gleichzeitig stattfinden. Dies wird innergesellschaftlich dadurch möglich, dass hier Kommunikation zur Kopplung genutzt wird. Dabei ersetzen operative Kopplungen aber nicht die strukturellen Kopplungen, sondern „sie verdichten und aktualisieren die wechselseitige Irritationen und erlauben so schnellere und besser abgestimmte Informationsgewinnung in en beteiligten Systemen" (Luhmann 1997a: 788).

die sich nur mit der Gestaltung internationaler Vertragsabschlüsse beschäftigen, gewachsene Rechtsabteilungen der multinationalen Unternehmen, Formulating Agencies, die die Vereinheitlichung von Wirtschaftsverträgen vorantreiben und Schiedsgerichte, die sich auf die Schlichtung von Vertragsproblemen beziehen, sind weitere Hinweise darauf, dass Verträge für die Wirtschaftskommunikation gerade unter Globalisierungsbedingungen von großer Bedeutung sind.[51]

Aufgrund der rechtlichen Konstruktion des Vertrags, die sich vor allem durch Vertragsfreiheit auszeichnet, bietet diese strukturelle Kopplung mehr Anlass zu Kommunikation als die über Eigentum. Vertragsfreiheit bezeichnet dabei die Möglichkeit, „dass ein Vertrag durch zwei übereinstimmende Willenserklärungen, durch Angebot und Annahme" zustande kommt (Luhmann 1993a: 463). Unter Globalisierungsbedingungen werden Kommunikationsanlässe aufgrund von Verträgen noch verstärkt, da gerade die globalen Kommunikationsbeziehungen von multinational agierenden Unternehmen auf Verträge angewiesen sind. Eigentumsrechte geben so gesehen zwar Anlass zur Selbstirritation des Rechtssystems, da sie das Recht mit Erwartungen der Umwelt konfrontieren, aber unter Globalisierungsbedingungen sind diese Irritationen nicht diejenigen, die Veränderungen hin zu globalen Strukturen anstoßen. Der Grund dafür besteht darin, dass Eigentum aus der Perspektive der Wirtschaft die Basalunterscheidung ist, also eine Unterscheidung ist, die ständig mitläuft, aber selbst keine Kommunikation zwischen Recht und Wirtschaft befördert. Dies leistet aber der Vertrag, der unter Globalisierungsbedingungen zur bedeutenderen strukturellen Kopplung wird.[52]

5.3   Vertrag als strukturelle Kopplung von Recht und Wirtschaft

Die Annahme, dass der Zusammenhang zwischen der Globalisierung des Rechts und der Globalisierung der Wirtschaft auf strukturelle Kopplungen der beiden Systeme über Vertrag und Organisation zurückzuführen ist, macht es erforderlich, sich zunächst den Vertrag als strukturelle Kopplung genauer anzusehen. Anders als im Fall des Eigentums gibt es für den Vertrag keine systemneutrale Bezeichnung, wie Luhmann (1993a: 456) deutlich macht. Allerdings schlägt er dann vor, dass Tausch die wirtschaftliche Entsprechung zum Vertrag sei. Lediglich Tausch als die wirtschaftliche Entsprechung des Vertrags anzusehen, übersieht aber, dass der Vertrag gar nicht notwendig wäre, wenn es nur

---

[51] Zu den Auswirkungen der Globalisierung auf die Rechtspraxis vgl. Abel (1994).

[52] Dies gilt selbstverständlich nur für die hier eingenommene Perspektive, die nach den für die Globalisierung des Rechts relevanten strukturellen Kopplungen fragt. Eine generelle Bewertung der strukturellen Kopplung hinsichtlich ihrer Bedeutung macht keinen Sinn.

um Tausch ginge. Denn erst das zeitliche und soziale Auseinanderziehen von Geldzahlung und Gütertransfer macht den Vertrag für die moderne Wirtschaft unverzichtbar und etabliert ihn als strukturelle Kopplung von Wirtschaft und Recht. Erst mit der Zweitcodierung der Wirtschaft durch das Geld taucht das Problem auf, dass der Zusammenhang zwischen den beiden Operationen gewährleistet werden muss. Deswegen ist die Entsprechung des Vertrags im Wirtschaftssystem die Transaktion. Dementsprechend müsste es auch genauer heißen: strukturelle Kopplung von Recht und Wirtschaft über Vertrag/Transaktion, denn der Vertrag wird in der Wirtschaft als Transaktion beobachtet und die Transaktion wird im Recht als Vertrag beobachtet. Der Vertrag selbst ist also keine Wirtschaftskommunikation, nur wird jede Transaktion zugleich im Rechtssystem als Vertrag beobachtet. Oder anders formuliert: jede Wirtschaftskommunikation in Form einer Transaktion wird durch eine Rechtskommunikation in Form eines Vertrages begleitet. Hier besteht somit eine Gleichzeitigkeit von Rechts- und Wirtschaftskommunikation. Diese Gleichzeitigkeit ist auf die spezifische Beschaffenheit von Transaktionen zurückzuführen. Transaktionen sind nur möglich, wenn sie zugleich im Rechtssystem als Vertrag beobachtet werden. Aber umgekehrt ist der Vertrag als Rechtskommunikation auch nur dann möglich, wenn er sich auf Ereignisse in der Umwelt des Rechtssystem bezieht.

Die besondere Leistung des Vertrags besteht darin, dass er unter Bedingungen von Indifferenz eine spezifische Differenz etabliert (Luhmann 1993a: 459). Indifferent ist der Vertrag gegenüber allem, was nicht durch den Vertrag bestimmt wird und so kann mit dem Vertrag eine bestimmte Differenz festgeschrieben werden, nämlich die zwischen dem vertraglich geregelten sozialen Bereich und allem anderen. Die Voraussetzung dafür ist allerdings die Vertragsfreiheit. Denn erst damit wird überhaupt möglich, dass spezifische soziale Verhältnisse durch einen Vertrag geregelt werden können. Für das Rechtssystem heißt Vertragsfreiheit aber, dass es die Kontrolle darüber verliert, was zum Gegenstand des Vertrags wird. Diese Kontrolle gewinnt es dadurch zurück, dass es in der Lage ist, „den Willen der Vertragschließenden im Rückblick zu interpretieren" (Luhmann 1993a: 464). Trotzdem heißt Vertragsfreiheit, dass „der Willen der Parteien [...] zum Gesetz" wird (Teubner 1989: 114).

Der Vertrag ist somit vor allem eine soziale Form für die Entstehung von Verpflichtungen, so eben auch zur Entstehung von Zahlungsverpflichtungen nach Erhalt einer Leistung oder eines Gutes. Oder zur Verpflichtung, diese Leistung oder dieses Gut in der verabredeten Beschaffenheit zu erbringen. Diese Leistung des Vertrags – Produktion einer spezifischen Differenz unter Bedingungen von Indifferenz und dadurch Entstehung von Verpflichtungen – wird durch die Verknüpfung von Selbst- und Fremdreferenz ermöglicht, die jeder Vertrag in einer Operation vollzieht. Die Bedingung der normativen Schließung und kognitiven Öffnung des Rechtssystems sieht für den Vertrag so aus, dass mit jedem Vertrag zugleich eine Rechtsentscheidung getroffen wird, die den Geltungstransfer übernimmt *und* fremdreferentiell auf Ereignisse (oder erwartbare Ereignisse) in der Umwelt Bezug genommen wird. Aufgrund der besonderen Konstruktion des Vertrags trägt dieser in normativer Hinsicht zur selbstreferentiellen Schließung des Rechtssystems bei, da jeder Vertrag eine Rechtsentscheidung ist und Geltung transportiert. Zugleich ist das Rechtssystem fremdreferentiell kognitiv offen, da es mit jedem Vertrag Bezug auf Ereignisse in der Umwelt nimmt und damit Erwartungssicherheit für die durch den Vertrag spezifizierten Situationen garantiert. Damit wird deutlich, dass Verträge ebenfalls rechtswirksame Entscheidungen sind, bzw. sein müssen, und nicht nur Gerichtsentscheidungen diese Qualität aufweisen. Allerdings liegen Verträge, wie bereits ausgeführt, in der Peripherie des Rechtssystems und nur die gerichtlichen Rechtsentscheidungen zählen zum Zentrum des Rechtssystems. Gerade aber durch diese Lage in der Peripherie transformieren Verträge Irritationen in Rechtskommunikationen und eignen sich deshalb zur strukturellen Kopplung.

Wirtschaftsoperationen in Form von Transaktionen sind darauf angewiesen, dass sie im Rechtssystem stets als Vertrag beobachtet werden. Dies ist für Transaktionen aufgrund ihrer besonderen Beschaffenheit eine notwendige Voraussetzung. Damit ist der Vertrag also keine Wirtschaftskommunikation, sondern er findet seine wirtschaftssystemspezifische Entsprechung in der Transaktion. So ist der Vollzug einer Transaktion im Wirtschaftssystem immer zugleich auch Vollzug eines Vertrags im Rechtssystem und umgekehrt ist der Vollzug eines Vertrags immer auch Vollzug einer Transaktion, bzw. verweist auf mögliche Transaktionen. So wird ein und die gleiche Operation in den beiden Funktionssystemen jeweils unterschiedlich beobachtet und zur Reproduktion genutzt. Das Verhältnis von Vertrag und Transaktion zueinander wird wiederum durch die jeweilige Kopplung von Selbst- und Fremdreferenz bestimmt.

Der Vertrag ist die notwendige Voraussetzung für Transaktionen, da er sich auf die Lücke zwischen Geldzahlung und Gütertransfer bezieht. Denn Transaktionen sind nur dann vollständig, wenn die beiden Aspekte dieser einen Operationen vollzogen werden. Die Reproduktionsfähigkeit der Wirtschaft ist also nur dann sichergestellt, wenn Zahlungen mit Umweltzuständen gekoppelt werden, wenn also Transaktionen an weitere Transaktionen anschließen. Die Reproduktion der Wirtschaft kann nur so sichergestellt werden, aber auch die gesellschaftliche Funktion der Wirtschaft kann nur so erfüllt werden. Genau darauf bezieht sich der Vertrag. Er sichert, dass Transaktionen auch dann vollzogen werden können, wenn die Zahlungserwartung enttäuscht wird. Die Verpflichtung zu zahlen oder eine bestimmte Leistung zu erbringen, die mit jedem Vertrag eingegangen wird, macht es somit möglich, dass die Erwartung einer Zahlung oder einer Leistung auch im Falle des Nichterfolgens, also der Enttäuschung, aufrechterhalten werden kann. Der Vertrag regelt den so möglicherweise entstehenden Konflikt zwischen Erwartung einer Kommunikation und der Ablehnung der Kommunikation, indem die Zahlung oder Leistung eingefordert werden kann, da dies durch den Vertrag vorgesehen ist.

Dazu ist es aber nun notwendig, dass der Vertrag zugleich eine Rechtsentscheidung ist und – im Sinne des Bezugs auf die Umwelt – Lösungen für potentielle Konflikte bereitstellt, also „Rechtssicherheit" (im Sinne von Erwartungssicherheit) für Kommunikationen in der Umwelt bietet. Dies ist aber nicht nur in bezug auf Transaktionen erforderlich, sondern der Umweltbezug des Vertrags ist auch deshalb erforderlich, da er nur so zur Reproduktion des Rechts beiträgt. Es ist also das jeweilige Verhältnis von Selbst- und Fremdreferenz in den Operationen Transaktion und Vertrag, welches das komplizierte Verhältnis von Transaktion und Vertrag, das sich nur als strukturelle Kopplung verstehen lässt, bestimmt. Vertrag und Transaktion sind jeweils ohne ihre unterschiedliche Bedeutung in dem anderen Funktionssystem nicht denkbar und schon dies weist darauf hin, dass Vertrag/Transaktion ein Mechanismus struktureller Kopplung von Recht und Wirtschaft ist.[53]

Die Beobachtung des Verhältnisses von Recht und Wirtschaft anhand der strukturellen Kopplung der beiden Systeme durch Vertrag hat Teubner in verschiedenen Arbeiten (1997b; 1998) dahingehend weiterentwickelt, dass er von einer neuen Rolle des Vertrags ausgeht, die auf eine Hybridisierung des Vertrags zurückzuführen ist. Der Vertrag koppelt seiner Ansicht nach „Wirtschaftssystem, Produktivsystem und Rechtssystem" (Teubner 1997a: 314) und zerfällt deshalb in eine „Vielheit" von Operationen. In den gekoppelten Systemen hat der Vertrag jeweils eine unterschiedliche Bedeutung und wird deshalb zum Hybrid. Diese Auffassung des Vertrags soll einer rechtlichen Verkürzung des Vertrags entgegenwirken. Aber es stellt sich die Frage, welche Entsprechung der Vertrag im Produktionssystem hat und welches Funktionssystem als Produktionssystem zu verstehen ist. Diese Annahme ist vielleicht eher so zu verstehen, dass deutlich werden soll, dass sich der Vertrag immer auf einen bestimmten „Gegenstand", also auf eine zu produzierende Leistung, ein zu produzierendes Gut beziehen muss. Wieso dies aber als strukturelle Kopplung zu verstehen ist, bleibt bei Teubner weitgehend offen. Jedoch weisen Teubners Annahmen darauf hin, dass ein Vertrag nur dann ein Vertrag ist, wenn er die Logik von verschiedenen Funktionssystemen koppelt.[54]

---

[53] Die verkürzte Formulierung Vertrag als strukturelle Kopplung wird im folgenden beibehalten, da hier die Globalisierung des Rechts im Vordergrund steht, also die Perspektive des Rechtssystems Vorrang hat.

[54] Diese Kopplung besteht vor allem zwischen Wirtschaft und Recht, aber vorstellbar ist auch, dass der Vertrag, je nach dem, auf was er sich bezieht, auch eine Kopplung von Wirtschaft, Recht und einem anderen Funktionssystem ist. Dabei bleibt jedoch fraglich, ob etwa der Vertrag über den Verkauf eines Bildes tatsächlich zugleich eine Kommunikation im Kunstsystem ist.

Der Vertrag lässt sich gerade deshalb zutreffend als strukturelle Kopplung beschreiben, da er erstens eine Antwort darauf ist, wie das Rechtssystem seine Beziehungen zu anderen Systemen in der Umwelt, in diesem Fall zur Wirtschaft, gestaltet. Zweitens akzeptiert der Vertrag die operative Geschlossenheit von Wirtschaft und Recht und ist deshalb dazu geeignet, die dauerhafte Selbstirritation von Wirtschaft und Recht zu gewährleisten. Dabei fällt auf, dass Transaktionen in hohem Maße vom Vertrag abhängig sind, aber umgekehrt sich eher im Rechtssystem Spuren der Irritation des Rechts durch die Wirtschaft nachzeichnen lassen.[55] Drittens gewinnen beide der gekoppelten Systeme aufgrund dieser strukturellen Kopplung durch den Vertrag Freiheiten zur Fortsetzung der eigenen Autopoiesis. Unter Globalisierungsbedingungen lässt sich nun beobachten, dass der Vertrag zum einen selbst globalisiert wird und zum anderen in der Folge aufgrund seiner Eigenschaft als strukturelle Kopplung zur Rechtsquelle wird.

5.4   Globalisierung des Vertrags

Die globale Wirtschaft lässt, ähnlich wie z.B. auch die globale Wissenschaft, einen Normbedarf entstehen, der vom Rechtssystem aufgrund seiner weitgehend nationalstaatlichen Differenzierung nicht mehr angemessen erfüllt werden kann (vgl. auch Teubner 2000). Transaktionen der globalen Wirtschaft sind nicht an nationalstaatlichen Grenzen orientiert, wie nicht nur die alltäglichen Transaktionen zwischen global agierenden Unternehmen, sondern auch Unternehmensfusionen zeigen. Diese geschehen in einem globalen Kommunikationsnetzwerk und erzeugen zugleich wiederum ein globales Kommunikationsnetzwerk. Für diese wirtschaftlichen Kommunikationen, die nationalstaatliche Grenzen ignorieren, ist jedoch Erwartungssicherheit ein notwendiges Erfordernis. Gerade weil sich die Wirtschaftskommunikation nicht selbstverständlich in einem bekannten (nationalen) Rechtsrahmen bewegt, ist Erwartungssicherheit für diese Transaktionen sehr wichtig. Die Annahme, dass sich die Wirtschaft aufgrund dieser unzureichenden rechtlichen Situation eben ihre eigenen Normen produziert, scheint auf den ersten Blick tatsächlich zutreffend zu sein. Denn Schiedsvereinbarungen, der Bezug auf „transnational principles of law" in Vertragsverhandlungen und Vertragsgestaltung oder auch der Bezug auf die lex mercatoria scheinen zunächst dafür zu sprechen, dass es sich um selbstgeschaffene Normen der Wirtschaft handelt. Diese scheinen ja nur für einen bestimmten Bereich der Weltgesellschaft entwickelt worden zu sein (Wirtschaft) und scheinen zudem nur für einen bestimmten Bereich der Kommunikation zu gelten (Verträge). Aber vor dem Hintergrund der Annahme einer strukturellen Kopplung von Wirtschaft und Recht durch Eigentum und Vertrag/Transaktion, stellt sich die Frage nach

---

[55] So stellt Luhmann fest, dass das Ergebnis der strukturellen Kopplung von Wirtschaft und Recht „die Zunahme der Irritation des Rechts durch die Wirtschaft" ist (Luhmann1997a: 784).

den Auswirkungen dieser „selbstgeschaffenen Regeln" für das Recht. Die Annahme, dass jede Transaktion im Recht als Vertrag beobachtet wird, also eine eigene Operation des Rechtssystems ist, heißt dann, dass das Rechtssystem nach Maßgabe seiner eigenen Kriterien auf diesen Normbedarf reagiert. Dabei lassen sich zwei Aspekte unterscheiden, die hier zunächst getrennt behandelt werden, aber sich wechselseitig bedingen: die Globalisierung des Vertrags und die Qualität des Vertrags als Rechtsquelle (dazu 5.5).

Mit der These der Globalisierung des Vertrags ist gemeint, dass sich der Vertrag zu einem global gültigen Konditionalprogramm entwickelt, mit dem das Rechtssystem auf weltgesellschaftlicher Ebene dazu in der Lage ist, zwischen Recht und Unrecht zu unterscheiden und somit für andere Funktionssysteme Erwartungssicherheit und Konfliktlösungsmöglichkeiten produziert. Dies geschieht dadurch, dass in Vertragsverhandlungen und Schiedsverfahren auf die mit dem Begriff lex mercatoria beschriebenen Regeln und Normen Bezug genommen wird. Wie eine Studie des Center for Transnational Law (CENTRAL) in Münster ergeben hat,[56] wird zumeist auf „general principles of law", auf „Lex Mercatoria" oder auf die „UNIDROIT Principles of International Commercial Contracts" Bezug genommen. „The direct selection of the Principles by the parties or arbitrators, however, has the advantage of allowing the parties to make a reference to their domestic code instead of a vague and abstract notion of transnationalism with which many parties or arbitrators would not feel comfortable" (Berger 2000a: 5). Bei der Vertragsverhandlung und -gestaltung und in Schiedsverfahren wird sich auf diese Regeln bezogen ohne deren genaue Geltungsgrundlage zu kennen. Indem aber in weiteren Verfahren und Verträgen ebenso auf diese Regeln Bezug genommen wird beweisen sie ihre Gültigkeit und etablieren sich zu Rechtsnormen, die dann auch von nationalen Gerichten akzeptiert werden. Sobald diese Normen nicht mehr nur für einen Fall gelten, sondern stabil sind und somit Erwartungssicherheit generieren, da mit ihnen über Recht und Unrecht entschieden werden kann, sind sie als Rechtsnormen etabliert. „In the Channel Tunnel construction contract, one of the most important infrastructure projects of the last decades in Europe, the parties from France and England agreed to a choice of law clause which called for the application of '... the principles common to both English and French law, and in the absence of such common principles [the] general principles of international trade law as have been applied by national and international tribunals...'. One of the lead counsel involved in the drafting of this contract described the process in the following words: 'To know the rules was not sufficient; we had to remember or learn the basic fundamentals because it was the only way we could the French and English rules meet. On the face of it, the rules were different, sometimes even contradictory; yet,

---

[56] 1999 führte das CENTRAL eine Fragebogenstudie zur Akzeptanz und Leistungsfähigkeit eines transnationalen Rechts durch. Dazu wurden weltweit Rechtsabteilungen führender Unternehmen, Anwälte und Schiedsrichter befragt (Berger et al. 2001; Berger 2001a).

a common principle had to be found to exist. This daily miracle was made possible largely because all of us...decided to go beyond the mere wording of the legal provisions and find the basic principle behind them...' " (Berger 2000b: 92). An dieser Stelle wird schon deutlich, dass hier zum einen private Vertragsnormen zum Einsatz kommen und zum anderen ein transnationales Vertragsrecht eine Rolle spielt. In den privaten Verträgen der Unternehmen wird sich auf transnationales Vertragsrecht bezogen, aber aufgrund des privaten Vertragsrechts ist es zugleich möglich, hier Ergänzungen oder Erweiterungen vorzunehmen.

Unterstützt wird dieser Prozess durch die Formulating Agencies, die mit der schriftlichen Fixierung der „Principles" insofern zur Stabilisierung beitragen, als in weiteren Verfahren damit die Möglichkeit besteht, über den Einzelfall hinausgehende Normen zu bemühen. Diese Normen haben aufgrund ihrer stetigen Anwendung im Kontext globaler Wirtschaftskommunikation und ihrer schriftlichen Fixierung durch weltweit bekannte und anerkannte Institutionen, wie z.B. Unidroit, globale Gültigkeit. Die Formulating Agencies beziehen sich auf das, was in Vertragsverhandlungen, Verträgen und Schiedsverfahren als Recht beansprucht wird, leisten die Kodifizierung dieser Regeln und Normen und in weiteren Verträgen etc. wird sich wiederum auf diesen Katalog von global gültigen Regeln bezogen. Dieser Regel- und Normenkatalog besteht unabhängig von den jeweiligen nationalstaatlichen Rechtsordnungen und hat deshalb weltweit Gültigkeit ohne eine der Parteien zu bevorteilen.[57]

In diesem zirkulären Prozess von Bezug auf Normen – deren Geltungsgrundlage unbekannt ist –, Anwendung der Normen in Verträgen etc. und Normfixierung durch Formulating Agencies wird der Vertrag als global gültiges Konditionalprogramm etabliert. Dabei ist der einzelne Vertrag, der nach diesem globalen Recht geschlossen wird, sowohl Bestätigung des neuen Rechts der Weltgesellschaft als aber auch Transporteur dieses Rechts. Hier geschieht also eine Transformation von „informellen Regeln der Wirtschaft" zu formalen Regeln des Rechts, zu Rechtsnormen. Dies ist auch der Grund dafür, dass es zunächst so scheint, als ob die Wirtschaft ihre eigenen Regeln produzieren würde. Aufgrund der strukturellen Kopplung von Wirtschaft und Recht durch Vertrag/Transaktion ist es – aus einer Entwicklungsperspektive gesehen – zunächst so, dass wegen der unzulänglichen Rechtssituation Vereinbarungen zwischen den Wirtschaftsunternehmen getroffen werden, die auch im Vertrag schriftlich fixiert werden. Auf den Einzelfall bezogen kann man dann noch von selbstgeschaffenen Regeln der Wirtschaft sprechen, aber sobald diese für mehr als einen Fall gelten, sich also in weiteren Verträgen darauf bezogen wird, und diese vom Rechtssystem anerkannt werden, sind es nicht mehr

---

[57] Schon hier wird deutlich, dass Organisationen, wie die Formulating Agencies, in diesem Prozeß eine wichtige Rolle spielen. Dies wird aber erst im folgenden Kapitel 6 ausgeführt.

die selbstgeschaffenen Regeln der Wirtschaft. Jetzt handelt es sich um Irritationen des Rechts durch die Wirtschaft aufgrund der strukturellen Kopplung. Diese Irritationen werden aber dann im Recht weiterbehandelt und nicht in der Wirtschaft. Im Rechtssystem führen diese Irritationen dann dazu, dass hier die so entwickelten Normen tatsächlich zur Unterscheidung zwischen Recht und Unrecht herangezogen werden. Damit haben sich die zunächst „selbstgeschaffenen Regeln" als globales Recht etabliert. Die Voraussetzung dafür ist aber die Globalisierung des Vertrags. Denn nur wenn dieser zu einem global gültigen Konditionalprogramm wird, kann darüber auch die Globalisierung des Rechts ihren Lauf nehmen.

Verträge sind deshalb global gültige Konditionalprogramme, da mit ihnen festgelegt wird, dass, wenn der Fall X eintritt, dann in der Weise Y reagiert wird, und diese Festlegung nicht an nationalstaatliches Recht gebunden ist. Diese Form von Konditionalprogramm ist notwendig, um Erwartungssicherheit zu produzieren. „Man kann [...] nicht [...] von der Zukunft abhängig machen, ob die Erwartungen, auf die man sich jetzt schon festlegen muss in der Zukunft berechtigt gewesen sein werden. Man will es jetzt wissen, bzw. im Entscheidungszeitpunkt feststellen können, und dies kann nur in der Form eines Konditionalprogramms garantiert werden" (Luhmann 1993a: 200). Wenn der Vertrag also ein global gültiges Konditionalprogramm ist, hat das Rechtssystem damit globale Strukturen etabliert, die weitere Veränderungen nach sich ziehen.

5.5   Vertrag als Rechtsquelle

Mit den vorstehenden Ausführungen ist die Frage offen geblieben, wie in diesem Prozess der Globalisierung des Rechts das neue (globale) Recht in Geltung gesetzt wird. Teubner formuliert dazu folgende These: „Die Akteure berufen sich ständig auf die Geltung von Rechtsnormen, deren Geltungsgrundlage aber gerade fraglich ist. Und genau diese dauernde Praxis einer Rechtsberühmung – geradezu die Beschwörung von noch nicht etablierten Rechtsnormen – und nicht etwa eine von einer Lobby privater Akteure beeinflusste Entscheidung einer zentralen Rechtssetzungsinstanz – setzt das neue Recht in Geltung" (Teubner 2000: 443). Damit geht Teubner davon aus, dass die konventionelle Rechtsquellenhierarchie (über den Gesetzgeber) außer Kraft gesetzt ist. Allerdings wird diese These von Teubner nicht weiter ausgeführt, so dass hier die Frage gestellt werden muss, warum denn gerade durch die ständige Berufung auf Rechtsgeltung neues Recht in Geltung gesetzt wird. Also: welche Strukturen des Rechtssystems ermöglichen, dass auf diese Weise Rechtsgeltung produziert wird? Dies ist zugleich wiederum die Frage danach, wie und wodurch sich das Recht ändert.

In Luhmanns Theorie des Rechtssystems steht in bezug auf die Frage nach der Rechtsgeltung die Tautologie „alles Recht ist geltendes Recht" im Zentrum. Geltung ist damit ein Symbol, dass das System mit jeder seiner Operationen verwendet um die Einheit des Systems zu erinnern. Wie jedes Symbol, das von den Funktionssystemen verwendet wird, erhöht es die Akzeptanz der Kommunikation. Liebe, Geld, Wahrheit oder Geltung, sie alle machen den Fortgang der Kommunikation wahrscheinlicher. Somit ist Geltung also „nur" eine Form, in der Operationen des Systems auf ihre Zugehörigkeit zum System Bezug nehmen. Wenn alles Recht geltendes Recht ist, dann gibt es kein Recht, das nicht gilt und damit wird mit jeder rechtswirksamen Entscheidung Geltung übertragen. Jeder Vertrag produziert somit Rechtsgeltung (Luhmann 1993a: 229f.), da er als rechtliche Kommunikation eine rechtswirksame Entscheidung ist. Für das Kreuzen des Codes Recht/Unrecht wird das Symbol der Rechtsgeltung benötigt, da mit jedem Kreuzen das Rechtssystem seinen Zustand verändert, aber zugleich die Einheit des Systems gewahrt bleiben muss.

Mit diesem Begriff von Rechtsgeltung ändert sich aber auch der Begriff der Rechtsquelle. Denn „diese Auffassung von Geltung als Symbol der Einheit des Rechts [ersetzt] die Frage nach den Rechtsquellen" (Luhmann 1993a: 100). Wenn das Rechtssystem mit Geltung jeweils seinen momentanen Zustand markiert, dann definiert das Rechtssystem damit selbst, was geltendes Recht ist und was nicht. Man könnte hier vielleicht von einem vollständigen Rechtsquellenpluralismus sprechen. Aber schon dies macht deutlich, dass der Begriff in diesem Zusammenhang obsolet geworden ist. Denn es sind die Programme des Rechtssystems selbst, die die Auslösebedingungen für Rechtsgeltung festlegen. Quellen des Rechts sind damit keine externen Ereignisse. Wenn also Verträge, als Programmstrukturen des Rechtssystems, Geltung produzieren, dann wird Teubners These verständlich: In den Verträgen zwischen global agierenden Wirtschaftsorganisationen werden neue Möglichkeiten der Konfliktlösung und Rechtsanwendung festgehalten und mit der Vertragsfixierung, also mit der rechtswirksamen Entscheidung des Vertragsschlusses, wird Geltung übertragen. Der Vertrag selbst nimmt Geltung in Anspruch, da er als Rechtskommunikation eine rechtswirksame Entscheidung ist, und er transportiert Geltung, da sich weitere Rechtskommunikationen auf ihn beziehen.[58] Die Rechtsberührung, die Teubner herausstellt, ist also in jedem Vertrag enthalten. Denn der Vertrag ist natürlich nur solange Vertrag und damit Rechtskommunikation, solange er von weiteren Rechtskommunikationen als eine zum Rechtssystem zugehörige Kommunikation identifiziert werden kann. Nur ein Blatt Papier mit absurden Forderungen ist kein Vertrag und würde vom Rechtssystem auch nicht als systemeigene Kommunikation behandelt. Sobald aber der Vertrag Vertrag ist – und nichts anderes – transportiert er Geltung.

---

[58] Vgl. auch Hillgruber (1999) zum „Vertrag als Urform der Rechtsbildung".

In Luhmanns Rechtssystemtheorie mag der Begriff der Rechtsquelle zwar überflüssig sein, aber als Metapher beschreibt er im vorliegenden Zusammenhang sehr gut, welche Rolle dem Vertrag im Prozess der Globalisierung des Rechts zufällt. Selbstverständlich ist die Aussage, dass der Vertrag unter Globalisierungsbedingungen selbst zur Rechtsquelle wird, aus Luhmanns Perspektive tautologisch, da ja jeder Vertrag Rechtsgeltung produziert und somit auch Rechtsänderung nach sich zieht. Als Metapher macht der Begriff deutlich, dass gerade im Vertrag eine Quelle globalen Rechts zu sehen ist. Dies ist insofern tautologisch als das heißt: Recht produziert Recht. Aber genau diese Tautologie liegt Luhmanns Rechtssystemtheorie zugrunde.[59] Nur das Rechtssystem kann über Rechtsänderung entscheiden.[60] Und mit dem Symbol der Geltung ermöglicht es sich die Identitätssicherung bei gleichzeitiger Änderung seines Systemzustands.

Dabei ist es aber nicht unabhängig von Ereignissen in seiner Umwelt. Zwar reichen rein kognitive Erwartungen anderer Funktionssysteme nicht aus, damit das Rechtssystem sich verändert. Die Forderung der Wirtschaft nach Rechtsstrukturen, die seiner globalen Operationsweise angemessen sind, würde also nicht ausreichen, um das Rechtssystem zur Selbständerung zu bewegen.[61] Es sind die Beziehungen zu anderen Funktionssystemen, die im Rechtssystem Irritationen in der Weise auslösen, dass sich das Rechtssystem selbst ändert. Dabei sind es aber nicht die einfachen Beobachtungsverhältnisse zwischen Funktionssystemen, die diese Irritationen auslösen, sondern es sind verdichtete System-zu-System-Beziehungen, die dauerhafte Irritationsbeziehungen produzieren und mit dem Begriff der strukturellen Kopplung bezeichnet werden. Strukturelle Kopplungen sind unter Globalisierungsbedingungen also diejenigen Strukturen, die für den Zusammenhang zwischen Globalisierungsentwicklungen in verschiedenen Funktionssystemen verantwortlich sind. Der Vertrag als strukturelle Kopplung beansprucht jeweils Geltung für sich und produziert und transportiert somit mit jeder weiteren Kommunikation Geltung. Gerade weil der Vertrag ein Konditionalprogramm ist, das Erwartungssicherheit produziert und Konfliktlösungsmöglichkeiten zur Verfügung stellt, kann der Vertrag neuen Rechten und Pflichten Geltung verschaffen (vgl. Luhmann 1993a: 338). Der Vertrag bezieht sich dabei jeweils auf Ereignisse in der Umwelt des Rechts.[62]

---

[59] So formuliert Luhmann entsprechend, dass der Begriff der Rechtsquelle in der Rechtstheorie abgelöst wurde durch „Figuren, die man als Paradoxieauflösung (oder: Tautologieentfaltung) mit Externalisierungstendenz bezeichnen könnte" (Luhmann 1993a: 102.).

[60] Die Annahme der Autonomie des Rechts, die Luhmanns Rechtstheorie zugrunde liegt, gibt immer wieder Anlaß zu Kritik. So auch jüngst Bolsinger (2001).

[61] Ganz abgesehen davon, dass „die Wirtschaft" sowieso keine Forderungen stellen kann.

[62] Und hier sieht Calliess (2000) eine Verbindung von Systemtheorie und Prozeduralisierungstheorien. Denn die für die Prozeduralisierungstheorie grundlegende Verbindung von juristischem Diskurs und Rekonstruktion von Umweltereignissen kann mit dem Begriff der strukturellen Kopplung systemtheoretisch reformuliert werden.

Das Verhältnis von Selbstreferenz und Fremdreferenz des Rechtssystems spiegelt sich im Vertrag in der Weise, dass jeder Vertrag in der rekursiven Verkettung von Rechtskommunikation Geltung überträgt und Geltung nur in der Verkettung von Rechtskommunikationen übertragen werden kann. Aber zugleich bezieht sich der Vertrag auf externe soziale Ereignisse des Rechtssystems und so wird das Rechtssystem abhängig von seiner Umwelt. Gerade die paradoxe Konstitution des Systems begründet, warum die Globalisierung des Rechts im Zusammenhang mit anderen Funktionssystemen steht, ja auf deren Globalisierungsentwicklungen zurückzuführen ist, aber sich zugleich nur nach ihrer – rechtssystemeigenen – Logik vollzieht. Sowohl für den Zusammenhang zu anderen Globalisierungsentwicklungen als auch für die Veränderung hin zu globalen Rechtsstrukturen ist der Vertrag von großer Bedeutung. Diese Bedeutung rechtfertigt deshalb, die Metapher der Rechtsquelle für den Vertrag in diesem Zusammenhang in Anspruch zu nehmen.

Calliess unterscheidet dazu zwischen formaler, materialer und prozeduraler struktureller Kopplung. Während die formale strukturelle Kopplung des Rechts an die Umwelt diejenige des bürgerlichen Formalrechts ist, wo Rechtsinhalte aus der Umwelt des Rechts importiert werden, ist die materiale strukturelle Kopplung diejenige eines Exports von rechtsintern generierten Standards in die Umwelt des Rechts. Prozedurale strukturelle Kopplung hingegen bezeichnet den Fall, wo sich das Recht „aus der prozeduralen Rationalität des juristischen Diskurses" legitimiert und „die Rationalität von Gesetz, Vertrag [...] vom Recht anhand der je spezifischen prozeduralen Entstehungsbedingungen in der Umwelt des Rechts rekonstruiert" wird (Calliess 2000: 296).

6. Multinational operierende Unternehmen, Formulating Agencies und Schiedsgerichte: Organisation als strukturelle Kopplung

Ausgehend von der fremdreferentiellen Orientierung des Vertrags findet im nun folgenden Kapitel ein Ebenenwechsel statt. Hier wird nach dem Beitrag von multinational operierenden Unternehmen, Formulating Agencies und Schiedsgerichten zur Globalisierung des Rechts gefragt (6.1) unter der Annahme, dass Organisationen selbst auf unterschiedliche Weise der strukturellen Kopplung von Funktionssystemen dienen (6.2). Dabei wird deutlich werden, dass sich multinational operierende Unternehmen (6.3), Formulating Agencies (6.4) und Schiedsgerichte (6.5) jeweils verschieden auf den Vertrag bzw. auf Vertrag/Transaktion als strukturelle Kopplung beziehen und darüber auch selbst der strukturellen Kopplung dienen. Dieses Zusammenspiel der strukturellen Kopplungen Vertrag/Transaktion und Organisation ist kennzeichnend für die Globalisierung des Rechts (6.6).

6.1 Der Beitrag von multinational operierenden Unternehmen, Formulating Agencies und Schiedsgerichten zur Globalisierung des Rechts

Im vorstehenden Kapitel wurde der Vertrag als strukturelle Kopplung isoliert von den Kommunikationsbeziehungen betrachtet, in die er eingebettet ist. Diese Isolation soll hier nun aufgegeben werden, denn jeder Vertrag ist als Kommunikation in einen sozialen Kontext, also in bestimmte Kommunikationskontexte eingebettet. Unternehmen schließen Verträge, Rechtsabteilungen oder Kanzleien arbeiten diese Verträge aus, Schiedsgerichte werden aufgrund von Verträgen aktiviert und verwenden den Vertrag als Basis ihrer Urteilsfindung und die Formulating Agencies formulieren die Regeln, die in der Vertragsformulierung angewendet werden. Schon die stets mitlaufende fremdreferentielle Orientierung des Vertrags verweist darauf, dass dieser immer in Kommunikationskontexte eingebettet ist, auf die er sich dann zum Teil auch bezieht. Hier lässt sich unter Globalisierungsbedingungen nun beobachten, dass diese Kommunikationskontexte vorrangig durch Organisationen repräsentiert werden, wobei für den vorliegenden Fall der lex mercatoria vor allem multinational operierende Unternehmen, Schiedsgerichte und Formulating Agencies relevant sind. Dies mag für Menschenrechte, Umweltrecht, Cyber Law oder Arbeitsrecht – als Beispiele für andere Globalisierungsentwicklungen im Recht – anders aussehen. Hier könnten andere Organisationen relevant und eben auch andere strukturelle Kopplungen von Bedeutung sein. Für den Bereich der lex mercatoria sieht es aber so aus, dass sich Organisationen auf die strukturelle Kopplung durch den

Vertrag beziehen und diese so stärken. Multinational operierende Unternehmen, Schiedsgerichte und Formulating Agencies sind dabei die relevanten Organisationen, da sie sich in unterschiedlicher Weise auf den Vertrag beziehen.

Dabei stellt sich die Frage, auf welche Weise diese Organisationen zur Globalisierung des Rechts beitragen. Schon auf den ersten Blick wird deutlich, dass sie auf je verschiedene Weise einen Zusammenhang zwischen der Globalisierung der Wirtschaft und der Globalisierung des Rechts herstellen. *Multinational operierende Unternehmen* produzieren aufgrund globaler Transaktionen den Bedarf für global gültige Verträge. *Schiedsgerichte* ermöglichen globale Konfliktlösungen für globale Transaktionsbeziehungen. *Formulating Agencies* nehmen die Unzulänglichkeiten nationalen Rechts für globale Wirtschaftskommunikation in der Weise auf, dass sie die globalen Regeln und Normen, die die lex mercatoria repräsentiert, schriftlich fixieren und weiterentwickeln. Alle drei Organisationen beziehen sich entweder direkt auf den Vertrag oder tragen indirekt zur Globalisierung des Vertrags bei und alle drei Organisationen stellen eine Beziehung zwischen Recht und Wirtschaft unter Globalisierungsbedingungen her. Deshalb könnten sie strukturelle Kopplungen von Recht und Wirtschaft sein. Um eine Antwort auf die Frage zu finden, auf welche Weise diese Organisationen zur Globalisierung des Rechts beitragen, sollen hier eine These von Teubner und eine These von Luhmann zusammengeführt und entsprechend weiterentwickelt werden.

Teubner entwickelt die These, dass sich im Zuge der Globalisierung des Rechts das Verhältnis von spontan und organisiert in bezug auf den Normbildungsprozess umkehrt: „organisierte Normbildung in den gesellschaftlichen Teilbereichen an der Peripherie des Rechts und spontane Normbildung im Zentrum des Rechts" (Teubner 2000: 442). War es traditionell so, dass die spontane Normbildung an den Rändern des Rechts in Form von Gebräuchen oder sozialen Normen stattgefunden hat, so hat sich unter Globalisierungsbedingungen das Verhältnis von organisierter und spontaner Normproduktion aufgrund der Fragmentierung des Normbildungsprozesses umgekehrt. An den Rändern des Rechts, also in der Peripherie, finden nun organisierte Normbildungsprozesse statt und im Zentrum spontane. Mit dieser These wendet sich Teubner auch gegen die in der rechtswissenschaftlichen Diskussion über die Globalisierung des Rechts verbreitete Annahme, dass es sich bei den globalen Rechtsentwicklungen lediglich um so etwas wie Handelsbräuche handele. Die Frage ist jedoch, in welcher Weise der organisierte Normbildungsprozess stattfindet. In welcher Weise tragen Organisationen zur Produktion globaler Normen bei und warum sind es gerade die genannten Organisationen?

Eine mögliche Antwort könnte schon in der These liegen, die Luhmann in bezug auf die weltgesellschaftlichen Entwicklungen der Politik aufstellt: unter weltgesellschaftlichen Bedingungen kommen neue strukturelle Kopplungen der Politik hinzu (Luhmann 2000b:

387) und Luhmann geht davon aus, dass dies strukturelle Kopplungen durch Organisationen sind (Luhmann 2000b: 396ff.). Diese These der neuen strukturellen Kopplungen durch Organisation im Zuge der Globalisierung soll im vorliegenden Zusammenhang auf die Globalisierung des Rechts übertragen werden. Denn hier scheint es so zu sein, dass Organisationen einen Zusammenhang zwischen der Globalisierung des Rechts und der Globalisierung der Wirtschaft herstellen. Dementsprechend wird die Rolle der genannten Organisationen (multinational operierende Unternehmen, Formulating Agencies, Schiedsgerichte) dann so verstanden, dass diese neue strukturelle Kopplungen zwischen Recht und Wirtschaft darstellen. Wie in den folgenden Abschnitten gezeigt wird, sind aber die drei Organisationen auf je unterschiedliche Weise als strukturelle Kopplung zu verstehen. Damit wird hier ein neuer Aspekt struktureller Kopplungen eingeführt.

Die beiden Thesen lassen sich dann in der Weise zusammenführen, dass die organisierte Normbildung in der Peripherie des Rechts auf strukturelle Kopplungen des Rechts mit anderen Funktionssystemen durch Organisation zurückzuführen ist. Im vorliegenden Fall sind es die genannten Organisationen, die neue strukturelle Kopplungen von Recht und Wirtschaft darstellen. Diese neuen strukturellen Kopplungen treten erst unter Globalisierungsbedingungen auf. Denn im Zuge der Globalisierung der Funktionssysteme ändert sich das Verhältnis der Funktionssysteme zu ihrer Umwelt, insbesondere zu den anderen Funktionssystemen. So ändert sich z.B. das Verhältnis zwischen Recht und Politik, wie im vorstehenden Kapitel ausgeführt wurde (5.1). Wenn regionale Differenzierungen für bestimmte Funktionssysteme eine zunehmend geringere Rolle spielen, ändert sich ihr Verhältnis zu anderen Funktionssystemen, wenn dieses vorher durch regionale Differenzierung bestimmt gewesen ist, so im Falle der Politik. Aber das Beispiel von Recht und Politik zeigt auch, dass sich die Umweltkontakte der Funktionssysteme unter Globalisierungsbedingungen insgesamt verändern. Man könnte hier auch von einer Zunahme von Umweltkontakten und damit von Irritationsanlässen ausgehen. Auch das Verhältnis von Wirtschaft und Recht verändert sich im Zuge der Globalisierungsentwicklungen in den beiden Systemen. Hier werden dann Organisationen als strukturelle Kopplung relevant. Sie koppeln das Recht an bestimmte Entwicklungen in der Umwelt des Rechts, hier an bestimmte Entwicklungen in der Wirtschaft. In diesem theoretischen Kontext lässt sich dann die Annahme formulieren, dass der Beitrag von multinationalen Unternehmen, Formulating Agencies und Schiedsgerichten zur Globalisierung des Rechts darin besteht, dass sie Recht und Wirtschaft strukturell koppeln.

Im folgenden sollen die Thesen von Teubner und Luhmann in zwei Richtungen weiterentwickelt werden: erstens soll eine Antwort darauf gefunden werden, wie und warum Organisationen hier zur strukturellen Kopplung von Recht und Wirtschaft dienen. Zweitens sollen dabei die drei Organisationen, die im Kontext der lex mercatoria als strukturelle Kopplung relevant sind, in ihrer Wirkungsweise unterschieden werden, um so genauer die Rolle von Organisationen im Prozess der Globalisierung des Rechts zu analysieren. Die dabei leitende Annahme ist, dass Organisationen als strukturelle Kopplung relevant werden, da sie sich in unterschiedlicher Weise auf den Vertrag, also auf eine andere strukturelle Kopplung beziehen. Die Bedeutung des Vertrags als strukturelle Kopplung wurde schon im vorherigen Kapitel ausgeführt. Dabei ist allerdings offen geblieben, welche anderen Kommunikationsbeziehungen dazu beitragen, dass der Vertrag unter Globalisierungsbedingungen von herausragender Bedeutung ist. Die Annahme ist hier, dass die genannten Organisationen mit ihrer Kommunikation die Rolle des Vertrags stärken, bzw. erst ermöglichen.[63] Im folgenden wird es zunächst um die theoretische Einordnung der Figur „Organisation als strukturelle Kopplung" gehen (6.2) und in den dann folgenden Abschnitten um multinational operierende Unternehmen, Formulating Agencies und Schiedsgerichte als strukturelle Kopplung im Kontext der Globalisierung des Rechts (6.3, 6.4, 6.5). Abschließend wird das Zusammenwirken der strukturellen Kopplungen Vertrag/Transaktion und Organisation betrachtet (6.6).

6.2   Organisation als strukturelle Kopplung

Die Frage danach, warum sich Organisationen unter Globalisierungsentwicklungen als strukturelle Kopplung eignen, muss wiederum bei den Strukturen der modernen Gesellschaft, bei funktionaler Differenzierung, ansetzen, da strukturelle Kopplungen immer auf die Verhältnisse der Funktionssysteme zueinander verweisen. Unter Bedingungen funktionaler Differenzierung der Gesellschaft werden strukturelle Kopplungen im Innenverhältnis der Gesellschaft zu einer Notwendigkeit, da die Gleichzeitigkeit von Autonomie und Abhängigkeit der Funktionssysteme Einrichtungen verlangt, die eben diese Gleichzeitigkeit ermöglichen. Zugleich ist schon bei einem flüchtigen Blick erkennbar, dass sich die funktional differenzierte Gesellschaft durch ein hohes Aufkommen an Organisationen auszeichnet, so dass die Vermutung nahe liegt, dass der hohe Organisationsgrad der modernen Gesellschaft und ihre interne funktionale Differenzierung in einem engen Zusammenhang stehen. Organisationen spielen für nahezu alle Funktionssysteme eine herausragende Rolle. Manche Funktionssysteme, wie z.B. die Wirtschaft, werden von der Umwelt sogar fast ausschließlich über ihre Organisationen, in diesem Fall Unternehmen, wahrgenommen. Die meisten Funktionssysteme verfügen nicht nur über *einen* bestimmten Typ von Organisation, sondern über mehrere, wie z.B. das Wirtschaftssystem über Banken und Unternehmen.[64] Aus der hier eingenommenen Perspektive der System-zu-

---

[63] Man könnte hier vielleicht analog zur Unterscheidung von Erstcodierung und Zweitcodierung von Primärkopplung und Sekundärkopplung sprechen.

[64] Auch wenn der Unterschied zwischen Banken und Unternehmen auf den ersten Blick deutlich wird, stellt sich die Frage, wie es zu der unterschiedlichen Identität von Organisationen eines Funktionssystems kommt.

System-Beziehungen auf der Ebene der Funktionssysteme, sind die Besonderheiten des Systemtyps Organisation vor allem darin zu sehen, dass sie entscheidungsfähige Sozialsysteme sind, die im eigenen Namen kommunizieren können, was alle anderen Sozialsysteme nicht können. Aufgrund dieser Eigenschaft ermöglichen sie den Funktionssystemen Kommunikations- und Entscheidungsfähigkeit. Organisationen sind dazu in der Lage, da sie sich anhand des Mitgliedschaftsprinzips schließen und anhand des Mitgliedschaftsprinzips jede Kommunikation als Entscheidung behandelt werden kann.[65]

Die Differenzierung von Organisation und Funktionssystemen ist für die moderne Gesellschaft ein notwendiges Erfordernis, da nur so die Codes der Funktionssysteme entscheidbar werden. Auf der Ebene der Funktionssysteme garantieren die zweiwertigen Codes die Anschlussfähigkeit der Operationen. Über die Zuordnung der Codewerte entscheiden aber Programme und dies ist notwendig, da die Codes sonst in der unentscheidbaren Zweiwertigkeit verweilen würden. Aufgrund der eigenen Entscheidungsfähigkeit werden Organisationen zu den Trägern der Programmstrukturen der Funktionssysteme (vgl. Baecker 1994: 105) und statten eben darüber die Funktionssysteme mit Entscheidungsfähigkeit aus. Diese Entscheidungen werden auf der Ebene der Organisationen getroffen, sind aber für die Fortsetzung der Autopoiesis eine notwendige Voraussetzung, so dass man in dieser Hinsicht eventuell auch von einer strukturellen Kopplung von Organisation und Funktionssystemen sprechen könnte.[66]

Hier wird eine weitere Funktion von Organisationen in der funktional differenzierten Gesellschaft deutlich: Die Funktionssysteme operieren in bezug auf ihre Funktion autonom und erfüllen diese exklusiv für die Gesellschaft, aber zugleich sind sie dafür auf die Leistungsbezüge anderer Funktionssysteme angewiesen und werden mit Leistungserwartungen konfrontiert. Verhaltenssteuerung und Konfliktlösung sind Leistungen des Rechtssystems, die von den anderen Funktionssystemen erwartet werden. Dabei ist das Rechtssystem bei der Erfüllung seiner Funktion für die Gesellschaft, die darin besteht, stabile Erwartungen auch im Enttäuschungsfall aufrecht zu erhalten, auf die Leistungen anderer Funktionssysteme angewiesen. Der notwendige Leistungsaustausch zwischen den Funktionssystemen ist ohne Organisationen kaum möglich, da erst diese die Kommunikation zwischen den Funktionssystemen ermöglichen. Die wechselseitige Beobachtung der Funktionssysteme im Hinblick auf die Leistungsabhängigkeiten und Leistungsbereitschaften (Luhmann 1997a: 759) wird auf der Ebene von Organisationen in an-

---

[65] Die Besonderheiten des Systemtyps Organisation sollen hier nicht weiter ausgeführt werden; s. dazu Luhmann (1988b) und Luhmann (2000a).

[66] Dies wird hier nicht weiter ausgeführt, obwohl die Frage nach dem Verhältnis von Funktionssystemen zu „ihren" Organisationen einige Fragen aufwirft, die in der Systemtheorie bislang wenig bearbeitet wurden.

schlussfähige Kommunikation übersetzt.[67] Dabei gewinnen Organisationen ihre Identität als Bank, Gericht oder Universität gerade durch diese Zurechnung der Kommunikation auf bestimmte Funktionssysteme.[68] Aber noch eine weitere Besonderheit von Organisationen erklärt ihre herausgehobene Rolle in der modernen Gesellschaft: Obwohl nahezu alle Organisationen über eine eindeutige Identität im Hinblick auf ihre Zugehörigkeit zu einem Funktionssystem verfügen, ist es gleichzeitig so, dass immer mehrere Funktionssysteme an der Organisationskommunikation beteiligt sind: Rechtskommunikation, Wirtschaftskommunikation oder Wissenschaftskommunikation finden sich in nahezu jeder Organisation. Diese Fähigkeit von Organisationen zur Multireferenz (Wehrsig/Tacke 1992) wird von Luhmann durch die Möglichkeit des loose coupling (Weick 1985: 163ff.) von Organisationen erklärt: „Offenbar können Funktionssysteme sich gerade dank dieses ‚loose coupling' in Organisationssystemen einnisten – und zwar mehrere Funktionssysteme in ein und derselben Organisation" (Luhmann 2000b: 398). Aufgrund der Multireferenz und losen Kopplung von Entscheidungen von Organisationen stellen sie somit einen „Treffraum" (Luhmann 2000b: 398) für Funktionssysteme dar. Und die Entscheidungsreproduktion der Organisation wird von den Funktionssystemen zur eigenen Reproduktion genutzt.

Unter Bedingungen funktionaler Differenzierung ermöglichen Organisationen den Funktionssystemen, Umweltbeziehungen zu den anderen Funktionssystemen zu unterhalten und gleichzeitig ihre Exklusivität im Hinblick auf ihre Funktion für die Gesamtgesellschaft zu stärken. Da Organisationen für die Umweltbeziehungen der Funktionssysteme eine unverzichtbare Rolle spielen, liegt es auf der Hand, dass Organisationen auch im Zusammenhang mit der strukturellen Kopplung von Funktionssystemen von Bedeutung sind. Bei Luhmann finden sich, außer in bezug auf Universitäten, recht offene Formulierungen in bezug auf diesen Zusammenhang. Die häufiger zu findende Formulierung der strukturellen Kopplung „über" Organisation ist zunächst einmal als eher zusammenfassende Aussage zu verstehen, die darauf hinweist, dass Organisationen im Spiel sind. Sie lässt allerdings offen, in welcher Weise. Diese Offenheit soll hier dazu genutzt werden, drei unterschiedliche Bedeutungen von Organisation im Zusammenhang mit der strukturellen Kopplung von Funktionssystemen vorzuschlagen, die in der Theorie vorkommen, allerdings nicht deutlich formuliert werden: Organisation als Voraussetzung für struktu-

---

[67] Allerdings wäre es eine Simplifizierung, sich die Leistungsbeziehungen der Funktionssysteme als Tauschbeziehungen vorzustellen.

[68] Ob Identität hier der zutreffende Begriff ist, kann man in Frage stellen. Hier wird aber deutlich, dass die Systemtheorie für Fragen der folgenden Art noch wenig Antworten bereitstellt: Wodurch wird das Unternehmen zur Wirtschaftsorganisation? Wie gewinnen Organisationen ihre funktionssystemspezifische Identität? Hier wäre möglicherweise die strukturelle Kopplung von Organisation und Funktionssystemen eine denkbare Antwort.

relle Kopplung, Organisation als strukturelle Kopplung und Organisation als Vermittler struktureller Kopplung.

Organisation als Voraussetzung für strukturelle Kopplung: Die durch die strukturelle Kopplung ausgelöste Selbstirritation der Funktionssysteme muss in anschlussfähige Kommunikation übersetzt werden und dies leisten Organisationen.[69] Organisationen ermöglichen aufgrund ihrer spezifischen Operationsbedingungen, dass die strukturelle Kopplung in den gekoppelten Funktionssystemen Anschlussfähigkeit erfährt. Einerseits führt also die Differenzierung von Organisation und Gesellschaft dazu, dass strukturelle Kopplungen notwendig werden, andererseits ermöglichen Organisationen aber erst, dass strukturelle Kopplungen überhaupt greifen können. Damit kommen fast alle Organisationen als Voraussetzung für strukturelle Kopplungen in Frage. Krankenhäuser, Schulen, Unternehmen, Museen, Kirchen, Gerichte und Parteien sorgen alle in den jeweiligen Funktionssystemen dafür, dass die ständige Irritation der Funktionssysteme in anschlussfähige Kommunikation übersetzt wird.

Organisation als strukturelle Kopplung: Nahezu alle Organisationen stellen die strukturellen Voraussetzungen für strukturelle Kopplungen zur Verfügung und sind als Voraussetzung für strukturelle Kopplungen anzusehen. Allerdings gibt es nur einige Ausnahmen von Organisationen, die selbst als strukturelle Kopplung von Funktionssystemen zu verstehen sind.[70] Die Universität als strukturelle Kopplung von Wissenschafts- und Erziehungssystem ist ein von Luhmann häufig angeführtes Beispiel für Organisation als Kopplungssystem. Weitere Beispiele für Organisation als Kopplungssystem sind allerdings schwer zu finden. Die Diakonie, Finanzämter, Technologieunternehmen, Medienkonzerne oder Verfassungsgerichte machen den Eindruck, als könnten sie strukturelle Kopplungen sein, da sich in ihnen zwei (oder mehrere) Funktionssysteme treffen und diese Organisationen z.T. auch zwischen den Logiken vermitteln. Aber Organisationen, die Kopplungssysteme sind, müssten folgende Kriterien erfüllen: sie müssten die Lösung für die Selbstreferenzprobleme der gekoppelten Systeme sein und sie dürfen kein „Zwischen" den Systemen sein, sondern müssten von beiden Systemen gleichermaßen, aber auf je eigene Weise in Anspruch genommen werden. Organisationen, die diese Kriterien

---

[69] So formuliert Luhmann, dass strukturelle Kopplungen „in der notwendigen Komplexität und Differenziertheit kaum möglich [wären], wenn es nicht Organisationen gäbe, die Information raffen und Kommunikation bündeln können und so dafür sorgen können, dass die durch strukturelle Kopplungen erzeugte Dauerirritation der Funktionssysteme in anschlußfähige Kommunikation umgesetzt wird" (Luhmann 2000a: 400).

[70] Dass Organisationen als Kopplungssysteme eine Ausnahme sind, wird aber erst deutlich, wenn man erstens einen eher strikten Begriff von struktureller Kopplung zugrunde legt und zweitens noch andere Möglichkeiten der Bedeutung von Organisation im Zusammenhang mit struktureller Kopplung aufzeigt.

erfüllen, sind, mit Ausnahme der Universität, nur schwer zu identifizieren.[71] Luhmann führt weiterhin Verfassungsgerichte und Zentralbanken als strukturelle Kopplungen an (Luhmann 2000a: 398).[72] Nach der hier vorgeschlagenen Unterscheidung, stellen sie aber Beispiele für den dritten Fall dar: sie sind Vermittler struktureller Kopplung.

Organisation als Vermittler struktureller Kopplung: Ähnlich wie die Verfassungsgerichte, stellen auch Finanzämter selbst keine strukturelle Kopplung von Politik und Wirtschaft dar, sind aber unerlässlich für die Realisierung der strukturellen Kopplung der beiden Systeme über Steuern. Finanzämter sind vielmehr Organisationen, die der Vermittlung der strukturellen Kopplung zweier Funktionssysteme dienen. Damit ist etwas anderes gemeint, als dass Organisationen eine notwendige Voraussetzung für strukturelle Kopplungen sind. Hier geht es um Organisationen, die sich auf eine strukturelle Kopplung und ihre Umsetzung beziehen oder als Träger dieser strukturellen Kopplung ausgemacht werden können und in diesem Sinne der Vermittlung einer bestimmten strukturellen Kopplung dienen. Dies ist selbstverständlich nicht ihre einzige Funktion, aber unter der Beobachtungsperspektive der strukturellen Kopplung kann ihnen diese Funktion zugeschrieben werden. Ähnlich könnten dann auch Verfassungsgerichte als Organisationen angesehen werden, die der Vermittlung der strukturellen Kopplung von Recht und Politik über die Verfassung dienen. Verfassungsgerichte und Finanzämter ermöglichen die Realisierung der strukturellen Kopplung und sind damit Ausdruck der strukturellen Kopplung. Sie sind selbst nicht als strukturelle Kopplung anzusehen, erscheinen aber auf den ersten Blick als solche, da sie die strukturelle Kopplung tragen und innergesellschaftlich als Adressat fungieren.

Weiterhin gibt es Organisationen, die sich auf die aus der strukturellen Kopplung notwendig gewordenen Übersetzungsleistungen beziehen. „Die strukturelle Kopplung von Wirtschaft und Recht führt zur Entstehung einer vielgestaltigen Peripherie von Organisationen, die Kommunikation aus der wirtschaftlichen so in rechtliche Codierung übersetzen, dass ein Rechtsereignis [...] einen Unterschied macht" (Hutter 1998: 549). Hier wären Anwaltskanzleien zu nennen, die, ebenso wie die unternehmenseigenen Rechtsabteilungen dafür sorgen, dass Verträge überhaupt zustande kommen und so Transaktionen ihre rechtliche Absicherung erfahren. Umgekehrt sorgen sie auch für die Anschlussfähigkeit der Kommunikation, da das Ereignis in beiden Systemen etwas verschiedenes bedeutet, aber selbstverständlich das gleiche Ereignis ist. Dies macht Übersetzungsleistungen erst notwendig, wobei aber der Fall des Vertrags zeigt, dass neben Organisationen vor

---

[71] Allerdings nennt Luhmann noch Galerien, die als Organisationen Kunst und Wirtschaft strukturell koppeln (Luhmann 1997a: 787).

[72] Vgl. hier auch Brodocz (1996), der versucht, Verbände als strukturelle Kopplungen plausibel zu machen.

allem Professionen hier wichtige Übersetzungsleistungen erbringen.[73] Eine Organisationsform, die eben diese beiden Aspekte der Profession und Organisation im Hinblick auf Übersetzungsleistungen verbindet, sind die von Hutter (1989) analysierten Konversationskreise für Arzneimittelpatente. Aufgrund ihrer „Übersetzungsleistung" können sie ebenfalls als Vermittler der strukturellen Kopplung angesehen werden.

Neben den Übersetzungsleistungen von Organisationen gibt es noch eine weitere Funktion, die sich (im weitesten Sinne) als Vermittlung von strukturellen Kopplungen verstehen lässt. Organisationen sorgen dafür, dass strukturelle Kopplungen weltweit anschlussfähig sind. Da die Funktionssysteme als weltumspannende Funktionssysteme zu verstehen sind, ist es notwendig, dass die Einrichtungen, die eine enge Verbindung zwischen Funktionssystemen herstellen, weltweit anschlussfähig sind.

Warum sich Organisationen besonders zur strukturellen Kopplung von Funktionssystemen eignen – und zwar sowohl als Voraussetzung für und Vermittlung von strukturellen Kopplungen als auch als Kopplungssystem selbst – wird deutlich, wenn man in den Blick nimmt, was sie von anderen Sozialsystemen unterscheidet: ihre Reproduktion über Entscheidungen. „Dass Organisationen der strukturellen Kopplung von Funktionssystemen dienen, und in einigen Fällen mehr so als in anderen, liegt mithin daran, dass sie eine Hypertrophie von Entscheidungsmöglichkeiten erzeugen, die dann durch die Entscheidungspraxis und ihre ‚Selbstorganisation' reproduziert wird" (Luhmann 2000b: 400). Sie stellen damit den Funktionssystemen Entscheidungsfähigkeit zur Verfügung, die von diesen zur eigenen Reproduktion genutzt wird. Eine Besonderheit der gesellschaftsinternen strukturellen Kopplung verstärkt dabei die Rolle von Organisationen. Die gesellschaftsinterne strukturelle Kopplung wird durch operative Kopplung ergänzt, d.h., operative Kopplungen verdichten die strukturelle Kopplung, aber sie ersetzen sie nicht.[74] Diese Ergänzung ist möglich, da innergesellschaftlich Kommunikation zur Kopplung genutzt wird, also die gleichen Operationen zur Kopplung der Systeme genutzt werden, was im Außenverhältnis nicht möglich ist, da es sich um unterschiedliche Operationen handelt (Luhmann 1997a: 788). Deshalb können gesellschaftsintern durchaus Kopplungssysteme entstehen, die eigene Operationen nutzen um ihre eigene Autopoiesis zu vollziehen und zugleich der Kopplung von Funktionssystemen dienen, so z.B. Organisationen als Kopplungssysteme.

---

[73] Dies nimmt Kurtz (2001) zum Anlaß, Beruf als strukturelle Kopplung von Erziehung und Wirtschaft zu sehen.

[74] Wenn im Zusammenhang mit strukturellen Kopplungen von Mehrsystemereignissen die Rede ist, so weist dies auf den genannten Zusammenhang von operativer und struktureller Kopplung hin. Mehrsystemereignisse sind aber nicht als strukturelle Kopplung anzusehen, sondern sind operative Kopplung, die die strukturelle Kopplung verstärkt. Dies bezieht sich aber nur auf gesellschaftsinterne strukturelle Kopplungen.

Unter Globalisierungsbedingungen werden Organisationen als strukturelle Kopplungen aus drei Gründen relevant: Organisationen stellen den Funktionssystemen einen Treffraum ihrer unterschiedlichen Logiken zur Verfügung, Organisationen produzieren globale Kommunikationsstrukturen und Organisationen können als Systeme nach außen kommunizieren, so dass in weiteren Kommunikationen auf diese Bezug genommen werden kann. Dabei ist es für den vorliegenden Fall der lex mercatoria, als Beispiel für eine Entwicklungslinie der Globalisierung des Rechts, von Bedeutung, dass sich Organisationen auf den Vertrag, also auf eine andere strukturelle Kopplung beziehen. Die theoretischen Unterscheidungen dieses Abschnitts sollen nun im folgenden dazu genutzt werden, die Rolle von multinationalen Unternehmen, Formulating Agencies und Schiedsgerichten näher anzusehen.

Dabei wird davon ausgegangen, dass unter Globalisierungsbedingungen neue strukturelle Kopplungen der Funktionssysteme relevant werden und dies auch solche durch Organisation sein können. Multinational operierende Unternehmen, Formulating Agencies und Schiedsgerichte dienen in unterschiedlicher Weise der strukturellen Kopplung von Recht und Wirtschaft und stellen so einen Zusammenhang zwischen der Globalisierung der Wirtschaft und der Globalisierung des Rechts her. Die genannten Organisationen dienen der strukturellen Kopplung, da die Kommunikation dieser Organisationen sowohl für Recht als auch für Wirtschaft relevant ist und sich die Kommunikation dieser Organisationen auf den Vertrag bezieht. Weil diese Organisationen der strukturellen Kopplung dienen, tragen sie unter Globalisierungsbedingungen zur Normbildung bei und damit dreht sich das Verhältnis von organisiert/spontan in bezug auf den Normbildungsprozess um. Somit sind Organisationen ebenfalls als Quellen der Globalisierung des Rechts zu verstehen.

In den folgenden Abschnitten soll für jede der genannten Organisationen geklärt werden, in welcher Weise ihre Kommunikation sowohl für das Wirtschaftssystem als auch für das Rechtssystem relevant ist und wie sich die Organisation auf den Vertrag bezieht. Damit soll jeweils untersucht werden, inwieweit diese Organisationen zur Normbildung beitragen und als Quellen der Globalisierung des Rechts zu verstehen sind.

6.3   Multinational operierende Unternehmen

Multinational operierende Unternehmen können als *die* Vehikel der Globalisierung der Wirtschaft verstanden werden. Denn ihre globalen Strukturen, die häufig ein weltweites Netzwerk einzelner Organisationen sind, spiegeln wider, dass Wirtschaftskommunikation nicht an nationalstaatlichen Grenzen orientiert ist, sondern einen globalen Zusammenhang bildet. Dieser globale Zusammenhang der Wirtschaft bedeutet, dass die Kommunikation von Organisationen der Wirtschaft, wie z.B. multinational operierende Unternehmen, in einem globalen Kontext stattfindet. Wirtschaftsorganisationen operieren im Modus von Transaktionen und diese finden in einem globalen Wirtschaftssystem statt, zu dessen Globalisierung gerade multinational operierende Unternehmen beitragen. Aufgrund der besonderen Operationsbedingungen von Organisationen sind diese nicht an einen bestimmten geographischen Ort gebunden und können leicht globale Kommunikationsbeziehungen aufrecht erhalten. Wie schon gezeigt, wird jede Transaktion der Wirtschaft im Rechtssystem als Vertrag beobachtet. Multinational operierende Unternehmen produzieren aufgrund ihrer globalen Transaktionen somit Anlässe, bei denen die nationalstaatliche Orientierung des Rechtssystems in Frage gestellt wird. Da jede Transaktion im Recht als Vertrag beobachtet wird, hängt die Globalisierung der Wirtschaft gerade über die globalen Transaktionsbeziehungen der multinationalen Unternehmen mit der Globalisierung des Rechts zusammen. Multinational operierende Unternehmen schließen Verträge mit jeder der von ihnen getätigten Transaktionen und damit führen globale Transaktionen auch zu Verträgen, die global Gültigkeit haben müssen. Es ist diese Situation, die die Unzulänglichkeit des Rechts deutlich macht und auf die das Recht mit der Globalisierung seiner Strukturen reagiert.

Aus einer anderen Perspektive betrachtet, machen aber Transaktionen Verträge überhaupt erst notwendig (und umgekehrt). So dass man hier sagen könnte, dass sich multinational operierende Unternehmen in der Weise auf den Vertrag beziehen, dass sie für die stets neue Kommunikation der strukturellen Kopplung sorgen. Multinational operierende Unternehmen produzieren die Kommunikation, die eine Beziehung von Recht und Wirtschaft herstellt. Transaktionen werden notwendigerweise von Verträgen begleitet und jede Transaktion wird im Rechtssystem als Vertrag beobachtet. Nun wäre es falsch, zu behaupten, dass es ohne multinational operierende Unternehmen keine globalen Transaktionen gäbe, aber nahezu 75 % des Welthandels werden von multinational operierenden Unternehmen getätigt, so dass hier schon deutlich wird, dass gerade diese Unternehmen für globale Transaktionen verantwortlich sind. Damit tragen sie auf der einen Seite zur Globalisierung der Wirtschaft bei, aber zugleich produzieren sie damit auch Anlässe für Irritationen des Rechts durch die Wirtschaft. Transaktionen sind also aufgrund der strukturellen Kopplung von Wirtschaft und Recht durch den Vertrag diejenigen Kommunikationsstrukturen, die diese strukturelle Kopplung stets erneuern.

Multinational operierende Unternehmen sind somit an der Normbildung in bezug auf ein globales Recht beteiligt, da sie mit Transaktionen, an denen sie beteiligt sind, die Anlässe für Irritationen des Rechts, den Bedarf für globale Normen, produzieren. Diese Irritationen verarbeitet das Recht nach seiner eigenen Logik, aber wie Luhmann feststellt, entsteht ein Weltrecht gerade aufgrund von Empörung, von Unzulänglichkeiten oder Verletzung von Normen (Luhmann 1993a: 581; 1999: 250). Für diese Empörungen ist das

Recht aber nur in seiner Peripherie zugänglich, da es nur dort irritierbar ist. Hier ist also die Kommunikation von bestimmten Organisationen – nämlich Organisationen der Wirtschaft, die globale Transaktionen tätigen – dafür verantwortlich, dass sich das Recht durch diese Unzulänglichkeiten bei der Vertragsgestaltung irritieren lässt. Dies sieht so aus, dass multinational operierende Unternehmen die Vertragsfreiheit dazu nutzen, in den Verträgen Normen zu fixieren, die über das nationale Recht hinausgehen. Diese in den Verträgen festgehaltenen Normen tragen dazu bei, dass ein globales Recht entsteht. Die Bedeutung von Verträgen für globale Wirtschaftsbeziehungen ist den letzten Jahren stark angestiegen, was zum großen Teil darauf zurückzuführen ist, dass damit die unzureichenden nationalen Rechtsordnungen umgangen werden können. Indem dies geschieht und auf die einzelvertragliche Komplettregelung ausgewichen wird, wird der Vertrag als Rechtsquelle gestärkt. Jeder Vertrag legt, in Reaktion auf die bestehenden Unzulänglichkeiten, das anwendbare Recht fest. Dies wird von den Vertragspartnern, den Schiedsgerichten und den nationalen Gerichten akzeptiert und führt so zur globalen Normbildung, da in weiteren Verträgen auf erfolgreiche Regelungen wieder zurückgegriffen wird. Der Beitrag von multinational operierenden Unternehmen zur globalen Normbildung besteht deshalb darin, dass diese in den für ihre Transaktionen notwendigen Verträgen Normen festhalten, die für globale Transaktionen notwendig sind, aber in den nationalen Rechtsordnungen nicht vorgesehen sind. Indem diese Normen dann von den Vertragsparteien akzeptiert und im Konfliktfall auch angewendet werden, werden diese Normen etabliert. Hier zeigt sich, dass das Rechtssystem anhand der Kommunikationen des Rechts, die sich in der Peripherie des Rechtssystems befinden, wie Verträge, durch die Umwelt irritierbar ist.

Insofern können die Transaktionen multinational operierender Unternehmen als Quelle der Globalisierung des Rechts verstanden werden. Genauer gesagt: die Kommunikationen von multinationalen Unternehmen können dann als Quelle der Globalisierung des Rechts verstanden werden, wenn sie zu Verträgen führen, die die Unzulänglichkeit bestehender Rechtsordnungen deutlich machen. Auch hier muss wieder berücksichtigt werden, dass dies nur als Metapher verstanden werden kann, mit der beschrieben werden soll, dass es Kommunikationen gibt, die innerhalb des Rechtssystem solche Kommunikationen anstoßen, die zur Selbständerung des Rechtssystem in Richtung eines globalen Rechtssystems führen. Diese Kommunikation ist im Fall des Vertrags eine rechtssysteminterne Kommunikation, die aber aufgrund der strukturellen Kopplung durch den Vertrag an rechtssystemexterne Kommunikation, Transaktionen, gekoppelt ist. Die Kommunikation von multinationalen Unternehmen ist somit sowohl für weitere Kommunikationen in der Wirtschaft als aber auch für Anschlusskommunikationen im Rechtssystem relevant. Die These von Teubner, dass im Zuge der Globalisierung des Rechts organisierte Normbildungsprozesse in der Peripherie des Rechtssystems entstehen, wird hier dann so verstanden, dass Organisationen der Wirtschaft auf die beschriebene Weise einen Beitrag zur Normbildung leisten.

Dass Wirtschaftsorganisationen zur Normbildung unter Globalisierungsbedingungen beitragen ist auf ihre Rolle als Vermittler der strukturellen Kopplung von Recht und Wirtschaft über Vertrag/Transaktion zurückzuführen. Multinational operierende Unternehmen sind zwar selbst kein Kopplungssystem, aber sie sind insofern ein Beispiel für eine neue strukturelle Kopplung über Organisation im Zuge der Globalisierung, als sie die schon bestehende Kopplung über Vertrag/Transaktion noch verstärken. Sie vermitteln die strukturelle Kopplung von Recht und Wirtschaft durch den Vertrag, da sie Verträge schließen und so diese Kommunikation stets erneuern. Sie stärken aber auch die strukturelle Kopplung durch den Vertrag, da unter Globalisierungsbedingungen Verträgen eine gestiegene Bedeutung zukommt. Sie sind somit ein Beispiel für Organisation als Vermittler struktureller Kopplung, da sie ihre Kommunikation zur Vermittlung und Realisierung der strukturellen Kopplungen Vertrag/Transaktion zur Verfügung stellen.

6.4   Formulating Agencies

Als Formulating Agencies können ganz unterschiedliche Organisationen angesehen werden, wie schon die in Kapitel 3 genannten Beispiele gezeigt haben. Gemeinsam ist ihnen, dass sie weder eindeutig Organisationen der Wirtschaft noch Organisationen des Rechts sind und dass sie alle einen Beitrag zur Kodifizierung der lex mercatoria leisten. Von ihrer Struktur her sind sie sehr verschieden, wie durch den Vergleich so unterschiedlicher Organisationen wie der International Chamber of Commerce (ICC) und dem Unidroit-Institut deutlich wird.[75] Aber sie alle beziehen sich auf die in der internationalen Wirtschaftspraxis auftretenden Unzulänglichkeiten der nationalen Rechtsordnungen. Sie treffen Entscheidungen darüber, welche der Normen, die in den Verträgen auftauchen auch für weitere Vertragsgestaltungen relevant sein könnten. Und sie treffen Entscheidungen darüber, wie multinationale Verträge aufgrund der in der Praxis gängigen Vertragsgestaltungen aussehen können.

Formulating Agencies beziehen sich somit zugleich auf Wirtschaft und Recht, da sie die Verträge, die in der Wirtschaft zur Sicherung der dort getätigten Transaktionen geschlossen werden, beobachten und aufgrund dieser Beobachtung Regeln formulieren, die dann für weitere Rechtskommunikationen verwendet werden. Damit wird ihre Kommunikation einerseits für Wirtschaftskommunikationen relevant, da die Wirtschaft ihre globalen

---

[75] Auch neue Formulating Agencies kommen hinzu, wie z.B. das Center for Transnational Law (CENTRAL) in Münster und die inzwischen bekanntere Lando-Kommission (vgl. dazu Kapitel 3).

Transaktionen sichern kann, wenn es schriftlich fixierte Regeln gibt, auf die sich bei der Vertragsgestaltung bezogen werden kann. Und sie stellen andererseits auch dem Recht ihre Kommunikation zur Verfügung, da diese Regeln Anschlussfähigkeit im Rechtssystem produzieren. Dabei ist die Frage, wie aus sozialen Regeln rechtliche Normen werden – und dies in einem globalen Kontext. Formulating Agencies leisten dazu einen großen Beitrag, da sie gängige Regelungen beobachten, diese aufnehmen und so weiterverarbeiten, dass sich diese im Rechtssystem zu globalen Normen entwickeln können.

Formulating Agencies beziehen sich mit ihrer Arbeit also direkt auf die strukturelle Kopplung von Recht und Wirtschaft, auf den Vertrag. Indem sie Verträge beobachten und Vorschläge für weitere globale Verträge formulieren, stärken sie den Vertrag als Rechtsquelle. Mit ihren Empfehlungen und Kodifikationswerken ermöglichen sie, dass global auf diese Bezug genommen werden kann. Und diese Möglichkeit der globalen Bezugnahme stärkt die Bedeutung von Verträgen. Mit dem Vorhandensein schriftlich fixierter Regeln wird eine Stabilität von Erwartungssicherheit hergestellt, die ohne diese schriftliche Fixierung nicht vorhanden wäre. Darin ist auch ihr größter Beitrag zum Normbildungsprozess zu sehen. Formulating Agencies können vordergründig aufgrund der Arbeit an der schriftlichen Fixierung der globalen Regeln als die wichtigsten Agenten im Prozess der globalen Normbildung verstanden werden. Aber es ist das Zusammenspiel von Vertrag und den drei genannten Organisationen, das zur Bildung globaler Normen führt. Formulating Agencies sind hier von großer Bedeutung, da mit der schriftlichen Fixierung eine wichtige Voraussetzung zur globalen Diffusion der Regeln geleistet wird.

Somit können auch die Formulating Agencies als Quelle der Globalisierung des Rechts verstanden werden. Auch hier muss es wieder genauer heißen: die Kommunikation der Formulating Agencies kann als Quelle der Globalisierung des Rechts verstanden werden, da diese Kommunikation die globale Diffusion globaler Regeln ermöglicht. Auf diese Kommunikation wird sich in Verträgen bezogen und in Schiedsverhandlungen zurückgegriffen.

Ähnlich den von Hutter (1989) untersuchten Konversationskreisen wirken sie auf den ersten Blick, als seien sie als Kopplungssystem zu verstehen. Jedoch sind sie kein Beispiel für Organisation als Kopplungssystem, denn auch sie erfüllen die Kriterien dafür nicht. Formulating Agencies sind aber eine wichtige Voraussetzung für die Geltung von Verträgen unter Globalisierungsbedingungen, da sie dafür sorgen, dass die jeweils neuen Entwicklungen im Bereich des globalen Rechts und insbesondere der Vertragsgestaltung schriftlich fixiert und von Experten ausgearbeitet werden. Zugleich vermitteln sie mit dieser Arbeit aber auch zwischen Rechts- und Wirtschaftskommunikation. Hier sieht man eine deutliche Ähnlichkeit zu den Konversationskreisen, die in bezug auf einen ganz bestimmten Rechtsbereich diese Vermittlerrolle übernommen haben. Aber Formulating Agencies vermitteln auch die strukturelle Kopplung von Recht und Wirtschaft über den Vertrag indem sie diesen als strukturelle Kopplung von Recht und Wirtschaft unter Globalisierungsbedingungen stärken. Denn indem sie mit ihrer Arbeit dafür sorgen, dass Verträge überhaupt globale Gültigkeit haben können, stärken sie die Bedeutung des Vertrags und tragen zur Globalisierung des Vertrags bei. Somit sind Formulating Agencies ein Beispiel für Organisation als Voraussetzung für strukturelle Kopplung und für Organisation als Vermittler struktureller Kopplung. Unter Globalisierungsbedingungen scheint aber insbesondere ihre Vermittlungsfunktion von Bedeutung zu sein, da gerade der direkte Bezug ihrer Leistungen auf den Vertrag ein wichtiger Beitrag zum globalen Normbildungsprozess ist und sie deshalb auch als eine Quelle der Globalisierung des Rechts zu verstehen sind.

6.5   Schiedsgerichte

Anders als die Formulating Agencies lassen sich Schiedsgerichte eindeutig dem Rechtssystem zuordnen. Dabei stellt Luhmann fest, dass „das Schlichtungsverfahren [...] von der eigentlichen Funktion des Rechts [lebt], normative Erwartungen zu stabilisieren" (Luhmann 1993a: 161). Neben den etablierten Schiedsgerichten, wie z.B. dem der ICC in Paris, finden sich viele kleinere Schiedsgerichte, deren Schiedsordnung nicht den Verfahrensordnungen der etablierten Schiedsgerichte unterliegt. Trotz des unterschiedlichen Charakters der Schiedsgerichte lassen sie sich als Organisationen des Rechts verstehen, denn die relevante Kommunikation der Schiedsgerichte sind Schiedssprüche, die im Rechtssystem anschlussfähig sind. Nationale Gerichte akzeptieren die Schiedssprüche und verwenden diese (falls notwendig) zur eigenen Urteilsfindung.

In bezug auf Transaktionen der Wirtschaft ermöglichen die Schiedssprüche, dass der Anschluss zwischen Gütertransfer und Geldzahlung gewahrt bleibt. Die Vollständigkeit von Transaktionen ist ja nur dann gegeben, wenn diese beiden Aspekte vollzogen werden können. Deswegen ist es für die selbstreferentielle Reproduktion der Wirtschaft notwendig, dass dieser Zusammenhang stets bestehen bleibt, selbst wenn die Zahlungserwartung enttäuscht wird. Schiedsgerichte regeln die Konflikte, die aus enttäuschten Erwartungen im Kontext von Transaktionen entstehen und sie können dies, da es sich bei diesen Erwartungen um normativ gesicherte Erwartungen handelt. Darin besteht auch ihre Anschlussfähigkeit im Rechtssystem. Schiedsgerichte beziehen sich auf die normativen Erwartungen, die in Verträgen festgehalten werden. Verträge selbst sind Kommunikationen des Rechts und können deshalb Entscheidungsgrundlage für Schiedsverfahren sein. So wird mit den Schiedssprüchen wiederum Geltung übertragen.

Schiedsgerichte beziehen sich somit ebenfalls auf die strukturelle Kopplung von Wirtschaft und Recht durch den Vertrag: er dient ihnen zur Grundlage ihrer eigenen Entscheidungsverfahren. Der Vertrag legt fest, dass im Konfliktfall durch ein Schiedsgericht entschieden werden soll und das Schiedsgericht wiederum bestätigt den Vertrag indem es ihn für seine Entscheidungen nutzt. Damit ermöglichen die Schiedsgerichte zugleich, dass der Vertrag unter Globalisierungsbedingungen zur Rechtsquelle wird. Denn indem sie ihn akzeptieren und mit ihren Schiedsentscheidungen bestätigen, stärken sie seine Bedeutung als Rechtsquelle. Aber gerade aufgrund dieser Bestätigung globaler Normen können die Schiedsgerichte selbst auch als Quelle der Globalisierung des Rechts verstanden werden. Ihr Beitrag zur Globalisierung des Rechts besteht darin, die in den Verträgen fixierten Normen zu bestätigen und zugleich eine global akzeptierte Möglichkeit der Konfliktlösung zu sein. Schiedsgerichte sind trotz aller Unterschiede in der Größe und in der Gestaltung eine global verfügbare Struktur des Rechtssystems.

Ihr Beitrag zum globalen Normbildungsprozess ist dann darin zu sehen, dass sie zum einen die globalen Normen bestätigen und zum anderen einen organisierten sozialen Raum innerhalb des Rechtssystems bieten, in dem diese Normen zur Anwendung kommen und durch diese Anwendung Bestätigung erfahren. Gerade weil Schiedsgerichte eine global verfügbare Struktur des Rechtssystems sind, sind sie für Vertragsgestaltungen im Kontext globaler Transaktionen ein attraktives Konfliktlösungspotential. Sie stellen damit Anschlussmöglichkeiten im Rechtssystem dar, die bei der Entwicklung zu einem globalen Recht eine große Rolle spielen.

Allerdings ist es schwierig, Schiedsgerichte auch als strukturelle Kopplung zu sehen, da hier die wechselseitigen Irritationen von Recht und Wirtschaft nicht sofort zu erkennen sind. Deshalb kann man sie vielleicht am ehesten als Voraussetzung für die strukturelle Kopplung durch Vertrag/Transaktion unter Globalisierungsbedingungen verstehen. Denn erst mit dem Vorhandensein von Schiedsgerichten können Konflikte in der globalen Wirtschaftskommunikation überhaupt gelöst werden. Erst wenn überhaupt ein Mechanismus zur Konfliktlösung vorhanden ist, macht der Vertrag Sinn, da der Vertrag dann bedeutungslos wird, wenn nicht klar ist, was im Falle eines Konfliktes, also im Falle der Erwartungsenttäuschung, passiert. In diesem Sinne sind Schiedsgerichte selbst keine strukturelle Kopplung, allerdings eine notwendige Struktureinrichtung für die Realisierung der strukturellen Kopplung von Recht und Wirtschaft durch Vertrag/Transaktion. Deshalb könnten sie im weitgefassten Sinn der zusammenfassenden Formulierung von Luhmann aber durchaus als strukturelle Kopplung angesehen werden.

Multinational operierende Unternehmen, Formulating Agencies und Schiedsgerichte beziehen sich mit ihrer Kommunikation also sowohl auf Recht als auf Wirtschaft. Zum Teil sind sie selbst Organisationen, die diesen Funktionssystemen angehören, wie multinational operierende Unternehmen und Schiedsgerichte. Aber sie liegen in der Peripherie dieser Funktionssysteme und stellen deshalb mit ihrer Kommunikation die Irritationsfähigkeit der Systeme her. Alle drei Organisationen beziehen sich mit ihrer Kommunikation auf eine für beide Systeme, aber vor allem aus der Sicht der Wirtschaft, fundamental notwendige strukturelle Kopplung: auf den Vertrag. Dieser Bezug auf den Vertrag als strukturelle Kopplung erklärt, warum diese Organisationen zur globalen Normbildung beitragen und als Quelle der Globalisierung des Rechts zu verstehen sind. Alle drei Organisationen können als strukturelle Kopplung von Recht und Wirtschaft verstanden werden, allerdings mit den genannten Einschränkungen. Sie alle dienen mehr oder weniger der wechselseitigen Selbstirritation von Wirtschaft und Recht, dabei kann aber keine der Organisationen selbst als Kopplungssystem verstanden werden. Ihre Leistung besteht vor allem darin, dass sie die strukturelle Kopplung von Recht und Wirtschaft durch den Vertrag stets kommunikativ erneuern (multinational operierende Unternehmen), sie vermitteln und verstärken (Formulating Agencies) und die Voraussetzung für die strukturelle Kopplung durch den Vertrag unter Globalisierungsbedingungen sind (Schiedsgerichte).

6.6   Das Zusammenwirken von Vertrag/Transaktion und Organisation

Mit dem Begriff der strukturellen Kopplung lässt sich das Verhältnis von Recht und Wirtschaft unter Globalisierungsbedingungen insofern angemessen beschreiben, als damit der Zusammenhang zwischen den in beiden Systemen stattfindenden Globalisierungsprozessen auf die Einrichtungen Vertrag und Organisation zurückgeführt werden kann. Das Besondere ist dabei, dass sich Organisationen auf die strukturelle Kopplung durch den Vertrag beziehen und so selbst zur Globalisierung des Rechts beitragen. Damit handelt es sich bei den beschriebenen strukturellen Kopplungen durch Organisation aber um einen „anderen Typ" von struktureller Kopplung als durch den Vertrag. Luhmann weist darauf hin, dass es stärker und schwächer ausgeprägte strukturelle Kopplungen gibt (Luhmann 1997a: 780). Diese Unterscheidung macht schon deutlich, dass sich die strukturellen Kopplungen danach unterscheiden, wie grundlegend ihre Kopplung für die Operationen der gekoppelten Systeme ist. Der Vertrag koppelt Wirtschaft und Recht eng aneinander, da Wirtschaft in jeder Transaktion auf den Vertrag angewiesen ist und umgekehrt erhält das Recht durch diese enge Kopplung eine Garantie seiner selbstreferentiellen Reproduktionsweise. Neben diesen sehr stark ausgeprägten Kopplungen von Funktionssystemen gibt es aber auch schwächer ausgeprägte, zu denen auch die Kopplung durch Organisation zählt.[76] Organisationen folgen zwangsläufig mehreren Logiken, sie sind multireferentiell, und schon deshalb eignen sie sich nicht für stark ausgeprägte strukturelle Kopplungen. Aber wie zuvor gezeigt wurde, sind sie im Zusammenhang mit strukturellen Kopplungen eine wichtige Struktureinrichtung zur Realisierung, Vermittlung und Verstärkung anderer struktureller Kopplungen und können deshalb in einem weiten Verständnis auch als solche verstanden werden.

Das Verhältnis von Vertrag und Organisation lässt sich auch noch einmal anhand der von Teubner formulierten These verdeutlichen, dass unter Globalisierungsbedingungen die organisierte Normbildung in der Peripherie des Rechts geschieht und die spontane Normbildung im Zentrum (Teubner 2000: 442). Die von Teubner in diesem Zusammenhang identifizierten Privatregimes sind genau auf die beiden strukturellen Kopplungen Vertrag/Transaktion und Organisation und ihr Verhältnis zueinander zurückzuführen. Die am Anfang dieses Kapitels formulierte Frage, in welcher Weise der organisierte Normbildungsprozess stattfindet und wie Organisationen zu diesem Prozess beitragen, lässt sich nun zusammenfassend beantworten.

Als Beispiele für Privatregimes nennt Teubner Verträge zwischen multinationalen Unternehmen, interne Regelsetzung internationaler Organisationen oder auch internationale Verhandlungssysteme. Diese Beispiele sollen zugleich die These belegen, dass die organisierte Normbildung unter Globalisierungsbedingungen in der Peripherie des Rechts stattfindet. Im Zentrum des Rechtssystems findet sich die gerichtliche Kommunikation, die nur schwer zu irritieren ist. Aber in der Peripherie ist das Recht durchaus irritierbar. Neu ist nun unter Globalisierungsbedingungen, dass diese Irritationen durch Organisationen geschehen. Die vormals organisierte Normbildung im Zentrum des Rechts (Gerichte) wird in die Peripherie des Rechts verschoben. Hier sind dann multinational operierende Unternehmen, Branchenorganisationen oder Schiedsgerichte die relevanten Organisationen, die für Irritationen in der Peripherie des Rechts verantwortlich sind. Dabei handelt es sich aber nicht notwendigerweise um Organisationen des Rechts, sondern wie zuvor gezeigt wurde, ist der Bezug von Organisationen auf die strukturelle Kopplung durch Vertrag/Transaktion hier der Grund für die organisierte Normbildung in der Peripherie des Rechts. Nicht unbedingt rechtssystemeigene Organisationen führen die Irritation des Rechts herbei, sondern Organisationen, deren Kommunikation sich wiederum auf eine Struktur des Rechts bezieht, die sich in der Peripherie befindet: auf den Vertrag. Schiedsgerichte sind hierbei selbstverständlich Organisationen des Rechts, aber sie sind aufgrund ihrer Konstruktion nicht mit staatlichen Gerichten zu vergleichen, sondern stellen Organisationen in der Peripherie des Rechts dar, da sie auf die Kommu-

---

[76] Wobei die Universität als Kopplung von Wissenschaft und Erziehung hier wiederum eine Ausnahme darstellt, da sie eine stark ausgeprägte strukturelle Kopplung ist.

nikation mit anderen gesellschaftlichen Bereichen, insbesondere der Wirtschaft angelegt sind.

Es ist dann das Zusammenspiel von Organisation und Vertrag, das Privatregimes dieser Art etabliert. Dabei ist es von besonderer Bedeutung, dass sich Organisationen auf die strukturelle Kopplung durch den Vertrag beziehen und so zur globalen Normbildung beitragen. Ob dies dann zutreffend mit dem Begriff der organisierten Normbildung beschrieben ist, kann man in Frage stellen. Es ist zumindest insofern eine angemessene Beschreibung, als Organisationen hier eine unverzichtbare Rolle spielen, da gerade sie für Kommunikationsanlässe in der Peripherie des Rechts sorgen.

Für den hier interessierenden Fall der lex mercatoria kommt hinzu, dass der „organisierte Normbildungsprozess" nicht nur auf das Zusammenwirken von Vertrag und Organisation zurückzuführen ist, sondern gerade das Zusammenwirken von unterschiedlichen Organisationen, die sich aber alle auf den Vertrag beziehen, von Bedeutung ist. Multinational operierende Unternehmen befinden sich in der Peripherie der Wirtschaft und jede ihrer Transaktionen ist zugleich ein Kommunikationsereignis in der Peripherie des Rechts. Schiedsgerichte hingegen befinden sich mit ihren Kommunikationen in der Peripherie des Rechts und beziehen sich auf eine weitere Kommunikation des Rechts in der Peripherie, den Vertrag. Formulating Agencies beobachten diese Kommunikationen von multinationalen Unternehmen und Schiedsgerichten, nehmen sie auf, entwickeln sie weiter und stellen sie dann wiederum den Organisationen zur Verfügung. Sie beziehen sich also insofern auf den Vertrag als sie seine globale Akzeptanz verstärken und damit auch den Vertrag als strukturelle Kopplung stärken. Der globale Normbildungsprozess ist im Fall der lex mercatoria also auf das Zusammenwirken von Organisationen einerseits und auf das Zusammenwirken von Organisation und Vertrag andererseits zurückzuführen. Dies wird im folgenden Kapitel 7 ausgeführt.

Das Recht der Weltgesellschaft

7. Das Recht der Weltgesellschaft: Globale Inter-Systemregimes

Nachdem in den vorstehenden Kapiteln mit dem Begriff der strukturellen Kopplung die Grundlagen für ein Verständnis des Zusammenhangs zwischen der Globalisierung des Rechts und der Globalisierung der Wirtschaft ausgearbeitet worden sind, wird sich das nun folgende Kapitel auf den globalen Normbildungsprozess beziehen. Dazu wird zunächst noch einmal das Verhältnis von Recht und Wirtschaft im Hinblick auf das Entstehen eines globalen Rechts, der lex mercatoria, rekapituliert (7.1). Daran anschließend werden in der weiteren Argumentation des Kapitels wiederum die strukturellen Kopplungen von Recht und Wirtschaft – Vertrag/Transaktion und die sich darauf beziehenden Organisationen – im Zentrum stehen (7.2). Jedoch wird es hier vorrangig um das Zusammenspiel der strukturellen Kopplungen Vertrag und Organisation gehen, das sich im Anschluss an Teubners Begriff der private governance regimes als globale Intersystemregimes beschreiben lässt (7.3). Diese globalen Intersystemregimes sind für die globale Normbildung verantwortlich, treiben also die Globalisierung des Rechts wesentlich voran. Vor diesem begrifflichen Hintergrund soll abschließend versucht werden, erneut eine gesellschaftstheoretische Perspektive auf das Thema stark zu machen (7.4).

7.1 Lex mercatoria: globales Recht einer globalen Wirtschaft

Aufgrund der besonderen Beschaffenheit von Transaktionen entsteht mit der Globalisierung der Wirtschaft im Rechtssystem der Bedarf für globale Rechtsstrukturen, die auch globalen Transaktionen die notwendige Rechtssicherheit garantieren können. „At least in the context of economic behaviour, however, and particularly when that behaviour is set in circumstances of decentralized decision-making, as in a [global] market economy, rules can have important operational functions. They may provide the only predictability or stability to a potential investment or trade-development situation" (Jackson 1998: 5f.). Globale Rechtsnormen, wie die lex mercatoria, entstehen in diesem Fall weil staatlich-politische Regulierungen für eine globale Wirtschaft eben diese Sicherheit nicht mehr bieten können. Für das Privatrecht eröffnen sich damit Möglichkeiten eines „decentralized lawmaking" (Cooter 1994), denn die Entstehung und Entwicklung von Rechtsnormen geschieht innerhalb der Kommunikationskontexte, für die das Recht in der Anwendung relevant ist. Decentralized lawmaking heißt dann auch, dass Rechtsentwicklung in der Gesellschaft stattfindet, also in den jeweiligen Bereichen der Gesellschaft, in denen Lücken in der staatlich-politischen Regulierung auftauchen, und nicht mehr nur im Zentrum des Rechtssystems.[77] Die lex mercatoria – als globales Privatrecht – ist dafür ein gutes Beispiel, da sie sich zusammensetzt aus Vertragsnormen, wie z.B. den Unidroit Principles,[78] Schiedsverfahren und neu hinzukommenden Verfahrensregeln.[79] Dabei können die Unidroit Principles als „Herz der lex mercatoria" (Baron 1999) verstanden werden. „Their Preamble states that they 'may be applied when the parties have agreed that their contract be governed by general principles of law, the lex mercatoria or the like', (Berger 2000c: 153). Dieser Verweis der Unidroit Principles auf die lex mercatoria ist aber nicht der hauptsächliche Grund für ihre besondere Bedeutung im Zusammenhang mit der lex mercatoria. Vielmehr ist der Grund darin zu sehen, dass die Unidroit Principles (oder andere Kodifikationswerke) solche allgemeinen Rechtsgrundsätze aufnehmen, die bereits in der Rechtspraxis entstanden sind und sich dort etabliert haben. Die Unidroit Principles formulieren also nur das, was schon vorhanden ist und bieten somit eine formale Grundlage für die Berufung auf diese allgemeinen Rechtsgrundsätze. Die Unidroit Principles sind für die Etablierung der lex mercatoria aber auch deshalb von besonderem Wert, da die „specificity [of lex mercatoria] is one of source, not of content" (Gaillard 2001: 55). Dies macht es gerade notwendig, dass die aus den „gesellschaftlichen Quellen" entstehenden allgemeinen Rechtsgrundsätze der lex mercatoria eine Formalisierung erfahren. Es mag zunächst widersprüchlich klingen, dass es einer Formalisierung bedarf, wenn das Besondere gar nicht der Inhalt, sondern die Quellen sind, aber es erklärt sich dadurch, dass die Quellen der lex mercatoria „außerhalb" des Rechts,[80] bzw. im Verhältnis von Recht und Wirtschaft zu finden sind. Denn weil diese Rechtsentwicklung aufgrund des Kontakts des Rechts zu anderen gesellschaftlichen Teilsystemen stattfindet, also in der Peripherie des Rechts zu verorten ist, ist es notwendig, die global entstandenen Rechtsgrundsätze und Regeln zu formalisieren, so dass sie im Rechtssystem anschlussfähig sind. Man könnte auch sagen, dass es notwendig ist, die „selbstgeschaffenen Regeln" in die Sprache des Rechts zu übersetzen. Dies ist ein kontinuierlicher Prozess, der nicht mit der Formalisierung (Kodifikation) abgeschlossen ist, sondern fortlaufend weitergeführt wird, wie die stets neu erscheinenden Richtlinien deutlich machen. Dass

---

[77] Dies ist aber für viele Rechtswissenschaftler Anlaß genug, hier nur von „soft-law" zu sprechen (so z.B. Osthaus 2000). Und dies ist verständlich, wenn man bedenkt, dass das Verhältnis von Recht und Politik (Staat) kaum hinterfragt wird. „The modern system's pretenses, and much social scientific theory about the law, take the triumph of the State and its claims at face value. The source of law's legitimacy has become so embedded, so taken for granted, that the supranational character of law is given little attention" (Boyle/Meyer 1998: 215).

[78] Das prominenteste Kodifikationswerk scheinen derzeit die Unidroit Principles zu sein, aber auch andere, wie die INCOTERMS oder die OECD Principles of Corporate Governance, werden weiterhin angewendet und sind von ihrer Bedeutung für die lex mercatoria her ähnlich einzuschätzen.

[79] Diese Entwicklung einer Verschiebung der Rechtsbildungsprozesse in die Peripherie des Rechts lässt sich aber nicht ausschließlich auf Globalisierung zurückführen.

[80] Dies ist selbstverständlich nicht so zu verstehen, dass der Vertrag keine Kommunikation des Rechtssystems ist. Aber jeder Vertrag bezieht sich notwendigerweise auf Ereignisse außerhalb des Rechtssystems.

diese durchaus auch in Konkurrenz zu einander stehen (aber sich zum Teil auch ergänzen), macht erneut deutlich, dass die lex mercatoria kein einmal fixierter Normenkatalog ist, sondern sich ständig weiterentwickelt.[81]

Die lex mercatoria zeichnet sich nun weiterhin dadurch aus, dass die in einem von staatlicher Rechtssetzung autonomen Prozess entstandenen Rechtsnormen in der Gestalt von allgemeinen Rechtsgrundsätzen, wie z.B. den Unidroit Principles, eine Konfliktlösung durch Schiedsgerichte vorsehen und selbst in Schiedsverfahren zur Anwendung kommen. So hat auch die CENTRAL Studie ergeben,[82] dass heute fast alle transnationalen Verträge eine Schiedsklausel enthalten. „[T]he overwhelming majority (85 %) of those addressees who indicated that they had been in touch with transnational law in the context of contract drafting indicated that the contract contained an arbitration clause" (Berger et al. 2001: 104). Da die Unidroit Principles auf Schiedsverfahren verweisen, und die Principles dann in den Schiedsverfahren zur Anwendung kommen, tragen auch die Schiedsverfahren dazu bei, die globalen Rechtsnormen zu etablieren. Der frühere Generalsekretär des International Court of Arbitration der ICC in Paris, Yves Derains, beschreibt einen Fall aus den 60er Jahren der sehr gut deutlich macht, wie es dazu kommt, dass internationale Rechtsnormen, wie die lex mercatoria, in der Rechtspraxis notwendig werden und welchen Beitrag Schiedsverfahren dazu leisten. „There is a very old example in ICC Arbitration, an award of 1965 that is very significant in my view. The dispute concerned a contract by which one party was in charge of organizing a cruise in the Mediterranean Sea. A very long cruise with excursions to about six or seven countries, including Egypt, Greece, etc. There was no applicable law indicated in the contract, and the arbitrators had to determine what the applicable law was. Their approach was interesting: They said – and probably it was not as outdated at the time as it is today – that the first concept, the first criterion to consider is the place where the contract was executed, i.e. signed. And they discovered that it was very difficult to know where this contract was executed because it was the result of exchanges of telexes – a method which at that time was still used – and that it was very difficult to know whether the contract was concluded in Paris or in Genoa, Italy. The arbitrators said: 'Well, we could have recourse to some system to determine where the execution was, but this would be very artificial. How should we decide whether it is the expedition rule or the reception rule that applies? We don't see how we can decide where the contract was concluded.' The second possible criterion was the place of performance of the contract. This was very difficult, too, be-

---

[81] Berger et al. (2001) plädieren dafür, dass der Begriff „lex mercatoria" langfristig durch den Begriff „transnationales Recht" ersetzt werden sollte, da der Begriff „lex mercatoria" in der Rechtspraxis häufig auf Ablehnung stößt. Ein weiterer Grund wäre, dass der Begriff „lex mercatoria" einen ausgearbeiteten und festgelegten Normenkatalog suggeriert, was aber nicht der Fall ist.

[82] Vgl. zur Studie Fußnote 56.

cause there were a lot of possibilities. Seven countries and the law of the flag of the ship. Why should the tribunal under these circumstances apply a certain domestic law with – perhaps – very important consequences for the solution of the dispute? This would be completely arbitrary. The arbitrator's conclusion was that this contract had to be governed by international rules to be applicable to international trade" (Derains 2001: 46).

Das Zusammenspiel von allgemeinen Rechtsgrundsätzen, die durch Formulating Agencies formalisiert werden, deren Verweis auf und ihre Anwendung in Schiedsverfahren und die ständige Weiterentwicklung der Rechtsgrundsätze in Schiedsverfahren und Vertragsgestaltungen lassen die lex mercatoria unabhängig von staatlichen Rechtssetzungen als globales Recht entstehen. „With its standard contract forms and conditions used by such international economic institutions as UNCITRAL, UNIDROIT or ECE and ESCAP, by a great number of business organisations [...] and institutions such as ILA, ICC and IMC and with its large number of customs of trade, international legal practice provides a nearly complete order for the design and handling of international business transactions" (Mertens 1997: 32).

Die lex mercatoria kann somit als ein globales Recht verstanden werden, das aufgrund der strukturellen Kopplung von Recht und Wirtschaft durch Vertrag/Transaktion entsteht und im Zusammenspiel von Vertragsgestaltung von multinational operierenden Organisationen, Kodifikationswerken der Formulating Agencies und Konfliktlösung durch Schiedsgerichte etabliert wird. Dabei kommt dem Vertrag eine besondere Bedeutung zu. Unter Globalisierungsbedingungen wird er zu einem global gültigen Konditionalprogramm, das zugleich als Rechtsquelle zu verstehen ist. „The pressures and forces of the globalization process and of the self-regulation process of the global civil society have transformed the contract as the means of business self-organization into a source of law" (Berger 2001b: 12). Dies ist aber nur möglich, da der Vertrag Recht und Wirtschaft strukturell koppelt. Jeder Vertrag bezieht sich auf externe Ereignisse des Rechtssystems und jeder Vertrag ist zugleich Kommunikation im Rechtssystem und Kommunikation im Wirtschaftssystem. Deshalb wird das Recht durch Veränderungen in der Wirtschaft irritiert. Die Globalisierung der Wirtschaft ist eine Veränderung, die im Rechtssystem aufgrund der strukturellen Kopplung zu Irritationen führt. „Undoubtedly, with the globalization of economy we will experience more cross-border activities, and, with the emergence of electronic commerce, lawyers will be faced with transactions that cannot be easily localized" (Mistelis 2000: 1086). Globale Transaktionen fordern nationalstaatlich orientiertes Recht heraus und produzieren somit im Rechtssystem die Notwendigkeit globaler Strukturen. Die lex mercatoria ist eine Möglichkeit globaler Strukturen des Rechtssystems, denn die im Zentrum stehenden allgemeinen Rechtsgrundsätze ermöglichen globale Anschlussmöglichkeiten der Kommunikation. Aufgrund der strukturellen Kopplung von Wirtschaft und Recht fordert die Globalisierung der Wirtschaft also das

Recht zur Globalisierung seiner Strukturen heraus. Wie aber die lex mercatoria sehr deutlich zeigt, geschieht dies nur nach Maßgabe der eigenen Strukturen, also nur entsprechend der Logik des Rechtssystems.

Die Entstehung und Verbreitung der lex mercatoria ist aber nur auf den ersten Blick vorrangig auf die strukturelle Kopplung von Recht und Wirtschaft durch den Vertrag zurückzuführen. Denn weiterhin sind hier noch Organisationen beteiligt, die sich in unterschiedlicher Weise auf den Vertrag beziehen und diesen so als Rechtsquelle stützen. „This law-making function of the international business contract would not be possible without support and control by international arbitrators as the natural judges of international trade" (Berger 2001b: 13). Diese Formulierung macht deutlich, dass auch Berger hier eine Unterstützung des Vertrags als Rechtsquelle durch Schiedsverfahren sieht, allerdings betont er die Rolle des Schiedsrichters als Richter des internationalen Handels. Damit wird eine andere Perspektive auf die Globalisierung des Rechts eingenommen, die ähnlich wie die Studie „Dealing in Virtue" von Dezalay/Garth (1996) die transnationale Rechtsbildung eng mit juristischen Eliten in Zusammenhang bringt. Diese individualistische Perspektive eignet sich aber gerade dann nicht, wenn man nach den Strukturen der modernen Gesellschaft fragt, die Globalisierungsentwicklungen befördern, vorantreiben und in den verschiedenen Funktionssystemen miteinander in Zusammenhang bringen (vgl. auch Hiller/Welz 2000). Deshalb wird hier statt dessen eine Perspektive gewählt, die betont, dass erst das Zusammenspiel von Vertrag/Transaktion als struktureller Kopplung und den sich darauf beziehenden Organisationen, wie Formulating Agencies, Schiedsgerichten und multinational operierenden Unternehmen das Entstehen der lex mercatoria und ihre Durchsetzung ermöglicht.

Die drei genannten Organisationen bzw. Organisationstypen beziehen sich, wie in Kapitel 6 gezeigt wurde, in unterschiedlicher Weise auf den Vertrag: Unternehmen haben Bedarf an global gültigen Verträgen, da sie globale Transaktionen tätigen. Schiedsgerichte bieten ein Forum für Konfliktlösungen im Zusammenhang mit globalen Transaktionen. Formulating Agencies übernehmen die Formalisierung der in der Rechtspraxis vorhandenen Regeln und Normen. Alle drei Typen von Organisationen sind somit an der Globalisierung des Rechts beteiligt. Sie alle leisten im Zusammenspiel mit der strukturellen Kopplung von Wirtschaft und Recht durch den Vertrag einen Beitrag zum Entstehen globaler Strukturen des Rechts. Dieses Zusammenwirken von Vertrag und Organisation wird im folgenden Abschnitt ausgeführt.

7.2   Vertrag und Organisation

In den vorstehenden Kapiteln wurde der Begriff der strukturellen Kopplung als der Schlüsselbegriff zur Erklärung des Zusammenhangs zwischen der Globalisierung des Rechts und der Globalisierung der Wirtschaft entwickelt. Mit Vertrag und Organisation wurden dabei die zwei Kommunikationsstrukturen benannt, die in diesem Fall der strukturellen Kopplung dienen. Eine Besonderheit besteht darin, dass sich diese wechselseitig aufeinander beziehen, bzw. einander ergänzen. Dieses besondere Verhältnis soll hier noch einmal verdeutlicht werden. Die Annahme, dass sich der Zusammenhang zwischen der Globalisierung des Rechts und der Globalisierung der Wirtschaft über die strukturelle Kopplung der beiden Funktionssysteme durch Vertrag und Organisation erklärt und dass diese beiden strukturellen Kopplungen unter Globalisierungsbedingungen wechselseitig aufeinander bezogen sind, lässt (mindestens) zwei Fragen entstehen: Wieso ist es notwendig, dass der Vertrag als strukturelle Kopplung durch Organisation ergänzt wird? Wieso wird das Zusammenspiel von Vertrag und Organisation gerade unter Globalisierungsbedingungen relevant? Zur Beantwortung dieser Fragen soll noch einmal bei dem Grundproblem angesetzt werden, für das strukturelle Kopplungen die Lösung sind. Dieses Problem lässt sich zusammengefasst als Selbstreferenzproblem (Luhmann 1990) sozialer Systeme beschreiben.

Die operative Schließung sozialer Systeme ist die alles entscheidende Voraussetzung dafür, dass sich Systeme von ihrer Umwelt unterscheiden können. Soziale Systeme operieren auf der Basis von Selbstreferenz, beziehen sich also in jeder ihrer Operationen auf sich selbst. Aber zugleich ist es für kein System möglich, ausschließlich auf selbstreferentieller Basis zu operieren (Luhmann 1990: 201). Vielmehr ist es im Gegenteil so, dass die Differenz von System und Umwelt in den Operationen des Systems vorausgesetzt wird. Die selbstreferentielle Operationsweise sozialer Systeme konfrontiert diese somit mit dem Problem, wie Beziehungen zur Umwelt möglich sind, ohne die Selbstreferenz zu gefährden. Dabei ist es selbstverständlich, dass die Umwelt das System nicht beeinflussen kann, denn autopoietische Systeme können nicht durch die Umwelt beeinflusst werden, aber die Umwelt stellt wichtige Voraussetzungen für die Operationsweise der Systeme bereit.

Unter Bedingungen funktionaler Differenzierung stellt sich das Selbstreferenzproblem der Funktionssysteme dann in der erster Linie als Problem von System-zu-System-Beziehungen dar, denn die gesellschaftliche Umwelt der Funktionssysteme besteht nun vor allem aus anderen Funktionssystemen. Damit ist aber ein gesellschaftliches Komplexitätsniveau erreicht, das es notwendig macht, für ausgewählte Beziehungen der Funktionssysteme diese Komplexität zu reduzieren und dadurch an anderer Stelle wieder Komplexität aufzubauen. Entsprechend der Maxime, dass Komplexität nur durch Komplexität reduziert werden kann (Luhmann 1984: 49), lassen die Funktionssysteme ausgewählte Irritationen zu. Diese Irritationen der Systeme dienen ihnen zur Sicherung der eigenen Autopoiesis. Strukturelle Kopplungen bezeichnen dabei ja gerade den Fall, dass bestimmte Einrichtungen von beiden gekoppelten Systemen auf je unterschiedliche Weise genutzt werden und jeweils zur Sicherung der Autopoiesis aufgrund der durch die strukturellen Kopplung ermöglichten Selbstirritation dienen.

Damit lassen sich das Selbstreferenzproblem sozialer Systeme und die Bearbeitung dieses Problems mit dem „Theoriekonstrukt [...] Autopoiesis, strukturelle Kopplung, Irritation" (Luhmann 1997a: 791) beschreiben. Wie schon erwähnt, steht der Theoriebegriff der strukturellen Kopplung dabei quer zum Begriff der Autopoiesis und die Verbindung zwischen beiden ermöglicht der Begriff der Irritation. Da es sich dabei um einen Schlüsselbegriff zum Verständnis struktureller Kopplungen handelt, lohnt es sich, ihn an dieser Stelle noch einmal genauer im Hinblick auf das Selbstreferenzproblem sozialer Systeme anzusehen. Der Begriff bezieht sich auf System-zu-System-Beziehungen und thematisiert den re-entry der Differenz von System und Umwelt in das System (Luhmann 1997a: 793). Das Verhältnis von System und Umwelt ist ja für jedes System ein Problem, da die Umwelt notwendigerweise ausgeschlossen bleiben muss und zugleich einen wichtigen Bezugspunkt für das Operieren des Systems darstellt. Aufgrund von Irritationen des Systems, die durch Ereignisse in der Umwelt ausgelöst werden, wird die Differenz von System und Umwelt innerhalb des Systems zum Thema. Irritationen entstehen immer dann, wenn es ausgehend von den Erwartungsstrukturen des Systems zu Überraschungen, Abweichungen oder Störungen kommt (Luhmann 1993a: 443; Luhmann 1990: 165). Jedes System bildet Erwartungsstrukturen aus, die als Gedächtnisleistung verstanden werden können. Mit diesen Erwartungen darüber, wie Anschlüsse der Kommunikation innerhalb des Systems erfolgen, werden die auftauchenden Störungen (Erwartungsenttäuschungen) abgeglichen und das System reagiert darauf mit Ignorieren, Abweichen oder Strukturänderung. „Irritation ist danach ein Systemzustand, der zur Fortsetzung der autopoietischen Operationen des Systems anregt, dabei aber, als bloße Irritation, zunächst noch offen lässt, ob dazu Strukturen geändert werden müssen oder nicht" (Luhmann 1997a: 790). Dieses Offenhalten der Reaktionsmöglichkeiten garantiert die Fortsetzung der Autopoiesis. Strukturelle Kopplungen sind Möglichkeiten der wechselseitigen Selbstirritation von Funktionssystemen und deshalb eine Lösung des Selbstreferenzproblems der Funktionssysteme. Strukturelle Kopplungen bieten den gekoppelten Funktionssystemen Irritationsanlässe, auf die diese nach ihrer je eigenen Logik reagieren.

Der Zusammenhang zwischen Autopoiesis, Irritation und struktureller Kopplung ist dann so zu verstehen, dass strukturelle Kopplung „orthogonal zu den Operationen, die systemeigene Strukturen [...] aufbauen", steht (Luhmann 1993a: 445). Strukturelle Kopplungen irritieren das System und leisten auf diese Weise einen Beitrag zur Autopoiesis.

Für das Verhältnis der einzelnen Funktionssysteme zu anderen Funktionssystemen in ihrer Umwelt heißt das nicht nur, dass sie anhand von strukturellen Kopplungen Komplexität in ausgewählten Bereichen erhöhen können, weil sie andere Irritationsquellen ausschließen, sondern auch, dass sie von den Entwicklungen in den gekoppelten Systemen abhängig werden. Funktionale Differenzierung und strukturelle Kopplungen bedingen sich also wechselseitig und so „kommt es zu dem, was Maturana 'structural drift' nennt, nämlich zu koordinierten Strukturentwicklungen" (Luhmann 1993a: 495) in den strukturell gekoppelten Systemen.

Mit diesen Ausführungen wird es jetzt möglich, den Zusammenhang zwischen der Globalisierung des Rechts und der Globalisierung der Wirtschaft als koordinierte Strukturentwicklungen aufgrund struktureller Kopplungen zu beschreiben. Die beiden zu Beginn des Abschnitts formulierten Fragen, wieso es notwendig ist, dass der Vertrag als strukturelle Kopplung durch Organisation ergänzt wird und wieso das Zusammenspiel von Vertrag und Organisation gerade unter Globalisierungsbedingungen relevant wird, können dann vor diesem Hintergrund beantwortet werden.

Wie schon in Kapitel 5 ausgeführt, ist die Entsprechung des Vertrags im Wirtschaftssystem die Transaktion. Deswegen muss es, wie in dieser Arbeit eingeführt wurde, auch präzise heißen: strukturelle Kopplung von Recht und Wirtschaft über Vertrag/Transaktion. Diese Präzisierung ist deshalb notwendig, da der Vertrag eben keine Wirtschaftskommunikation ist und die Transaktion keine Rechtskommunikation,[83] aber jede Wirtschaftskommunikation, die in der Form der Transaktion operiert, im Rechtssystem als Vertrag beobachtet wird und umgekehrt. Der Grund für diese strukturelle Kopplung besteht darin, dass Transaktionen nur dann möglich sind, wenn sie im Rechtssystem zugleich als Vertrag beobachtet werden, denn nur dann ist sichergestellt, dass Geld- *und* Gütertransfer operativ vollzogen werden. Und umgekehrt ist der Vertrag als Rechtskommunikation nur dann vollständig, wenn er sich auf Ereignisse in der Umwelt bezieht. Das Selbstreferenzproblem der Wirtschaft, das darin besteht, dass zur Reproduktion der Wirtschaft Zahlungen an Umweltzustände geknüpft werden müssen (Baecker 1988: 111), wird somit durch den Vertrag gelöst. Umgekehrt wird das Selbstreferenzproblem des Rechts, das darin besteht, dass zur Reproduktion des Rechts Rechtsentscheidungen mit Umweltzuständen verknüpft werden müssen, durch Transaktion gelöst. Damit leistet der Vertrag einen Beitrag zur Autopoiesis der Wirtschaft und die Transaktion einen Beitrag zur Autopoiesis des Rechts, selbstverständlich jeweils nur vermittelt über die Einrichtung der strukturellen Kopplung. Und so ist dann auch Teubners Formulierung zu verstehen,

---

[83] Dies ist bei anderen strukturellen Kopplungen sehr viel eindeutiger. Steuern (Politik und Wirtschaft), Verfassung (Recht und Politik) oder Eigentum (Recht und Wirtschaft) werden in beiden der gekoppelten Systeme zu Anschlußoperationen genutzt. Im Fall von Vertrag/Transaktion sind es hingegen zwei verschiedene Beobachtungsschemata.

dass „Rechtsbindung von den Prozessen des Wirtschaftssystems selbst ausgelöst" wird (Teubner 1989: 114).

Die strukturelle Kopplung Vertrag/Transaktion eröffnet den gekoppelten Systemen Recht und Wirtschaft Irritationsmöglichkeiten, die dann zur Fortsetzung der Autopoiesis in den irritierten Systemen anregen. Dabei ist nicht jede Transaktion Anlass zur Irritation des Rechts und nicht jeder Vertrag Anlass zur Irritation der Wirtschaft. Aber sobald eine Operation von der erwarteten Kommunikation abweicht, wird das System irritiert. Jeder nicht erfüllte Vertrag irritiert die Wirtschaft, jede nicht vollständig vollzogene Transaktion (die zuvor vereinbart wurde) irritiert das Recht. Denn dann sind Wirtschaft und Recht jeweils aufgefordert, mit ihren eigenen Strukturen auf diese Abweichung von der erwarteten Kommunikation zu reagieren.

Strukturelle Kopplungen konfrontieren die Erwartungsstrukturen der gekoppelten Systeme mit Enttäuschungen oder Überraschungen. Damit werden aber keine Ereignisse im System spezifiziert, denn dies bleibt den gekoppelten Systemen überlassen (Luhmann 1990: 205). Somit erzeugen strukturelle Kopplungen lediglich unspezifische Irritationen, die im System spezifiziert werden müssen. Man könnte dann sagen, dass Vertrag/Transaktion als strukturelle Kopplung für die gekoppelten Systeme das Problem der unspezifischen Irritation erzeugt – z.B. nicht erfolgter Güter- oder Leistungstransfer als Irritation des Rechts – für das wiederum eine Lösung im System gefunden werden muss. Die Irritation des Rechtssystems durch eine nicht erbrachte Leistung, die aber vertraglich fixiert gewesen ist, kann vom Rechtssystem ganz unterschiedlich bearbeitet werden. Für den vorliegenden Fall der lex mercatoria interessieren die Irritationen des Rechts durch die Wirtschaft, die im Rechtssystem den globalen Normbildungsprozess anstoßen.[84] Zur Bearbeitung dieser Irritationen leisten Organisationen einen wesentlichen Beitrag (vgl. Luhmann 2000a: 400). Organisationen bilden selbst Erwartungs- und Entscheidungsstrukturen aus, mit denen es für die Funktionssysteme möglich ist, unspezifische Irritationen zu spezifizieren. Dabei ist es gerade wegen der Fähigkeit von Organisationen zur Multireferenz nicht notwendig, dass dies funktionssystemspezifische Organisationen sind. Organisationen erzeugen Entscheidungsmöglichkeiten, die von den Funktionssystemen dazu genutzt werden, auf Irritationen zu reagieren und diese zu bearbeiten.

Wie in Kapitel 6 ausgeführt, können Organisationen selbst auf unterschiedliche Weise der strukturellen Kopplung dienen. Dabei wurden drei mögliche Bedeutungen herausge-

---

[84] Hier wird schon deutlich, dass Irritationen des Systems immer aus verschiedenen Perspektiven betrachtet werden können. Globalisierung ist dabei nur eine Beobachtungsperspektive. Außerdem formuliert Luhmann einschränkend und ergänzend: „Die Funktionssysteme irritieren einander nicht nur wechselseitig, sie werden auch irritiert durch soziale Bewegungen, die ihre eigene Entstehung der Irritation durch die Funktionssysteme verdanken" (Luhmann 1995c: 90).

arbeitet: Organisationen stellen ganz allgemein die Voraussetzungen für strukturelle Kopplungen dar (dies gilt für nahezu alle Organisationen); Organisationen sind selbst strukturelle Kopplungen (Universität als Kopplungssystem); Organisationen sind Vermittler struktureller Kopplungen (so z.B. Finanzämter). Die hier relevanten Organisationen, multinational operierende Unternehmen, Schiedsgerichte und Formulating Agencies, sind allerdings alle nicht als Kopplungssystem von Recht und Wirtschaft zu verstehen.[85] Aber sie alle stellen auf besondere Weise eine Beziehung zwischen Recht und Wirtschaft her und sie beziehen sich zugleich alle in unterschiedlicher Weise auf den Vertrag. Unter der Annahme, dass die strukturelle Kopplung Vertrag/Transaktion im Rechtssystem das Problem erzeugt, wie unspezifische Irritationen in spezifische Irritationen, also anschlussfähige Kommunikation, umgewandelt werden können, und Organisation hier eine Antwort auf dieses Problem ist, stellt sich also die Frage, welchen Beitrag die hier relevanten Organisationen dazu leisten.

Unvollständige Transaktionen – also nicht erfolgte Leistungs- oder Gütertransfers – lösen im Rechtssystem Irritationen aus, da das Rechtssystem erwartet, dass Verträge eingehalten werden. Das Rechtssystem hat nun unterschiedliche Möglichkeiten, auf eine Irritation dieser Art zu reagieren. Eine Möglichkeit besteht darin, den Vertragsbruch als Konflikt zu beobachten und ein Schiedsgericht mit der Konfliktlösung zu betrauen. Dies wäre somit eine Bearbeitung der unspezifischen Irritation „Vertragsbruch" in eine spezifische Irritation „Konflikt". Denn erst in dieser spezifischen Form entsteht die Notwendigkeit zur Anschlusskommunikation. Das Rechtssystem erzeugt also mit dieser Umwandlung seinen eigenen Druck zur Anschlusskommunikation, zur Fortsetzung der Autopoiesis.[86] Das Schiedsgericht kann nun wiederum mit seinen eigenen Entscheidungen auf die Irritation, auf den Konflikt, reagieren. Es behandelt die Irritation als Fall, über den es zu entscheiden hat und ermöglicht so, dass anhand der Entscheidung Rechtsgeltung übertragen wird. Eine etwas kompliziertere Möglichkeit, wie das Rechtssystem auf den Vertragsbruch reagieren kann, ist, dass es zunächst einmal überrascht ist, da keine geeigneten Strukturen zur Verfügung stehen, um angemessen reagieren zu können. Dies ist im Kontext globaler Transaktionen häufig der Fall, wie einige der bereits zitierten Beispiele gezeigt haben. Aufgrund der Unklarheit darüber, welches (nationale) Recht anzuwenden ist, wird die Anschlusskommunikation im Recht problematisch. An diesem Punkt greift das Rechtssystem auf Formulating Agencies zurück (die ja weder reine Organisationen des Rechts, noch Organisationen der Wirtschaft sind), oder präziser formuliert: greift das Recht auf bereits getroffene Entscheidungen der Formulating A-

---

[85] Dies scheint aber auch mit Ausnahme der Universität als Kopplung von Erziehung und Wissenschaft ein eher außergewöhnlicher Fall zu sein.

[86] Hier werden analytisch zwei Operationen auseinandergehalten, die aber in der Beobachtung des Rechts häufig nicht deutlich voneinander zu trennen sind.

gencies zurück, welches Recht anzuwenden ist. Auch hier wird wieder mit Hilfe von Organisation eine unspezifische Irritation bearbeitet und so die Anschlusskommunikation im Recht sichergestellt. Dieses kurze Beispiel hat gezeigt, dass die strukturelle Kopplung von Recht und Wirtschaft durch Vertrag/Transaktion deshalb durch Organisation ergänzt wird, weil strukturelle Kopplungen selbst das Problem der unspezifischen Irritation erzeugen. Unspezifische Irritationen sind wiederum deswegen ein Problem, da sie nur dann einen Beitrag zur Lösung des Selbstreferenzproblems leisten können, wenn sie in spezifische und damit anschlussfähige Irritationen umgewandelt werden können. Dies leisten im Fall des Rechtssystems die genannten Organisationen. Dabei fällt auf, dass multinational operierende Unternehmen in dieser Hinsicht – zumindest auf den ersten Blick – keine Rolle spielen.

Warum wird das zuvor skizzierte Zusammenspiel von Vertrag und Organisation nun aber gerade unter Globalisierungsbedingungen relevant? Multinational operierende Unternehmen tätigen transnationale Transaktionen und damit wird der Bedarf für transnationale Verträge, also global gültige Verträge produziert. Mit dem Begriff der strukturellen Kopplung lässt sich dieser Zusammenhang dadurch erklären, dass es anhand der strukturellen Kopplung von Recht und Wirtschaft durch Vertrag/Transaktion zur Irritation des Rechts aufgrund transnationaler Transaktionen kommt, wenn im Rechtssystem keine angemessenen Strukturen zur Anschlusskommunikation zur Verfügung stehen. Dies wurde in Kapitel 5 ausführlich dargestellt. Die Frage ist nun aber, ob das Problem, das strukturelle Kopplung erzeugt – nämlich einen Bedarf für die Umwandlung unspezifischer Irritationen in spezifische Irritationen, also die Notwendigkeit der Erzeugung von Anschlussfähigkeit der Kommunikation – unter Globalisierungsbedingungen noch einmal verschärft wird. Damit soll nicht noch einmal danach gefragt werden, in welcher Weise sich die hier relevanten Organisationen auf den Vertrag beziehen (dazu Kapitel 6), sondern hier soll aus theoretischer Perspektive nach den besonderen Bedingungen gefragt werden, die es unter Globalisierungsbedingungen notwendig machen, dass die strukturelle Kopplung Vertrag/Transaktion durch Organisation ergänzt wird.

Als eine der drei wichtigen Innovationen, die für das Entstehen der Weltgesellschaft von Bedeutung sind, nennt Stichweh (2000: 251f.) Organisationen.[87] Zwar nennt Stichweh multinationale Unternehmen und NGOs als wichtige Organisationstypen für das Entstehen der Weltgesellschaft, nennt aber keine Gründe dafür, warum gerade hier Organisationen von Bedeutung sind. Wie bereits ausgeführt, werden in dieser Arbeit die Gründe für die besondere Bedeutung von Organisationen im Zuge der Globalisierung darin gesehen, dass sie den Funktionssystemen einen „Treffraum" zur Verfügung stellen, globale Kommunikationsstrukturen produzieren und als Systeme nach außen kommunizie-

---

[87] Die beiden anderen sind funktionale Differenzierung und Kommunikationstechniken.

ren können. Unter Globalisierungsbedingungen wird das Problem der Anschlussfähigkeit der Kommunikation innerhalb der Funktionssysteme ja gerade dadurch verschärft, dass nun *globale* Anschlussfähigkeit der Kommunikation gewährleistet werden muss. Der „Erfolg" der Globalisierung der Wirtschaft lässt vermuten, dass das Wirtschaftssystem besonders gut dazu in der Lage ist, Anschlussfähigkeit der Kommunikation auch global herzustellen. Dabei spielt Geld, das dem Wirtschaftssystem als symbolisch generalisiertes Kommunikationsmedium zu Verfügung steht, sicher eine wichtige Rolle. Wie alle symbolisch generalisierten Kommunikationsmedien (Luhmann 1997a: 316ff.) sorgt auch Geld weltweit für die Erhöhung des Kommunikationserfolgs. Aber es sind vor allem die Strukturen der global agierenden Organisationen der Wirtschaft (Banken, Unternehmen), die zur Globalisierung dieses Funktionssystems den größten Beitrag leisten, da sie die Anschlussfähigkeit der Kommunikation global herstellen. Organisationen können als Systeme im eigenen Namen kommunizieren und damit ist es zum einen möglich, globale Organisationsstrukturen aufzubauen und zum anderen ist es für andere Systeme möglich, sich auf die Kommunikation von Organisationen zu beziehen.

Dem Rechtssystem steht im Gegensatz zum Wirtschaftssystem kein symbolisch generalisiertes Kommunikationsmedium zur Verfügung, das einen wichtigen Beitrag zur Globalisierung des Rechts leisten könnte und das Rechtssystem kann weiterhin auch nicht auf Organisationen zurückgreifen, die – ähnlich den Organisationen der Wirtschaft – selbst schon globale Strukturen produzieren.[88] Aber Schiedsgerichte leisten einen Beitrag zur globalen Anschlussfähigkeit der Kommunikation, da sie nicht nur global anerkannte Möglichkeiten der Konfliktlösung anbieten, sondern auch selbst weltweit verfügbar sind, da sie sich weltweit durchgesetzt haben. Neben den großen Schiedsgerichten in den Finanzzentren der Welt gibt es mittlerweile viele kleine Schiedsgerichte, so dass die Erreichbarkeit eines Schiedsgerichts kein Problem darstellt. Formulating Agencies hingegen ermöglichen die Anschlussfähigkeit der Kommunikation, da sich auf ihre Kommunikation weltweit bezogen werden kann. Auf die Kommunikation von Organisationen kann sich deshalb in weiteren Kommunikationen bezogen werden, da Organisationen im eigenen Namen kommunizieren können. Formulating Agencies sichern in dieser Hinsicht den Anschluss der Kommunikation. Multinational operierende Unternehmen sind aber auch hier wieder unverzichtbar, da sie globale Transaktionen tätigen, die dazu beitragen, den Vertrag als globales Konditionalprogramm zu etablieren. Die drei genannten Organisationen beziehen sich also in unterschiedlicher Weise auf die strukturelle Kopplung von Recht und Wirtschaft und ermöglichen dadurch, dass das Problem der Anschlussfähigkeit auch unter Bedingungen von Globalisierung bearbeitet werden kann.

---

[88] Möglicherweise könnte aber Geltung die Bedeutung eines symbolisch generalisierten Kommunikationsmediums haben. Dies wäre aber noch zu untersuchen.

An dieser Stelle wird aber deutlich, dass der Begriff der strukturellen Kopplung mit seiner Erklärungskraft an Grenzen gerät. Zwar ist er der Schlüsselbegriff zur Erklärung des Zusammenhangs der Globalisierung von Recht und Wirtschaft, aber wenn das Zusammenspiel von Vertrag und Organisation im Hinblick auf den globalen Normbildungsprozess beschrieben und analysiert werden soll, ist er nur begrenzt leistungsfähig. Hier tauchen Probleme der Systemtheorie auf, Koordinationsprozesse beschreiben zu können, die über die Grenzen der Funktionssysteme hinweg geschehen und die allein mit dem Begriff der strukturellen Kopplung nicht zu erklären sind. Denn schon die Annahme, dass es sich bei dem Zusammenhang zwischen der Globalisierung des Rechts und der Globalisierung der Wirtschaft um „koordinierte Strukturentwicklungen" (Luhmann 1993a: 495) der beiden Systeme handelt, wirft die Frage auf, wie dies zwischen den beiden Systemen koordiniert wird. Gerade das Zusammenwirken von Vertrag und Organisation macht deutlich, dass dieser Prozess über das hinausgeht, was mit dem Begriff der strukturellen Kopplung beschrieben wird. Zur Beschreibung und Analyse des globalen Normbildungsprozesses, der in der Koordination von Recht und Wirtschaft aufgrund der strukturellen Kopplung geschieht, muss also ein Hilfsbegriff herangezogen werden. Dieser soll weiterhin die operative Geschlossenheit sozialer Systeme und die funktionale Differenzierung der modernen Gesellschaft ernst nehmen, aber dazu in der Lage sein, solche Koordinations- und Entwicklungsprozesse einzufangen, die über die Grenzen der Funktionssysteme hinweg ablaufen. Teubner setzt an dieser Stelle den Begriff der private governance regimes ein. Mit diesem Begriff und gleichzeitig in Abgrenzung zu ihm soll im folgenden ein Begriff von globalen Intersystemregimes entwickelt werden, der es ermöglicht, den globalen Normbildungsprozess im Hinblick auf den Zusammenhang der Globalisierungsentwicklungen in Recht und Wirtschaft zu analysieren.

7.3   Globale Intersystemregimes

Die zentrale Annahme dieser Arbeit lautet ja, dass das Entstehen eines Weltrechts auf die strukturellen Kopplungen des Rechts mit anderen Funktionssystemen, hier mit der Wirtschaft, zurückzuführen ist.[89] Damit ist der globale Normbildungsprozess an Entwicklungen in anderen Funktionssystemen gekoppelt und wird auf das wechselseitige (Selbst-)Irritationsverhältnis der strukturell gekoppelten Funktionssysteme zurückgeführt. Die Globalisierung des Rechts und die Globalisierung der Wirtschaft stehen aufgrund der strukturellen Kopplung der beiden Funktionssysteme in einem engen Zusammenhang und dieser Zusammenhang soll hier noch einmal aus der Perspektive des Rechtssystems genauer analysiert werden. Damit stellt sich die Frage, wie der globale Normbildungspro-

---

[89] Wie schon mehrfach betont, sind aber strukturelle Kopplungen mit anderen Funktionssystemen denkbar, die dann in anderen Rechtsbereichen ähnliche Globalisierungsentwicklungen befördern.

zess, der auf die strukturelle Kopplung von Recht und Wirtschaft zurückzuführen ist, abläuft. Wie in den vorstehenden Kapiteln ausgeführt, handelt es sich dabei um ein zirkuläres Verhältnis von Vertrag und Organisation. Gerade die Zirkularität dieses Prozesses macht jedoch deutlich, dass der Begriff der strukturellen Kopplung hier nicht mehr ausreicht. Auch die Rolle von Organisationen im globalen Normbildungsprozess lässt sich nicht allein mit dem Begriff der strukturellen Kopplung erfassen. Der Prozess der globalen Normbildung umfasst also weitaus mehr Kommunikationsbeziehungen als mit dem Begriff der strukturellen Kopplung erfasst werden. Allerdings kann auf den Begriff der strukturellen Kopplung bei der Begründung, wie es zu Globalisierungsentwicklungen in verschiedenen Funktionssystemen, die offensichtlich im Zusammenhang stehen, nicht verzichtet werden. Der Begriff der strukturellen Kopplung ist aus gesellschaftstheoretischer Perspektive ebenfalls ein unverzichtbarer Begriff, da er genau die Stellen markiert, die mit der funktionalen Differenzierung der modernen Gesellschaft für diese zum Problem werden. Dabei kann man davon ausgehen, dass sich diese Probleme unter Globalisierungsbedingungen noch verschärfen, da Globalisierung eine weitere Ausdifferenzierung der Funktionssysteme zur Folge hat. Die Frage ist dann, wie der globale Normbildungsprozess – als Beispiel für koordinierte Strukturentwicklungen zwischen Funktionssystemen – angemessen beschrieben werden kann, wenn die gesellschaftstheoretische Anforderung ist, dass von funktionaler Differenzierung der Gesellschaft ausgegangen wird, aber die Zirkularität des globalen Normbildungsprozesses im Vordergrund stehen soll.

In der Politikwissenschaft und in der politikwissenschaftlich orientierten Rechtswissenschaft sind im Zuge der Globalisierung Konzepte zur Beschreibung von Regulierungsprozessen entstanden, die sich neben der staatlich-politischen Regulierung entwickeln und über nationalstaatliche Grenzen hinweg geschehen. Die Denationalisierung der Politik (z.B. Zürn 2001) und des Rechts geht einher mit neuen Formen der Regulierung, die mit Begriffen wie private governance (Engel 2001; Lehmkuhl 2000), transnational governance (Joerges/Vos 1999), global governance (Ronit/Schneider 1999), denationalized governance structures (Joerges 1997), transnationale Steuerungsregime (Willke 2001) oder private governance regimes (Gerstenberg 1997) beschrieben werden. Eine Formulierung von Gerstenberg fasst die Diskussion um solche Formen von private governance zusammen: „The starting point is the familiar diagnosis that the contemporary decay of state sovereignty proceeds in two directions: not only are decisional powers accruing to new supranational institutions, but there is also – and equally importantly – a shift of governance from the public to the private sector, a devolution of an increasing range of political decisions and of public responsibility to private governance regimes which proliferate on a transnational scale" (Gerstenberg 1997: 351).

Auch Teubner greift zur Analyse der Rechtsglobalisierung auf einen Begriff von private governance regimes zurück (Teubner 1998; 2000). Er übernimmt den Begriff von Gerstenberg (1997) und versucht eine Reformulierung im Hinblick auf die Rolle solcher Regimes bei der Globalisierung des Rechts. Dazu setzt Teubner bei den Auswirkungen der Globalisierung auf das Privatrecht an (vgl. auch Gerstenberg 2000) und geht davon aus, dass „in der realen Welt die brutalen Schockwellen der Globalisierung und Privatisierung die Fundamente des modernen policy-orientierten Privatrechts" erschüttern (Teubner 1998: 234). In dieser Erschütterung sieht Teubner aber zugleich die Chance für eine zeitgenössische Rekonstruktion des Privatrechts. Vor diesem Hintergrund versteht er globales Recht, wie auch die lex mercatoria, als Produkt von private governance regimes. Diese können entstehen weil sich die staatlich-politische Regulierung im Zuge der Globalisierung zurückzieht und damit Möglichkeiten für neue privatrechtliche Regulierungen eröffnet werden (Teubner 1998: 241ff.). So verschiebt sich der Schwerpunkt der Rechtsbildung unter Globalisierungsbedingungen auf Privatregimes, wie z.B. Verträge zwischen global operierenden Unternehmen, private Marktregulierung durch multinationale Unternehmen, Standardisierungsprozesse oder interne Regelsetzung von Organisationen (Teubner 2000: 439). Private governance regimes beruhen auf gesellschaftlichen Entscheidungsprozessen und sind spezialisierte Formen der Normbildung der funktional differenzierten Gesellschaft. Sie sind gekennzeichnet durch ein „Mischungsverhältnis von spontanen und organisierten Prozessen" (Teubner 2000: 441), was dann ja auch, wie bereits in Kapitel 5 ausgeführt, Teubner zu der These führt, dass sich das Verhältnis von spontan und organisiert in bezug auf den Normbildungsprozess unter Globalisierungsbedingungen umkehrt: „organisierte Normbildung in den gesellschaftlichen Teilbereichen an der Peripherie des Rechts und spontane Normbildung im Zentrum des Rechts" (Teubner 2000: 442). Auch Teubner sieht einen zirkulären Charakter des Rechtsbildungsprozesses, allerdings bezieht er diesen nur auf die andauernde Rechtsberührung, also auf die Berufung auf Rechtsnormen, deren Geltungsgrundlage fraglich ist, die aber durch die ständige Berufung und Bestätigung als Rechtsnormen Geltung erfahren.

Die Zirkularität von Vertrag und Organisation, die in der vorliegenden Arbeit im Mittelpunkt steht, lässt sich hier zwar gut anschließen, da dieses Verhältnis die Entstehung und Verbreitung genuiner Rechtsnormen mit globaler Geltung begründet. Aber dieses besondere Verhältnis lässt sich mit Teubners Begriff von private governance regimes nicht vollständig einfangen. Denn Teubners Begriff betont zu sehr den „privaten" Aspekt des Normbildungsprozesses und gerade damit wird der genuine Rechtscharakter der so entstehenden Normen verdeckt. Globale Normen entstehen aufgrund von Intersystembeziehungen zwischen Recht und anderen Funktionssystemen und nicht unabhängig vom Rechtssystem. In der Diskussion um private governance wird dies häufig übersehen, da auch hier der Fokus auf den Rückzug der staatlich-politischen Regulierung gerichtet ist und die Annahme vorherrscht, dass alle Normen, die nicht der staatlich-politischen

Rechtssetzung entspringen, keine Rechtsnormen, sondern nur „private Normen" sind. Diese Annahme vertritt Teubner zwar ausdrücklich *nicht*, aber er übernimmt den Begriff und dies verhindert, dass der intersystemische Charakter der Rechtsglobalisierung im Vordergrund steht. Dabei entstehen globale Normen aber gerade im Kontakt des Rechts mit anderen Funktionssystemen, wie das zirkuläre Verhältnis von Vertrag und Organisation deutlich macht. Vertrag und Organisation verweisen als strukturelle Kopplungen jeweils aufeinander und begründen so den intersystemischen Normbildungsprozess. Weiterhin verdeckt der Begriff der private governance regimes auch, dass es sich hier um globale Strukturen handelt. Erst die Globalität der governance regimes begründet deren Rolle im Prozess der Globalisierung. Vertrag und Organisation sind beides globale Strukturen, die im Zusammenspiel den globalen Normbildungsprozess vorantreiben. Und nicht zuletzt scheint auch der Begriff der governance für den hier gewählten Zuschnitt wenig passend zu sein. Denn der autonome Prozess der Rechtsglobalisierung lässt sich nicht als Regulierungsprozess verstehen. Selbst wenn man einen zurückgenommenen Begriff von Regulierung verwendet, bleibt dieser für den evolutionären Prozess der Globalisierung von Funktionssystemen und den Zusammenhang zwischen diesen Prozessen unpassend.

Wenn man die genannten Kritikpunkte an dem Begriff der private governance regimes noch einmal zusammenfasst, dann erscheint der Begriff zur Beschreibung von Globalisierungsentwicklungen im Rechtssystem deshalb wenig geeignet, weil er zu sehr einen privaten Charakter der entstehenden Normen betont, das intersystemische Moment des Normbildungsprozesses nicht ausreichend einfängt, die Zirkularität von Vertrag und Organisation nicht abbildet, die Globalität der Strukturen der regimes nicht berücksichtigt und den Aspekt der Regulierung zu stark betont. Umgekehrt heißt das, dass ein Begriff gefunden werden muss, der die genannten Kritikpunkte positiv aufnimmt. Wie schon gesagt, kann es sich dabei nur um einen Hilfsbegriff handeln, der die Systemtheorie auf bestimmte soziale Phänomen aufmerksam macht, die mit ihrem Instrumentarium nicht unmittelbar erfasst werden können. Dazu bietet sich für das vorliegende Problem der Regimebegriff an. Ähnlich wie Teubner greifen auch andere systemtheoretisch orientierte Autoren auf den Regimebegriff zurück, wenn es darum geht, ein soziales Phänomen zu beschreiben, das weder eindeutig auf der Ebene von Organisationen noch ausschließlich auf der Ebene von Funktionssystemen zu verorten ist, aber beide Ebenen einschließt und zugleich etwas bezeichnet, das über diese beiden Ebenen hinausgeht (Hutter 1999; Hutter 2001b; Japp 2001; Willke 2001). Ein Begriff von globalen Intersystemregimes[90] könnte dies leisten und dazu dienen, den globalen Normbildungsprozess im Hinblick auf

---

[90] Die Sperrigkeit dieses Begriffs soll zugleich deutlich machen, dass es sich dabei nur um einen Hilfsbegriff handelt, der auf bestimmte Lücken der Systemtheorie aufmerksam macht, aber nicht den Anspruch erhebt, diese zu füllen.

den Zusammenhang der Globalisierungsentwicklungen in Recht und Wirtschaft zu beschreiben.

In der funktional differenzierten Gesellschaft stellt die operative Geschlossenheit der
Funktionssysteme eine Herausforderung für das Verhältnis der Funktionssysteme zueinander dar, denn es gibt „keine Möglichkeiten einer wechselseitigen Steuerung, weil dies
bis zu einem gewissen Grad Funktionsübernahme implizieren würde. Was Schiller für
das Verhältnis von Politik und Kunst bzw. Wissenschaft feststellt, gilt prototypisch für
alle Intersystembeziehungen: 'Der politische Gesetzgeber kann ihr Gebiet sperren, aber
darin herrschen kann er nicht.' Im Verhältnis der Funktionssysteme zueinander kann es
Destruktion geben, je nachdem wie sehr sie aufeinander angewiesen sind, nicht aber
Instruktion" (Luhmann 1997a: 753). Für die hier zu klärende Ausgangsfrage nach der
Umsetzung von koordinierten Strukturentwicklungen zwischen Funktionssystemen heißt
das, dass die Systemtheorie mit der Annahme einer funktionalen Differenzierung der
modernen Gesellschaft das Problem erzeugt, wie die Verhältnisse der Funktionssysteme
zueinander zu verstehen und zu beschreiben sind. Der globale Normbildungsprozess,
der den Kern der Globalisierung des Rechts darstellt, lässt sich auf das Verhältnis von
Recht und Wirtschaft und deren spezifische strukturelle Kopplungen zurückführen.
Allerdings kann der Begriff der strukturellen Kopplung ja gerade nicht einfangen, dass
der globale Normbildungsprozess auf das Verhältnis von Vertrag *und* Organisation zurückzuführen ist. So stellt auch Teubner fest: „Trotz allen innovativen Potentials ist das
in der Allgemeinen Systemtheorie entwickelte Konzept der strukturellen Kopplung auto-
nomer Systeme jedoch immer noch nicht komplex genug, um mit den speziellen Problemen im Verhältnis von Recht und Gesellschaft fertig zu werden" (Teubner 1995: 196).

Der Begriff der strukturellen Kopplung ist allein nicht ausreichend, um das spezifische
Verhältnis von Organisation, Funktionssystemen und struktureller Kopplung, um das es
hier geht, abzubilden. Genau dieses spezifische Verhältnis scheint aber für den globalen
Normbildungsprozess kennzeichnend zu sein. Er findet zwischen Funktionssystemen
statt, greift dabei auf Organisationen und auf strukturelle Kopplungen der Funktionssysteme zurück. Die Ebenendifferenzierung, von der die Systemtheorie ausgeht – Interaktion, Organisation, Gesellschaft – lässt die Frage entstehen, wie Kommunikationsprozesse,
die offensichtlich alle drei Ebenen einschließen und zwischen zwei Funktionssystemen
ablaufen, erfasst werden können. Diese Ebenendifferenzierung der Systemtheorie ist
verschiedentlich kritisiert worden, so auch im Hinblick auf den „Abstand" zwischen den
Ebenen Interaktion und Organisation (Tyrell 1983), der zu groß sei, um Phänomene wie
Gruppen erfassen zu können. Wenn man aber die Ebenendifferenzierung ernst nimmt,
dann lassen sich die Kommunikationsprozesse, die den globalen Normbildungsprozess
bestimmen, weder eindeutig der Organisationsebene noch ausschließlich der Ebene der
Funktionssysteme zurechnen. Der Regimebegriff könnte deshalb zur Beschreibung eines

Normbildungsprozesses, der die Ebenen von Organisation und Funktionssystemen einschließt, aber eine eigene Qualität aufweist, ein angemessener Hilfsbegriff sein. So greift auch Hutter (2001b) zur Charakterisierung des Normbildungsprozesses im Internet bzw. in bezug auf das Internet auf den Regimebegriff zurück und identifiziert fünf Regimes, die zur Normbildung beitragen. Den Grund für das Entstehen solcher Regimes sieht Hutter darin, dass nationalstaatlich orientiertes Recht die Globalität des Internet nicht angemessen erfassen kann und deshalb neue Formen der Normgenerierung entstehen. Dies sind in bezug auf das Internet Communities, staatliche, nicht-staatliche und internationale Organisationen, Clubs, Vereinigungen und Verbände, multinationale Unternehmen und nicht zuletzt das nationale Recht mit seinen Institutionen und Organisationen (Hutter 2001b: 8). Ähnlich wie die Beispiele von Teubner zeigen auch die von Hutter genannten Regimes – als neue Formen der Normbildung –, dass hier sowohl Organisationen als auch Funktionssysteme in den Prozess einbezogen sind und dass sich der Normbildungsprozess gerade auf das Verhältnis der betroffenen Funktionssysteme zurückzuführen ist.[91]

Dies markiert nun genau den Punkt, an dem sich die hier interessierende Frage nach der Umsetzung der koordinierten Strukturentwicklungen wieder aufdrängt. Globale Intersystemregimes satteln auf der strukturellen Kopplung von Recht und Wirtschaft auf und ermöglichen globale Intersystembeziehungen, die den globalen Normbildungsprozess umsetzen. Dabei ist die strukturelle Kopplung Vertrag/Transaktion selbst zwar schon als eine besondere Form von Intersystembeziehungen zu verstehen (Luhmann 1997a: 695; 779), aber sie entfaltet ihre Funktion im globalen Normbildungsprozess erst dann, wenn sich wiederum Organisationen auf sie beziehen, die selbst in unterschiedlicher Weise der strukturellen Kopplung dienen. Dies wird notwendig, da – wie oben bereits beschrieben – die (Selbst-)Irritation der Funktionssysteme, die diese aufgrund der strukturellen Kopplung erfahren, bearbeitet werden muss und weiterhin, da die globale Verbreitung und Durchsetzung der so entstandenen Normen auf Organisationen angewiesen ist. An dieser Stelle wird dann auch plausibel, warum Teubner die private governance regimes als Produzenten globalen Rechts versteht (Teubner 2000). Mit dem hier entwickelten Verständnis von globalen Intersystemregimes lässt sich aber feststellen, dass den von Teubner genannten Beispielen (wie Verträge multinationaler Unternehmen, Standardisierungsprozesse etc.) eine wichtige Komponente fehlt. Verträge sind zwar als Quelle globalen Rechts zu verstehen, aber der globale Normbildungsprozess kann eben nicht allein auf Verträge zurückgeführt werden. Das Beispiel der Standardisierungsprozesse zeigt schon eher den grenzüberschreitenden Charakter globaler Intersystemregimes, denn hier sind neben Unternehmen z.B. auch Branchenorganisationen, Zertifizierungseinrichtun-

---

[91] Die Themen sind hier allerdings breiter als im Fall der lex mercatoria: Vergabe von Domainnamen, Nutzungsrechte, open source, geistiges Eigentum, Sicherheit von e-commerce etc.

gen und staatliche Organisationen (wie z.B. die in den USA sehr einflussreiche Food and Drug Administration, FDA) beteiligt. Damit wird wieder deutlich, dass der globale Normbildungsprozess in der Konfrontation des Rechts mit anderen Funktionssystemen geschieht und nicht allein auf strukturelle Kopplungen des Rechts zurückzuführen ist.

Dies ist auch ein weiterer Hinweis darauf, dass Globalisierung ein evolutionärer Prozess ist, der in der funktionalen Differenzierung der modernen Gesellschaft schon angelegt ist und alle Funktionssysteme betrifft. Das besondere Verhältnis von Autonomie und Abhängigkeit der Funktionssysteme führt dazu, dass sich die Globalisierungsentwicklungen der einzelnen Funktionssysteme wechselseitig beeinflussen. Globale Intersystemregimes sind dabei eine Möglichkeit, wie der Zusammenhang zwischen der Globalisierung des Rechts und der Globalisierung der Wirtschaft zu verstehen ist. Damit verabschiedet man sich endgültig von einer Vorstellung, dass Globalisierung gesteuert oder reguliert werden könne.[92] Für den vorliegenden Fall der lex mercatoria – der ja auch nur einen Ausschnitt aus der Globalisierung des Rechts darstellt – sind globale Intersystemregimes durch das Zusammenspiel von multinational operierenden Unternehmen, Formulating Agencies, Schiedsgerichten und Vertrag/Transaktion gekennzeichnet. Organisationen der Wirtschaft tätigen globale Transaktionen und schließen somit Verträge, die globale Gültigkeit aufweisen müssen. Bei der Vertragsgestaltung werden zum einen neue Normen generiert und es wird zum anderen auf schon bestehende globale Normen zurückgegriffen. Hierbei spielen die Formulating Agencies eine wichtige Rolle, da sie die Formalisierung der neu entstandenen Normen übernehmen. Entsteht ein Konflikt in dieser Vertragsbeziehung, dann kann ein Schiedsgericht eingeschaltet werden, welches sich wiederum auch auf die von den Formulating Agencies formalisierten Normen bezieht. Bei einer neuen Transaktion und einem neuen Vertrag von Wirtschaftsorganisationen werden dann die Normen wieder aufgenommen und bestätigt. Dieser zirkuläre Prozess bestimmt die globalen Intersystemregimes im Fall der lex mercatoria. Globale Intersystembeziehungen, die nicht allein auf strukturelle Kopplungen oder die Rolle von Organisationen zurückzuführen sind, sind somit die treibenden Kräfte der Globalisierungsentwicklungen der einzelnen Funktionssysteme, die aber jeweils miteinander im Zusammenhang stehen. Damit können die koordinierten Strukturentwicklungen zwischen Funktionssystemen in diesem Fall auf globale Intersystemregimes zurückgeführt werden.

---

[92] Womit auch eines der größten Probleme der „Globalisierungsgegner" bezeichnet ist: es fehlt die Adresse für ihre Forderungen.

7.4   Das Recht der Weltgesellschaft

Der Zusammenhang zwischen der Globalisierung der Wirtschaft und der Globalisierung des Rechts ist das Thema dieser Arbeit. Mit diesem thematischen Zuschnitt wird schon eine gesellschaftstheoretische Perspektive nahegelegt, da von der Differenz und Autonomie der gesellschaftlichen Teilsysteme ausgegangen wird. Diese Perspektive soll hier noch einmal explizit im Hinblick auf das Recht der Weltgesellschaft ausgeführt werden. Luhmanns zu Beginn zitierte Frage, wie man sich das Entstehen eines Weltrechts vorzustellen habe (Luhmann 1999: 250), bietet dazu einen passenden Einstieg. Dabei versteht Luhmann das Rechtssystem aufgrund der funktionalen Differenzierung der Gesellschaft als *Welt*rechtssystem und stellt fest: „Dass die Weltgesellschaft auch ohne zentrale Gesetzgebung und Gerichtsbarkeit eine Rechtsordnung hat, wird man [...] kaum bestreiten können" (Luhmann 1993a: 574). Am Beispiel der Menschenrechte zeigt Luhmann, dass diese weltweit behauptet und eingefordert werden, ohne dass ihre Geltungsgrundlage für die Weltgesellschaft geklärt ist. „Normen werden an Verstößen erkannt, Menschenrechte daran, dass sie verletzt werden. So wie Erwartungen oft erst an Enttäuschungen bewusst werden, so auch Normen oft erst an Verletzungen. Die Situation der Enttäuschung führt bei Informationen prozessierenden Systemen zur Rekonstruktion der eigenen Vergangenheit, zu rekursivem Prozessieren mit Rückgriffen und Vorgriffen auf etwas, was nur im Moment einleuchten muss" (Luhmann 1995a: 234). Dies lässt sich in ähnlicher Weise auch an den globalen Intersystemregimes beobachten. Erst die Unzulänglichkeit bestehenden Rechts, erst die Enttäuschung der Erwartung, dass der Vertragskonflikt durch das Recht gelöst wird, konfrontiert das Recht mit der Erwartung, dass es auf diese Unzulänglichkeiten zu reagieren habe. Das Recht wird also aus der Gesellschaft mit „Rechtszumutungen" konfrontiert (Luhmann 1981: 123) und reagiert nach Maßgabe seiner eigenen Logik darauf. Hierbei spielt in dem vorliegenden Fall die „enge zyklische Bindung von Rechtssystem und Organisation" (Teubner 1991: 543) eine wichtige Rolle. Nicht nur allein die strukturelle Kopplung von Recht und Wirtschaft über Vertrag/Transaktion sorgt im Rechtssystem für Irritationen und für Störungen, sondern gerade Organisationen, die sich auf diese strukturelle Kopplung beziehen, sorgen im Fall der lex mercatoria für die Zumutungen, mit denen das Recht konfrontiert wird. Multinational operierende Unternehmen, Formulating Agencies und Schiedsgerichte können dann, neben Vertrag/Transaktion, ebenfalls als Quellen des Rechts der Weltgesellschaft verstanden werden.

Die Frage, wie das Recht der Weltgesellschaft entsteht, lässt sich somit also nur mit dem Hinweis auf pluralistische Rechtsquellen beantworten. Eine eindeutige Rechtsquellenhierarchie, die der Politik die rechtsetzende Funktion zuschreibt, ist unter Globalisierungsbedingungen nun endgültig überholt. Hinzu kommt, dass der Fall der lex mercatoria nicht nur auf Rechtspluralismus verweist, sondern auch klar macht, dass das Recht der

Weltgesellschaft aus ganz unterschiedlichen Strängen der Rechtsglobalisierung zusammengesetzt ist.[93] Menschenrechte, globales Umweltrecht, ein Recht des Internet oder das hier behandelte globale Wirtschaftsrecht sind unterschiedliche Entwicklungslinien der Rechtsglobalisierung, die jeweils unterschiedlich verlaufen.[94] Kennzeichnend für alle Entwicklungslinien der Globalisierung des Rechts ist aber, dass hier unterschiedliche gesellschaftliche Prozesse an der Rechtsglobalisierung beteiligt sind, oder besser: dass gerade aufgrund der Konfrontation des Rechts mit der Gesellschaft die Globalisierung des Rechts erfolgt.[95] Rechtspluralismus bezeichnet dann – vor allem in der Abgrenzung zu anthropologischen Konzepten[96] – kommunikative Prozesse der Auseinandersetzung zwischen Recht und Gesellschaft (vgl. Teubner 1995: 201), die zur (rechtsinternen) Normgenerierung führen. Das Recht der Weltgesellschaft kann schon aufgrund der funktionalen Differenzierung der modernen Gesellschaft nur plurales Recht sein, da es sich nur in der Auseinandersetzung mit den anderen gesellschaftlichen Teilsystemen als Recht der Weltgesellschaft behaupten kann. Dabei ist aber Rechtspluralismus wiederum nur deshalb möglich, da das Recht dazu in der Lage ist, selbst über das zu entscheiden, was Recht ist und was nicht (Luhmann 1986: 26). Globales Recht ist also deshalb plurales Recht weil es im Zusammenhang mit den Globalisierungsprozessen in anderen Funktionssystemen entsteht und deswegen nicht auf *eine* Rechtsquelle zurückgeführt werden kann. „Die Phänomene des Rechtspluralismus sind soziale Normen *und* Rechtsnormen, Recht *und* Gesellschaft, formell *und* informell, regelorientiert *und* spontan" (Teubner 1995: 192, H.i.O.). Dies zeigen wiederum die globalen Intersystemregimes, die die Globalisierung des Rechts vorantreiben, sehr deutlich. In Verträgen werden soziale Normen in Form von Regeln aufgenommen und in Rechtsnormen umgewandelt. Diese Normen werden in weiteren Verträgen wieder aktualisiert und dadurch als Rechtsnormen etab-

---

[93] So „ist auch die Entgrenzung des Rechts nur als mannigfaltiger Prozeß zu verstehen, der sich nicht auf wenige Konstanten oder Entwicklungslinien reduzieren lässt. Wie gesehen meint 'Entgrenzung des Rechts' sowohl die Entstehung neuer Rechtsformen (wie etwa in der lex mercatoria), als auch den Wandel nationaler Rechtssysteme (Extraterritorialität) und des Völkerrechts, sowohl die mögliche Entfernung zunehmend transterritorialer Rechts- von lokalen Wertordnungen, als auch die Herausforderung an das Recht, politische Vergemeinschaftungsprozesse über die Vielfalt solcher partikularer Weltordnungen hinweg zu unterstützen" (Albert 1999/2000: 131f.).

[94] So dass auch die hier identifizierten globalen Intersystemregimes für andere Entwicklungslinien der Rechtsglobalisierung ganz anders aussehen werden.

[95] „Das Weltrecht entwickelt sich von den gesellschaftlichen Peripherien, von den Kontaktzonen zu anderen Sozialsystemen, her und nicht im Zentrum nationalstaatlicher oder internationaler Institutionen" (Teubner 1996: 261).

[96] Ausgehend von eher anthropologischen Konzepten des Rechtspluralismus, finden sich in den letzten Jahren vermehrt Arbeiten, die diese neuen Formen des Rechtspluralismus untersuchen, vgl. z.B. Merry (1988); Petersen (1995). Hier stehen nicht mehr konfligierende Normensysteme im Vordergrund, sondern Möglichkeiten und Konsequenzen einer pluralistischen Generierung von Normen.

liert. Durch diese Regeln, die in der Wirtschaft generiert werden, wird das Recht mit der Gesellschaft, in diesem Fall mit der Wirtschaft, konfrontiert.

Das Recht der Weltgesellschaft – oder: das Weltrecht – ist also nur als Produkt pluralistischer Rechtsentwicklung zu verstehen. Damit ist es ein Projekt, an dem unterschiedliche gesellschaftliche Kräfte beteiligt sind. Unterschiedliche Systemebenen und unterschiedliche Kommunikationsbeziehungen sind in diesen Prozess einbezogen, wie am Beispiel des Zusammenhangs zwischen der Globalisierung des Rechts und der Globalisierung der Wirtschaft gezeigt wurde. In der Weltgesellschaft wird das Rechtssystem aber nicht nur mit Änderungen in der Wirtschaft – hin zu globalen Transaktionen und deren Folgen – konfrontiert, sondern auch die anderen Funktionssysteme unterliegen einem Wandel, der sich zusammengefasst als Globalisierung verstehen lässt. Dies hat wiederum Auswirkungen auf das Recht. Geltende Rechtsnormen werden so mit den Veränderungen in den Funktionssystemen konfrontiert und dies führt im Rechtssystem zur Überprüfung und eventuell zur Änderung der Normen. Die damit einhergehende „Temporalisierung der Normgeltung" (Luhmann 1993a: 557) darf allerdings nicht so verstanden werden, dass das Recht seine Normen schon deshalb ändert, weil sie häufig missachtet werden. „Gemeint ist nur, dass Normen mit Realitätsunterstellungen ausgestattet sind, die sich *im Rechtssystem selbst* als Irrtum erweisen oder durch Änderung der Verhältnisse inadäquat werden können" (Luhmann 1993a: 557; H.i.O.). Genau dies geschieht unter Globalisierungsbedingungen. Die Realitätsunterstellungen, mit denen Normen ausgestattet sind, werden im Rechtssystem selbst ständig wieder überprüft – und auch dazu dienen strukturelle Kopplungen. Mit den Globalisierungsentwicklungen in den jeweiligen Funktionssystemen ändern sich die Erwartungen an das Recht und aufgrund von strukturellen Kopplungen wird das Recht mit diesen Erwartungen konfrontiert. In der Konsequenz bedeutet dies, dass das Recht, wie Luhmann feststellt, „ohne feststehende Zukunft auskommen" muss (Luhmann 1993a: 558). Wenn Globalisierung eine weitere Ausdifferenzierung der Funktionssysteme bedeutet und davon nicht nur Recht und Wirtschaft, sondern auch alle anderen Funktionssysteme (in unterschiedlicher Weise) betroffen sind, dann heißt dies für das Recht, dass die Temporalisierung der Normgeltung zugleich Erfordernis und Problem ist und dies sowohl für das Rechtssystem selbst als auch für die anderen Funktionssysteme. Erforderlich ist die Temporalisierung, damit das Recht weiterhin seine Funktion für die Gesellschaft erfüllen kann[97] und zum Problem wird die Temporalisierung der Normgeltung, weil nicht mehr sicher ist, dass das Recht sich nicht ändert.

In der Temporalisierung der Normgeltung sieht Luhmann den Grund dafür, dass das Rechtssystem als Immunsystem der Gesellschaft zu verstehen ist (Luhmann 1993a:

---

[97] Die ja darin besteht, zu garantieren, dass Erwartungen auch im Falle ihrer Enttäuschung aufrecht erhalten werden können.

565ff.), denn das Rechtssystem ermöglicht der Gesellschaft einen Umgang mit unvorher-
gesehen Störungen und Konflikten. Dabei lernt das Rechtssystem selbst aus Anlass von
Konflikten und ist dazu in der Lage, über die Geltung von Normen selbst zu entscheiden. Nur so kann es flexibel auf Störungen und Konflikte reagieren, die ja auch vom
Rechtssystem nicht vorhergesehen werden können. Unter Globalisierungsbedingungen
verschärft sich der Aspekt, dass das Recht entsteht und sich entwickelt „auf der Suche
nach Lösungen für Konflikte, sobald diese Lösungen nicht nur ad hoc [...] erfolgen,
sondern für mehr als nur einen Fall gelten sollen" (Luhmann 1993a: 567). Diese Suche
nach Lösungen für Konflikte geschieht im Fall der lex mercatoria in den zirkulären
Kommunikationsprozessen der globalen Intersystemregimes. Welche Auswirkungen
haben aber die weltgesellschaftlichen Entwicklungen auf die Funktion des Rechts als
Immunsystem? Oder allgemeiner gefragt: welche Rolle spielt das Recht in der Weltgesell-
schaft? Dabei sind zwei Antworten im Sinne möglicher Entwicklungstrends denkbar.
Beide Antworten müssen aber vor dem Hintergrund gesehen werden, dass funktionale
Differenzierung und Globalisierung als evolutionäre Prozesse zu verstehen sind, als
Prozesse, die keineswegs abgeschlossen und erst recht nicht voraussagbar sind.

Denkbar ist zum einen, dass das Recht im Zuge der weltgesellschaftlichen Veränderungen stärker gefordert wird, da die unterschiedlichsten Konflikte auftauchen werden, für
deren Lösung noch keine Normen zur Verfügung stehen. Für diese Annahme spricht,
dass Globalisierung alle Funktionssysteme (in unterschiedlicher Intensität) betrifft und
schon heute Konflikte zu beobachten sind, die sich gerade daraus ergeben, dass Globalisierung nicht ein auf die Wirtschaft beschränkter Entwicklungsprozess ist. Dabei ist nicht
nur an die „Globalisierungsfolgen" zu denken, auf die die Globalisierungsgegner massiv
aufmerksam machen. Sondern auch die Anerkennung international erworbener Bil-
dungsabschlüsse, Eigentumsrechte im Zusammenhang mit open source Software, globale Verbraucherschutzmöglichkeiten oder das bislang meist nur national (oder sogar regional) geltende Verhandlungsmandat von Gewerkschaften – um nur einige Beispiele zu
nennen – könnten Felder sein, in denen neue Konflikte aufgrund allgemeiner weltgesellschaftlicher Tendenzen entstehen.

Zum anderen ist denkbar, dass die weltgesellschaftlichen Entwicklungen langfristig dazu
führen, dass sich das Gefüge zwischen den Funktionssystemen verändert und das Recht
seine prominente Stellung verliert.[98] „Es kann [...] durchaus sein, dass die gegenwärtige
Prominenz des Rechtssystems und die Angewiesenheit der Gesellschaft selbst und der

---

[98] So z.B. auch Rogowski im Anschluß an Luhmann: „Im Weltrecht werden die Grenzen der rechtlichen
Regulierung der weltgesellschaftlichen Strukturen deutlich. Überhaupt gibt es geringere Erwartungen an das
Recht in anderen Funktionssystemen; der rechtliche Rahmen wird nicht mehr als unbedingte Voraussetzung für
die Autonomie insbesondere der Funktionssysteme Wirtschaft und Politik angesehen, wesentlich bedingt durch
das Fehlen eines Weltstaates" (Rogowski 2000: 288f.).

meisten ihrer Funktionssysteme auf ein Funktionieren des Rechtscodes nichts weiter ist als eine europäische Anomalie, die sich in der Evolution einer Weltgesellschaft abschwächen wird" (Luhmann 1993a: 586). Für diese Annahme spricht, dass auch und gerade unter Bedingungen funktionaler Differenzierung weite Teile der Weltbevölkerung von Partizipationschancen an bestimmten Funktionssystemen ausgeschlossen sind. Diese Differenz von Inklusion und Exklusion ist eine direkte Folge funktionaler Differenzierung und Luhmann geht so weit, anzunehmen, dass „die Variable Inklusion/Exklusion in manchen Regionen des Erdballs drauf und dran ist, in die Rolle einer Meta-Differenz einzurücken und die Codes der Funktionssysteme zu mediatisieren" (Luhmann 1997a: 632). Dies könnte sich für das Rechtssystem dann so auswirken, dass die Differenz von Recht und Unrecht zwar existiert und auch Rechtsprogramme vorhanden sind, diese aber für die exkludierten Bevölkerungsgruppen keine Rolle spielen. Der naheliegende Impuls, dies als Problem der nicht-westlichen Regionen der Welt anzusehen, täuscht darüber hinweg, dass die Exklusion vom Rechtssystem auch in den westlichen Regionen der Weltgesellschaft für Teile der Bevölkerung zutrifft. Dabei muss man gar nicht unbedingt an Kinderprostitution in Tschechien, Menschenschmuggel an Italiens Küsten oder die Russenmafia in Berlin denken. Es genügt, sich klar zu machen, dass „wirtschaftliche Not [...] eine hohe Indifferenz gegenüber dem Rechtscode" erzeugt (Luhmann 1995b: 260).

Über die Rolle, die das Recht in der Weltgesellschaft zukünftig spielen wird, lässt sich hier nur spekulieren. Deutlich ist aber, dass das Recht unter den Bedingungen der *aktuellen* weltgesellschaftlichen Entwicklungen weiterhin eine prominente Stellung einnimmt. Der Rückzug der staatlich-politischen Regulierung eröffnet dem Recht neue Möglichkeiten, die z.B. bei der Rechtsentwicklung im Internet ausgiebig genutzt werden. Aber auch hier wird deutlich, dass es vielleicht ohne die Politik geht,[99] aber nicht ohne Organisationen. Denn die mittlerweile viel beachtete Selbstregulierung des Internet geht vor allem auf die Arbeit von Organisationen wie ICANN und anderen zurück.[100]

Trotz der Globalisierungsentwicklungen in allen Funktionssystemen sind diese – zumindest unter den aktuellen Bedingungen – auf das Rechtssystem angewiesen. Dies zeigt der vorliegende Fall der lex mercatoria sehr deutlich. Ohne die Zuverlässigkeit des Rechtssystems wären die meisten Transaktionen nicht möglich. Selbstverständlich muss man hier einschränkend formulieren, dass die Angewiesenheit der Wirtschaft auf das Recht

---

[99] Wobei auch gerade bei diesem Beispiel deutlich wird, dass es ganz ohne Politik selbstverständlich nicht geht. Die Deregulierung der Märkte für Telekommunikation war sowohl in Europa als auch in den USA eine wichtige Voraussetzung für die breite Durchsetzung des Internet (Zerdick et al. 2000: 63ff.).

[100] Und das Beispiel von Attac (Association pour une Taxation des Transactions financières pour l'Aide aux Citoyens) zeigt, dass Globalisierungsgegner aufgrund von Organisationsbildung zu akzeptierten Gesprächspartnern werden können.

vor allem auf die strukturelle Kopplung von Recht und Wirtschaft zurückzuführen ist und sich deshalb aus diesem besonderen Verhältnis nicht unmittelbar Entwicklungstendenzen in anderen Funktionssystemen und deren Verhältnis zum Rechtssystem ableiten lassen. Es ist aber zugleich deutlich geworden, dass die Globalisierung des Rechts zur Veränderung des Rechts führt und damit ist eben nicht absehbar, wohin diese Entwicklung – aus der hier nur ein Ausschnitt behandelt wurde – gehen wird.

Im folgenden soll versucht werden, die bisher entwickelte Argumentation mit zwei Fragen zu konfrontieren, deren Beantwortung zum einen die Argumentation noch einmal schärfen soll und zum anderen deutlich machen soll, dass der hier behandelte Fall der lex mercatoria zwar nur einen Ausschnitt aus der Globalisierung des Rechts darstellt, aber doch Hinweise für die Globalisierungsforschung und für die Entwicklung der Systemtheorie liefert. Entsprechend wird es im folgenden Kapitel 8 um die Frage gehen, welche Perspektiven für die Globalisierungsforschung mit den Ausführungen eröffnet wurden. In Kapitel 9 soll die Frage behandelt werden, welche Hinweise für Theorieentwicklungen innerhalb der Systemtheorie in den vorstehenden Ausführungen enthalten sind.

8.   Perspektiven für die Globalisierungsforschung

Der Zuschnitt der Arbeit hat zu Folge, dass nicht nur die Diskussion um die Globalisierung des Rechts und die lex mercatoria mit einer systemtheoretischen Perspektive konfrontiert wird, sondern umgekehrt auch die Systemtheorie mit dem Thema der Globalisierung des Rechts konfrontiert wird. Hier muss die Systemtheorie dann zeigen, welche Beobachtungsmöglichkeiten mit Hilfe dieser Theorie möglich sind. Obwohl Globalisierung als Thema bislang keinen prominenten Platz in der Systemtheorie einnimmt,[101] stellt sie, wie in den vorstehenden Kapiteln schon angedeutet wurde, Einsichten zur Verfügung, die für die Globalisierungsforschung insgesamt von Interesse sein könnten. Das folgende Kapitel unternimmt deshalb den Versuch, einige dieser Einsichten zu skizzieren. Dabei wird von der hier bislang entwickelten Argumentation zur Globalisierung des Rechts ausgegangen und diese wird an einigen Stellen erweitert, um sie in einem allgemeineren Sinne für die Globalisierungsforschung zugänglich zu machen. Da die Globalisierungsforschung selbst aber mittlerweile stark ausdifferenziert ist, kann es sich hier nur um Skizzen handeln, die mögliche Perspektiven aufzeigen. Entsprechend wird es im ersten Abschnitt zunächst darum gehen, welche Perspektive sich die Globalisierungsforschung ermöglichen würde, wenn sie sich auf Einsichten der Systemtheorie einlassen würde (8.1). Im zweiten Abschnitt soll diese Perspektive auf ein globales Recht angewendet werden (8.2). Abschließend wird skizziert, welche Perspektiven sich für die Globalisierungsforschung ergeben, wenn diese eng an dem Begriff der Weltgesellschaft ansetzen würde (8.3).

8.1   Perspektiven für die Globalisierungsforschung

In den vorstehenden Kapiteln wurde versucht, eine systemtheoretische Sicht auf die Globalisierung des Rechts und auf den Zusammenhang zwischen der Globalisierung des Rechts und der Globalisierung der Wirtschaft zu entwickeln. Dazu wurde in erster Linie die Gesellschaftstheorie der Systemtheorie als Ausgangspunkt gewählt, denn diese bietet sich aufgrund ihrer Grundannahmen, dass die moderne Gesellschaft intern funktional differenziert und als Weltgesellschaft zu verstehen ist, besonders an. Diese Grundannahmen begründen zugleich, warum sich aus den so gewonnenen Einsichten ebenfalls Perspektiven für die Globalisierungsforschung im allgemeinen ableiten lassen. Eine Globalisierungsforschung, die sich diesen Grundannahmen anschließt, würde also einen gesellschaftstheoretischen Zuschnitt auf das Thema der Globalisierung wählen. Welche Themen würde eine Globalisierungsforschung dieser Richtung dann bearbeiten und welche Fragen würde sie stellen?

Luhmann geht davon aus, „dass alle Funktionssysteme zur Globalisierung tendieren und dass der Übergang zu funktionaler Differenzierung [...] nur in der Etablierung eines Weltgesellschaftssystems seinen Abschluss finden kann" (Luhmann 1997a: 809). Entsprechend ist Globalisierung als ein Entwicklungsprozess zu verstehen, der in der modernen Gesellschaft bereits angelegt ist, alle Funktionssysteme – in unterschiedlicher Weise – betrifft und aufgrund der funktionalen Differenzierung der Gesellschaft die Globalisierungsentwicklungen in den einzelnen Funktionssystemen miteinander im Zusammenhang stehen. Auf die einzelnen Funktionssysteme bezogen bezeichnet Globalisierung somit einen Prozess, in dem sich die Funktionssysteme zu weltumspannenden Systemen entwickeln, da innerhalb der Funktionssysteme globale Anschlussmöglichkeiten der Kommunikation etabliert werden. Damit sind auch schon die Kernpunkte eines solchen Globalisierungsverständnisses benannt: die Globalisierung der Funktionssysteme ist als Konsequenz der funktionalen Differenzierung der modernen Gesellschaft zu verstehen, Globalisierung bezeichnet die weitere Ausdifferenzierung der Funktionssysteme hin zu weltumspannenden Systemen, und für die einzelnen Funktionssysteme bedeutet Globalisierung eine Zunahme der globalen Anschlussmöglichkeiten der Kommunikation. Eine solche Perspektive auf die Globalisierungsentwicklungen in der Weltgesellschaft legt insbesondere vier Fragen nahe, die mit diesem Ansatz bearbeitet werden können:

- Was sind die treibenden Kräfte dieser Entwicklung?
- Wie stehen die Globalisierungsentwicklungen der verschiedenen Funktionssysteme miteinander im Zusammenhang?
- Welche Folgen hat die Globalisierung für die einzelnen Funktionssysteme?
- Welche Folgen haben die Globalisierungsentwicklungen der einzelnen Funktionssysteme für die Gesamtgesellschaft?

Die Frage nach den treibenden Kräften der Globalisierung wurde in den vorstehenden Kapiteln in bezug auf die Globalisierung des Rechts mit dem Verweis auf strukturelle Kopplung und Organisation beantwortet. Dabei sollte der Begriff der globalen Intersystemregimes deutlich machen, dass Globalisierung nicht allein auf die Rolle von Organisationen oder allein auf strukturelle Kopplungen von Funktionssystemen zurückgeführt werden kann. Luhmann (1975) und (im Anschluss daran) Stichweh (1995) betonen, dass die Globalisierungsentwicklungen in der Weltgesellschaft vor allem auf Organisation und Telekommunikation zurückzuführen sind. Dies trifft sicher auf den Aspekt der globalen

---

101 Vgl. dazu Abschnitt 9.4.

Anschlussmöglichkeiten der Kommunikation zu, ist aber nicht ausreichend, um die Globalisierungsentwicklungen in den einzelnen Funktionssystemen hinreichend zu beschreiben. Hier geht es vielmehr um ein spezifisches Verhältnis von Funktionssystemen, Organisationen und strukturellen Kopplungen. Dafür muss nicht der Begriff der globalen Intersystemregimes verwendet werden, der in Kapitel 7 entwickelt wurde. Aber der Begriff macht deutlich, dass Organisationen und strukturelle Kopplungen Strukturen der modernen Gesellschaft sind, die erstens selbst als globale Kommunikationsstrukturen zu verstehen sind und im Fall von Organisationen globale Kommunikationsmöglichkeiten herstellen, zweitens zur Ausdifferenzierung der Funktionssysteme beitragen und drittens Beziehungen zwischen Funktionssystemen ermöglichen. Luhmann geht in diesem Zusammenhang davon aus, dass die Rolle von Organisationen in der modernen Gesellschaft vor allem von den Funktionssystemen her gedacht werden muss: „Die Funktionssysteme für Wirtschaft, Recht und Erziehung stellen [...] wichtige Voraussetzungen für die Entstehung und Ausbreitung der Systemform Organisation bereit" (Luhmann 1997a: 828). Und umgekehrt, müsste hier ergänzt werden. Denn die Ausdifferenzierung von Funktionssystemen und die Ausdifferenzierung von Organisationen ist nur als gleichzeitige und sich wechselseitig verstärkende Ebenendifferenzierung zu verstehen (Lieckweg/Wehrsig 2001). So erklärt sich die Rolle von Organisationen bei der Globalisierung der Funktionssysteme: wenn Globalisierung als weitere Ausdifferenzierung der Funktionssysteme zu verstehen ist, dann haben Organisationen deshalb daran einen großen Anteil, weil sie die kommunikativen Strukturen bereitstellen, die den Funktionssystemen eine globale Ausdehnung ermöglichen.[102] Wie aber der Fall der lex mercatoria zeigt, ist die Globalisierung des Rechts vor allem auf strukturelle Kopplungen des Rechts mit anderen Funktionssystemen – hier der Wirtschaft – zurückzuführen. Hier handelt es sich um ein spezifisches Zusammenspiel von Organisationen und strukturellen Kopplungen, das sich auch auf die Globalisierungsentwicklungen in anderen Funktionssystemen übertragen lässt. Dieses spezifische Zusammenspiel muss nicht für alle Funktionssysteme in gleichem Maße gelten, ebenso wenig wie alle Funktionssysteme gleichermaßen von Globalisierungsentwicklungen betroffen sind. Aber wenn man nach Strukturen der modernen Gesellschaft fragt, die als treibende Kräfte der Globalisierung zu verstehen sind, dann sind es vor allem Organisationen und strukturelle Kopplungen. Die Frage nach den treibenden Kräften der Globalisierung lässt sich dann aber immer nur für ein bestimmtes Funktionssystem mit Blick auf die anderen Globalisierungsentwicklungen in der modernen Gesellschaft beantworten. Mit dieser Perspektive kann Globalisierung nicht als ein auf ein bestimmtes Funktionssystem beschränkter Prozess betrachtet werden, sondern

---

[102] Diese Rolle von Organisationen bei der Ausdifferenzierung der Funktionssysteme erklärt sich weiterhin auch durch die Unterscheidung von Codierung und Programmierung. Erst auf der Ebene von Organisationen werden die Programme entscheidbar.

gerade der Zusammenhang der weltgesellschaftlichen Entwicklungen ist in dieser Perspektive entscheidend.

Damit ist auch schon die Richtung der Antwort auf die Frage nach dem Zusammenhang zwischen den Globalisierungsentwicklungen der einzelnen Funktionssysteme markiert. Organisationen und strukturelle Kopplungen bringen die Globalisierungsentwicklungen in den einzelnen Funktionssystemen in einen Zusammenhang, wie im Fall der lex mercatoria am Beispiel des Vertrags als struktureller Kopplung und den sich darauf beziehenden Organisationen – hier Schiedsgerichte, Formulating Agencies und multinational operierende Unternehmen – gezeigt wurde. Funktionale Differenzierung konfrontiert die Funktionssysteme unter Globalisierungsbedingungen nicht nur mit dem bekannten Problem der Gleichzeitig von Autonomie und Abhängigkeit, für das die Funktionssysteme unter anderem mit Organisationen eine Lösung gefunden haben, sondern es entsteht ein wechselseitiger Globalisierungsdruck, dem sich die Funktionssysteme nicht entziehen können.[103] Aufgrund von strukturellen Kopplungen führen die Globalisierungsentwicklungen in einem Funktionssystem dazu, dass auch das gekoppelte System in dieser Hinsicht irritiert wird. Dies heißt selbstverständlich nicht, dass diese Irritation unmittelbar zu Globalisierungsentwicklungen führen muss. Diese Irritation bietet lediglich einen Anlass, die eigenen Strukturen hin zu globalen Strukturen zu ändern. Eine Globalisierungsforschung, die mit der Theoriefigur der strukturellen Kopplung (oder mit der dahinter stehenden Idee der intensivierten System-zu-System-Beziehungen) arbeiten würde, würde somit weniger nach den Globalisierungsentwicklungen der einzelnen Funktionssysteme fragen, sondern nach den Zusammenhängen zwischen diesen Entwicklungen, die in verschiedenen Funktionssystemen gleichzeitig stattfinden. Der Zusammenhang zwischen der Globalisierung der Wirtschaft und der Globalisierung der Wissenschaft, der Zusammenhang zwischen der Globalisierung der Politik und der Globalisierung des Rechts oder auch der Zusammenhang zwischen der Globalisierung der Religion und der Globalisierung der Politik ist schon auf den ersten Blick mehr als offensichtlich und könnte mit einer gesellschaftstheoretischen Perspektive dieser Art gewinnbringend untersucht werden. Die Frage wäre dann, welche Entwicklungen in den einzelnen Funktionssystemen zu Irritationen in den gekoppelten Systemen in der Weise führen, dass beide Systeme füreinander einen wechselseitigen Globalisierungsdruck erzeugen.[104]

---

[103] Vorstellbar ist aber auch, dass sich die Funktionssysteme wechselseitig in Globalisierungsblockaden hineintreiben, was allerdings hier nicht das Thema ist.

[104] Dabei muss man allerdings bedenken, dass strukturelle Kopplungen von ihrer Bedeutung her gesehen nicht „gleichwertig" für die gekoppelten Systeme sind und somit also auch nicht einen „gleichwertigen" Globalisierungsdruck erzeugen.

Eine damit zusammenhängende, aber davon zu unterscheidende Frage ist die nach den Folgen der Globalisierung für die jeweiligen Funktionssysteme. Das Thema der Globalisierungsfolgen wird in der Globalisierungsforschung ja breit behandelt,[105] jedoch zumeist in der Weise, dass nach den negativen Folgen der Globalisierung (und hier ist fast ausschließlich die Globalisierung der Wirtschaft gemeint) für z.B. das gewerkschaftliche Verhandlungsmandat, regionale Kulturen und Identitäten,[106] politische Handlungsmacht oder die Zukunft der Demokratie gefragt wird. Die Frage nach den Folgen der Globalisierung für die Funktionssysteme setzt hingegen bei den Auswirkungen der Globalisierung auf die Strukturen der Funktionssysteme an, womit die Frage entsteht, was sich mit der Globalisierung für die Kommunikationsbeziehungen innerhalb der Funktionssysteme ändert. Auf das Rechtssystem bezogen hat Teubner (2000: 442) die These entwickelt, dass sich unter Globalisierungsbedingungen die (organisierte) Normbildung vom Zentrum des Rechts in die Peripherie verschiebt (vgl. Kapitel 6). In der funktional differenzierten Gesellschaft ist die Differenzierungsform Zentrum/Peripherie neben der segmentären Differenzierung zumindest für die Funktionssysteme Recht, Wirtschaft und Politik eine bedeutende Differenzierung. Dabei ist es so zu verstehen, dass funktionale Differenzierung die Primärdifferenzierung der modernen Gesellschaft ist, diese aber durch segmentäre Differenzierung (z.B. Organisationen oder die Differenzierung des politischen Systems in Staaten) ergänzt wird und auf dieser Ebene dann das Differenzierungsmuster Zentrum/Peripherie zum Tragen kommt. Am deutlichsten wird dies beim politischen System. Der Staat als zentrale politische Organisation ist umgeben von anderen politischen Organisationen, die für diesen „Zulieferdienste erbringen" (Luhmann 2000b: 245). Schon hier wird deutlich, dass die Differenzierungsform Zentrum/Peripherie nicht als hierarchisches Prinzip verstanden werden darf.[107] Es geht nicht darum, ob das Zentrum wichtiger als die Peripherie ist, sondern darum, „Einheit und Komplexität des Systems zugleich zu ermöglichen" (Luhmann 2000b: 245), also die Einheit des Systems auch unter Bedingungen wachsender Komplexität zu erhalten. Damit dient die Differenzierung Zentrum/Peripherie dem Paradoxiemanagement der Funktionssysteme, denn mit dieser Differenzierung wird es möglich, die Komplexität des Systems zu steigern ohne dadurch zugleich seine Funktionserfüllung zu beeinträchtigen. Ähnlich den Zentralorganisationen „Staat" des politischen Systems sind Gerichte als

---

[105] Stellvertretend dafür z.B. die in Loch/Heitmeyer (2001) versammelten Aufsätze.

[106] So stellt aber Giddens (2001) fest, dass sich im Zuge der Globalisierung gerade eine „umgekehrte Kolonialisierung" beobachten lässt, was „bedeutet, daß nicht-westliche Länder die Vorgänge im Westen beeinflussen. Beispiele dafür gibt es zuhauf, etwa die Latinisierung von Los Angeles, das Entstehen einer global orientierten High-Tech-Industrie in Indien oder den Verkauf brasilianischer Fernsehsendungen nach Portugal" (Giddens 2001: 28).

[107] Funktionale Differenzierung bedeutet ja, auf der Ebene der Gesellschaft jede Form eines hierarchischen Verhältnisses aufzugeben. Auf der Ebene von Organisationen wird dieses Ausgeschlossene aber wieder in die Gesellschaft hineingeholt – aber nur innerhalb von Organisationen (ähnlich Baecker 1999: 204).

Zentralorganisationen des Rechts (Luhmann 1993a: 321ff.) und Banken als Zentralorganisationen der Wirtschaft zu verstehen (Luhmann 1993a: 333ff.).[108] Sie alle ermöglichen „ihren" Funktionssystemen, dass sie Irritationen aus der Peripherie zulassen können, weil erst im Zentrum die funktionsrelevanten Entscheidungen getroffen werden. Ist das aber unter Globalisierungsbedingungen weiterhin der Fall? Sind hier die Staatsorganisationen weiterhin als Zentrum der Weltpolitik zu verstehen? Oder könnten hier nicht andere Organisationen zum Zentrum der Weltpolitik werden und Staaten „nur" zur Peripherie gehören, die dann die Aufgabe hätten, das Zentrum mit „regionalspezifischen" Irritationen zu versorgen? Bislang bleiben solche Aussichten nur Spekulation, aber das Auftauchen globaler politischer Herausforderungen und die weltpolitischen Reaktionen darauf, lassen ein Verschieben der Differenzierung von Zentrum/Peripherie durchaus wahrscheinlich erscheinen. Ähnliches gilt für das Rechtssystem. Wenn sich hier die organisierte Normbildung in die Peripherie verlagert, dann könnte das wiederum Konsequenzen für das Zentrum selbst haben. Denn wenn sich das Zentrum eines Funktionssystems einerseits über Organisationsbildung definiert und andererseits darüber, dass hier die funktionsrelevanten Entscheidungen getroffen werden, dann könnte die Verlagerung der organisierten Normbildung in die Peripherie des Rechtssystems durchaus Konsequenzen für die Definition von Zentrum und Peripherie nach sich ziehen. Weiterhin könnte sich die Globalisierung auch auf die Hierarchieverhältnisse zwischen den Organisationen des Zentrums auswirken.

Mit diesen kurzen Ausführungen zu den Auswirkungen der Globalisierung auf die Differenzierung von Zentrum und Peripherie innerhalb der Funktionssysteme sollte nur eine mögliche Richtung angedeutet werden, in die die Frage nach den Globalisierungsfolgen für die einzelnen Funktionssysteme entwickelt werden könnte. Weitere Fragen wären z.B. die nach den Auswirkungen auf die Organisationsebene der Funktionssysteme und damit nach den Auswirkungen auf die segmentäre Differenzierung der Funktionssysteme, die nach den Auswirkungen auf die Selbstbeschreibungen der Funktionssysteme oder die – gesellschaftstheoretisch ebenfalls interessante Frage – nach den Auswirkungen der Globalisierung auf die Bedeutung der einzelnen Funktionssysteme innerhalb der Weltgesellschaft und auf ihr Verhältnis zueinander.

Damit ist die vierte Frage schon angesprochen: welche Auswirkungen haben die Globalisierungsentwicklungen der einzelnen Funktionssysteme auf die Gesamtgesellschaft? Dazu wird notwendigerweise wieder bei funktionaler Differenzierung angesetzt und die Frage ist dann, wie sich das Gefüge der Funktionssysteme unter Globalisierungsbedin-

---

[108] Und hier ist wiederum ein hierarchisches Element zu sehen: zwischen den Organisationen, die das Zentrum des jeweiligen Funktionssystems darstellen, kann es durchaus Hierarchieverhältnisse geben, wohl am deutlichsten am Gerichtswesen zu beobachten.

gungen ändern wird. Für das Rechtssystem wurde schon darauf hingewiesen, dass es möglicherweise in der Weltgesellschaft an Relevanz verlieren wird, da sich die Differenz Inklusion/Exklusion eventuell zu einer Metadifferenz entwickeln wird (Luhmann 1997a: 632). Dies würde dann nicht nur für das Rechtssystem, sondern auch für die anderen Funktionssysteme Folgen haben. Wenn Globalisierung eine weitere Ausdifferenzierung der Funktionssysteme bedeutet und dies aber die Exklusion weiter Teile der Bevölkerung aus bestimmten Funktionssystemen nach sich zieht, dann verändert dies die Bedeutung der jeweiligen Funktionssysteme in der Weltgesellschaft. Dies könnte, wie im Fall des Rechtssystems, zu einem Relevanzverlust führen, aber umgekehrt, wie wohl der Fall des Wirtschaftssystems zeigt, zu einem Bedeutungsgewinn führen.[109] Wenn sich die Differenz von Inklusion/Exklusion in der Weltgesellschaft als Meta-Differenz durchsetzen würde – und dafür spricht, dass viele Probleme der modernen Gesellschaft auf Exklusionseffekte zurückzuführen sind[110] – dann hätte dies aber auch Auswirkungen auf die funktionale Differenzierung der modernen Gesellschaft.[111] Die Bearbeitung der Exklusionseffekte kann nicht von den exkludierenden Funktionssystemen selbst geleistet werden und damit entsteht Bedarf für einen gesellschaftlichen Bereich, der eben diese Effekte bearbeitbar macht. Ob dies in der Form eines sich entwickelnden Funktionssystems (Baecker 1994; Luhmann 1997a: 633) geschieht oder in Form von Organisationsbildung zwischen mehreren Funktionssystemen, sei dahingestellt.

Auf einer anderen Ebene wären auch die Selbstbeschreibungen der Funktionssysteme von der Durchsetzung einer Metadifferenz Inklusion/Exklusion betroffen, denn ihre Selbstbeschreibungen orientieren sich bislang an der Vollinklusion aller Menschen (als Kommunikationsadressen). Auch diese Überlegungen zu den Auswirkungen der Globalisierung auf die Weltgesellschaft bleiben notwendigerweise spekulativ. Sie sollten lediglich eine weitere Fragerichtung markieren, die sich die Globalisierungsforschung einhandeln würde, wenn sie sich auf einen systemtheoretischen Ansatz einlassen würde. Wie dieser Ansatz zur Beschreibung eines globalen Rechts genutzt werden kann, soll der nächste Abschnitt zeigen.

---

[109] Wenn hier von Relevanz der Funktionssysteme in der Weltgesellschaft die Rede ist, scheint sich damit ein Widerspruch zu der Grundannahme der funktionalen Differenzierung anzudeuten, dass alle Funktionssysteme gleich bedeutend sind, es also kein hierarchisches Verhältnis zwischen ihnen gibt. Damit ist aber nicht gemeint, dass es nicht stärker oder schwächer ausgeprägte Abhängigkeiten zwischen den Funktionssystemen gibt. Und es ist wohl offensichtlich, dass die Abhängigkeit der anderen Funktionssysteme von Recht, Wirtschaft und Politik weitaus größer ist als von Religion oder Kunst. Obwohl dies sicher eine Frage der Perspektive ist.

[110] Stichweh (1997) weist allerdings darauf hin, dass nicht alle Exklusionsursachen auf funktionale Differenzierung zurückzuführen seien und nennt ethnische Segregation und Migration als Beispiele.

[111] Göbel/Schmidt stellen allerdings fest, dass dem Begriff Inklusion/Exklusion bislang die „gesellschaftsanalytische Tiefenschärfe fehle" (Göbel/Schmidt 1998: 91). Wenn man sich dieser Kritik anschließt, müßte der Begriff also noch im Hinblick auf sein gesellschaftstheoretisches Analysepotential hin weiterentwickelt werden, um für die Globalisierungsforschung nutzbar gemacht zu werden.

8.2   Globales Recht

Die Beschreibung eines globalen Rechts trifft zunächst auf das Problem, dass das Rechtssystem einerseits als Weltrechtssystem zu verstehen ist, andererseits aber deutliche nationalstaatliche Differenzierungen aufgrund der strukturellen Kopplung mit der Politik aufweist. Dies mag zunächst als Widerspruch erscheinen und gilt auch vielen Kritikern der These der Rechtsglobalisierung als Ansatzpunkt, aber die folgenden Ausführungen sollen zeigen, dass eine systemtheoretische Beschreibung des Weltrechtssystems genau bei diesem scheinbaren Widerspruch ansetzt. Funktionale Differenzierung der Gesellschaft bedeutet gerade, dass auf der Ebene der Funktionssysteme durchaus segmentäre Differenzierung eine Rolle spielt, und wie im Falle der Politik und des Rechts können dies auch nationalstaatliche Differenzierungen sein. Dabei muss einschränkend formuliert werden, dass das Rechtssystem zwar deutliche regionale Unterschiede aufweist, die aufgrund der strukturellen Kopplung von Recht und Politik auf die segmentäre Differenzierung der Politik in Nationalstaaten zurückzuführen sind, aber dies heißt nicht, dass das Rechtssystem selbst eine segmentäre Differenzierung in Nationalstaaten aufweist. Obwohl dies auf den ersten Blick vielleicht so erscheint. Die relevante Frage ist dann aber, wie die segmentäre Differenzierung der Politik nach nationalstaatlichen Kriterien und die regionale Differenzierung des Rechts von diesem bearbeitet wird. So lassen einige der aktuellen politischen Konflikte vermuten, dass gerade die Differenz von Globalität des politischen Systems einerseits und seiner nationalstaatlichen Differenzierung andererseits innerhalb des politischen Systems selbst enorme Probleme erzeugt.[112] Im Vergleich dazu scheint das Recht mit diesem möglichen Widerspruch sehr viel besser umgehen zu können.

Für das Rechtssystem stellt Luhmann fest: es ist „auch hier ein weltweites Funktionssystem etabliert, in dem man in allen Regionen Rechtsfragen von anderen Fragen unterscheiden kann, in dem Übersetzungsregeln von einer Rechtsordnung in andere existieren, vor allem in der Form des internationalen Privatrechts, und man normalerweise beim Betreten eines Gebietes, in dem man nicht zu Hause ist, nicht damit rechnen muss, als rechtloser Fremder behandelt zu werden. [...] Trotz solcher eher formaler Zusammenhänge und Übereinstimmungen sind jedoch enorme Unterschiede in den einzelnen Regionen des Erdballs nicht zu verkennen. [...] Dass die Weltgesellschaft auch ohne zentrale Gesetzgebung und Gerichtsbarkeit eine Rechtsordnung hat, wird man aber kaum bestreiten können" (Luhmann 1993a: 573f.). Damit ist schon angesprochen, dass sich innerhalb

---

[112] So geht Luhmann in diesem Zusammenhang davon aus, dass die Abhängigkeit einzelner Staaten von anderen Staaten abnimmt „und ihre Abhängigkeit vom politischen System der Weltgesellschaft nimmt zu. Damit verliert der Begriff der Souveränität seine Funktion des Schutzes gegen Übermacht und driftet in Richtung auf Verantwortung für regionale Ordnung" (Luhmann 2000b: 221). Dies lässt sich gerade nach den Terroranschlägen auf die USA vom 11. September 2001 gut beobachten.

des Rechtssystems verschiedene Reichweiten des Rechts ausmachen lassen. Santos unterscheidet hier folgendermaßen: „The legal developments reveal the existence of three different legal spaces and their correspondent forms of law: local, national and world legality. It is rather unsatisfactory to distinguish these legal orders by their respective objects of regulation because often they regulate or seem to regulate the same kind of social action" (Santos 1987: 287).[113] Dabei versteht Santos unter lokalem Recht vor allem auch das interne Recht von Organisationen, so z.B. das Recht der Unternehmensverfassung. Ob es zutreffend ist, mit dieser Unterscheidung von unterschiedlichen Sphären oder Ebenen des Rechts zu sprechen, sei dahingestellt, aber die Unterscheidung von lokalen, nationalen und globalen Rechtsentwicklungen, die sich wechselseitig beeinflussen (Santos 1987: 288), gibt wichtige Hinweise für die Beschreibung eines globalen Rechts. Ein so verstandener Rechtspluralismus stützt die These der Autonomie und operativen Geschlossenheit des Rechts,[114] denn wenn man ernst nimmt, dass nur das Recht bestimmt, was Recht ist, dann wird die Autonomie des Rechts nicht allein aufgrund der Geltung von Gesetzen begründet, sondern auch durch andere Rechtsquellen (Ladeur 2000: 180), wie z.B. Verträge.[115] Dies spielt dann wiederum für lokale und globale Rechtsordnungen eine Rolle, da sich ihre Entwicklung gerade nicht auf Gesetze zurückführen lässt. Diese pluralistische Konstitution des Rechts lässt Globalisierungsentwicklungen zu, denn nur so ist das von Santos (1987) beschriebene Nebeneinander von lokalen, nationalen und globalen Rechtsordnungen, die sich wechselseitig ergänzen (oder behindern), möglich. Globales Recht versteht sich also immer nur im Zusammenhang mit lokalen und nationalen Rechtsordnungen und so ist auch das Weltrechtssystem zu verstehen: Ein globales Funktionssystem, in dem es aufgrund der strukturellen Kopplung mit der Politik nationalstaatliche Rechtsordnungen gibt, aber ebenso aufgrund der funktionalen Differenzierung und Organisationsbildung in der modernen Gesellschaft lokale Rechtsordnungen existieren und sich weiterhin globale Rechtsordnungen entwickeln und schon bestehen, die ebenfalls als Folge funktionaler Differenzierung zu verstehen sind. Die segmentäre Differenzierung der Politik findet so im globalen Rechtssystem ihren Niederschlag, ist aber nicht allein für das gesamte Rechtssystem bestimmend. Bestim-

---

[113] Am Beispiel eines Arbeitskonfliktes zeigt Santos, dass dieser auf den unterschiedlichen Ebenen des Rechts zu ganz unterschiedlichen zum Rechtsgegenstand transformiert wird (Santos 1987: 287f.).

[114] Luhmanns Annahme der operativen Geschlossenheit, autopoietischen Selbstreproduktion und Autonomie des Rechts sorgt immer wieder für kritische Auseinandersetzungen. So kritisiert jüngst z.B. Neves (2001), dass die Annahme von Autonomie und autopoietischer Selbstreproduktion des Rechts regionale Besonderheiten des Rechts außer Acht lassen würde.

[115] Hier ist interessant, dass Rechtspluralismus in Luhmanns Rechtstheorie explizit keine Rolle spielt, denn im Gegenteil konzentriert er sich stark auf Gesetze und Gerichte (also auf Entscheidungen im Zentrum des Rechts). Dies verstellt zunächst den Blick auf pluralistische Quellen des Rechts, die aber gerade wenn es um die Globalisierung des Rechts geht, eine wichtige Rolle spielen (vgl. Vesting 2001: 304). Andererseits ist aber Luhmanns Grundannahme, dass nur das Recht bestimmt, was Recht ist, eine grundsätzlich rechtspluralistische Annahme.

mend hingegen ist, dass nur das Recht über Recht entscheiden kann und somit die Gestalt des Rechtssystems einzig von den Bedingungen der modernen Gesellschaft insgesamt abhängt. Entsprechend der Komplexität der modernen Gesellschaft finden sich dann im Rechtssystem nicht nur nationale Rechtsordnungen, sondern auch lokale und globale.

Die Rechtsvereinheitlichung im Zuge der EU-Integration ist nur ein Beispiel dafür, wie das Zusammenspiel der lokalen, nationalen und globalen Rechtsordnungen aussehen kann und wie sich diese wechselseitig beeinflussen. Auch in den einzelnen Rechtsbereichen zeichnen sich lokale, nationale und globale Rechtsordnungen ab, wie z.B. im Umweltrecht. Sicher ist auch hier wieder die lex mercatoria ein besonders geeignetes Beispiel für ein globales bzw. transnationales Wirtschaftrecht, das sowohl durch nationale als auch lokale Rechtsordnungen beeinflusst ist. Am Fall der Menschenrechte hingegen wird deutlich, dass es möglich ist, dass die globale Rechtsordnung sich bereits durchgesetzt hat, aber auf der Ebene der nationalen und lokalen Rechtsordnungen noch Lücken bestehen.[116]

Die Frage nach dem Zusammenhang zwischen diesen Rechtsordnungen wäre für eine Beschreibung des Rechtssystems der Weltgesellschaft ein interessanter Ansatzpunkt, von dem aus sich gerade auch die Probleme des Rechts in der Weltgesellschaft entwickeln lassen. Dazu müsste selbstverständlich die hier angeführte Unterscheidung von lokalen, nationalen und globalen Rechtsordnungen weiter entwickelt werden. Eine weitere interessante Frage ist in diesem Zusammenhang, wie sich das Verhältnis von Politik und Recht verändert, wenn beide Funktionssysteme von Globalisierungsentwicklungen betroffen sind. Auch dies ist eine Frage, die sowohl in der Politik- als auch in der Rechtswissenschaft Aufmerksamkeit erfährt. Die Frage wäre dann, welche andere Sicht eine systemtheoretische Herangehensweise ermöglichen würde. Zunächst einmal würde sie von der Trennung der beiden Systeme als Grundvoraussetzung ausgehen und schon damit einen deutlichen Unterschied zu einigen anderen Ansätzen markieren. „Jede auf den Sinn und die Beobachtungsweise (Unterscheidungsweise) von Operationen achtende Systemtheorie muss [...] hinnehmen, dass politisches System und Rechtssystem getrennt operieren, dass sie verschiedene Systeme sind – und dies selbst dann, wenn die Selbstbeschreibung der Systeme dem widerspricht" (Luhmann 2000b: 390). Daran wird sich auch unter Globalisierungsbedingungen nichts ändern. Wenn aber das Verhältnis von Recht und Politik vor allem durch die strukturelle Kopplung der beiden Systeme gekennzeichnet ist und dafür die Verfassung zuständig ist, so könnte sich die Globalisierung gerade

---

[116] So ist z.B. die Türkei im Zuge der EU-Integration dazu aufgefordert, diese Lücken in bezug auf den Status der Menschenrechte in ihrer nationalen Rechtsordnung zu schließen. Was wiederum innenpolitisch zu Problemen führt und deshalb ein interessantes Beispiel für die strukturelle Kopplung von Politik und Recht ist.

auf dieses spezifische Verhältnis der beiden Systeme auswirken. Die strukturelle Kopplung von Recht und Politik anhand der Verfassung gilt nur für das nationale Recht, würde also das lokale und globale Recht unberührt lassen. Die Frage ist dann, ob es auch für das lokale und globale Recht Entsprechungen zu dieser strukturellen Kopplung gibt, oder – wie in dieser Arbeit angenommen wird – es hier zu anderen Formen der Rechtsentwicklung kommt, bei denen die Politik nur noch eine untergeordnete Rolle spielt. Dann wäre aber zu untersuchen, wie sich die möglicherweise neuen strukturellen Kopplungen des Rechts mit anderen Funktionssystemen zu der strukturellen Kopplung von Recht und Politik verhalten. Dies wäre wiederum die Frage nach dem Zusammenspiel von lokalem, globalem und nationalem Recht.

Auch hier wird wieder deutlich, dass es in diesem Kapitel nur darum gehen kann, erste Überlegungen dazu zu formulieren, welche Themen für die Globalisierungsforschung relevant würden, wenn sie sich auf eine systemtheoretische Herangehensweise einlassen würde. Diese sind notwendigerweise mit Bezug auf das Rechtssystem formuliert und könnten für andere Funktionssysteme ähnlich oder auch ganz anders aussehen. Der folgende Abschnitt wird sich der Frage, welche Themen relevant werden könnten, vom Begriff der Weltgesellschaft her annehmen.

8.3   Globalisierungsentwicklungen in der Weltgesellschaft

In den vorstehenden Abschnitten wurden schon einige Fragen skizziert, die sich für die Globalisierungsforschung ergeben würden, wenn sie sich auf eine systemtheoretische Herangehensweise einlassen würde. Hier soll nun abschließend danach gefragt werden, ob sich neue und andere Perspektiven ergeben, wenn eine Globalisierungsforschung strikt bei dem Begriff der Weltgesellschaft ansetzen würde. Für dieses Vorgehen spricht, dass der Begriff der Weltgesellschaft sowohl eine operative als auch eine semantische Seite aufweist, wobei aber gerade in der modernen Gesellschaft die semantische Seite eher eine untergeordnete Rolle spielt. Die Weltsemantik scheint für die moderne Gesellschaft und ihre Strukturen keine prominente Selbstbeschreibung zu sein, hingegen ist der Begriff der Weltgesellschaft als soziologischer Begriff sehr wohl geeignet, zu einer angemessenen Beschreibung der modernen Gesellschaft beizutragen. Als soziologischer Begriff bezeichnet er „jenes ‚umfassend' Ganze, auf das eine Reflexion stößt, die mit dem Kommunikationsbegriff startet und keine isolierten Inseln erkennen kann, die kommunikativ nicht erreichbar wären" (Baecker 2000: 211). Gerade der Unterschied zwischen der operativen und semantischen Bedeutung macht den Begriff für eine Analyse der Globalisierungsentwicklungen in der modernen Gesellschaft attraktiv. Diese Attraktivität resultiert daraus, dass auf der Ebene der Selbstbeschreibungen die Weltsemantik keine oder allenfalls eine geringe Rolle spielt, aber die soziologische Beschreibung zeigt, dass mit jeder Kommunikation ein „Sich-ereignen von Welt in der Kommunikation" (Luhmann 1997a: 150) vollzogen wird. Damit entstehen im Zuge der Globalisierung eventuell Widersprüche innerhalb der modernen Gesellschaft, die sich durchaus zu Konflikten entwickeln können, z.B. zwischen den Funktionssystemen. Die Selbstbeschreibung der Politik als „Nation" steht so im Widerspruch zu der weltumspannenden Konstitution des Funktionssystems Politik und die daraus resultierenden Probleme sind täglich sichtbar. Mit dem Begriff der Weltgesellschaft besteht deshalb ein Angebot, die Globalisierung der Funktionssysteme im Kontext der gesamtgesellschaftlichen Entwicklungen zu sehen. „Erst wenn man die sehr verschiedenen Globalisierungstendenzen in den einzelnen Funktionssystemen zusammenfassend vor Augen führt, wird das Ausmaß der Veränderung gegenüber allen traditionellen Gesellschaften erkennbar. Angesichts so heterogener Quellen der ‚Globalisierung' fehlt ein einheitlicher Gesellschaftsbegriff. Das systemtheoretische Konzept der Gesellschaft als eines operativ geschlossenen autopoietischen Sozialsystems, das alle anderen Sozialsysteme, also alle Kommunikation in sich einschließt, versucht, diese Lücke zu füllen" (Luhmann 1997a: 171).

Die folgenden Überlegungen zu einem möglichen Gewinn neuer Perspektiven für die Globalisierungsforschung setzen bei der operativen Seite des Begriffs der Weltgesellschaft an und lassen die semantischen Aspekte vorerst beiseite. Damit geht es um die Frage, was die Globalisierungsforschung in den Blick nehmen würde, wenn sie strikt beim Begriff der Weltgesellschaft ansetzen würde. Für eine theoretische Beschreibung der modernen Gesellschaft – auch und gerade im Hinblick auf die in ihr stattfindenden Globalisierungsentwicklungen – reicht der Begriff der Weltgesellschaft allein aber nicht aus, da damit noch kein Hinweis auf die Struktur der modernen Gesellschaft gegeben ist. Die moderne Gesellschaft ist als funktional differenzierte Weltgesellschaft zu verstehen, das heißt, „dass es für alle anschlussfähige Kommunikation nur ein einziges Gesellschaftssystem geben kann" (Luhmann 1997a: 145) und dieses Gesellschaftssystem ist intern funktional differenziert (Luhmann 1997a: 761). Für ein Verständnis der Weltgesellschaft ist dieser Hinweis auf die Struktur unverzichtbar, da nur so die spezifischen Herausforderungen, mit denen sich die moderne Gesellschaft im Zuge der Globalisierung konfrontiert, sichtbar werden. Dies soll im folgenden deutlich werden.

Wenn „Weltgesellschaft" (als soziologische Beschreibungsformel) heißt, dass sich die moderne Gesellschaft von traditionellen Gesellschaften durch den Einschluss aller Kommunikationen unterscheidet und man zugleich von funktionaler Differenzierung der modernen Gesellschaft ausgeht, dann lassen sich diese Veränderungen, die hier zusammenfassend als „Globalisierung" charakterisiert werden, nur erfassen, wenn man, wie das vorstehende Zitat von Luhmann deutlich macht (Luhmann 1997a: 171), die Veränderungen der einzelnen Funktionssysteme im Zusammenhang sieht. Damit richtet sich die Aufmerksamkeit nicht auf den Zusammenhang zwischen den Globalisierungsentwicklungen bestimmter Funktionssysteme – was das Thema dieser Arbeit bislang gewesen ist –, sondern der Blick richtet sich darauf, dass alle Funktionssysteme der modernen Gesellschaft von Globalisierungsentwicklungen betroffen sind und die Veränderungen der modernen Gesellschaft gegenüber traditionellen Gesellschaften in ihrer Bedeutung erst sichtbar werden, wenn man die einzelnen Globalisierungsentwicklungen zusammen als komplexen Veränderungszusammenhang der modernen Gesellschaft versteht. Dies macht der soziologische Begriff der Weltgesellschaft deutlich. Das heißt dann, dass die verbreitete Verkürzung der Globalisierungsdiskussion und -forschung auf die Globalisierung der Wirtschaft eine – zumindest aus Sicht der Gesellschaftstheorie – unangemessenen Reduktion ist, die gerade den Blick für die Probleme der modernen Gesellschaft, die aus den Globalisierungsentwicklungen in allen Funktionssystemen entstehen, verstellt. So stellt Saskia Sassen im Hinblick auf die Terroranschläge auf die USA vom 11. September 2001 und deren Folgen fest, dass es für die Einschätzung der derzeitigen Weltlage fatal sei, nur von der Globalisierung der Wirtschaft auszugehen: „Es gibt nicht *die* Globalisierung. Es gibt viele Globalisierungen. Wir bemerken nur die ökonomische. Dabei gibt es auch eine politische Globalisierung, die sich unter anderen in der Human-Rights- und der Anti-Globalisierungsbewegung formiert hat und dort ihre teils mikropolitischen Anliegen formuliert hat" (SZ vom 20./21.10.2001). In diesem Zusammenhang ist das Argument von Stichweh hilfreich, dass der Begriff der Weltgesellschaft gerade darauf aufmerksam macht, dass es im Zuge der Globalisierung nicht um ein Verschwinden nationaler Grenzen geht, sondern um eine Neubestimmung auf globaler Ebene (Stichweh 1995: 42f.).[117] Am Beispiel der Politik zeigt Stichweh, dass es für die Existenz einer Weltpolitik mindesten zwei Argumente gibt: zum einen ist die weltweite Institutionalisierung des Nationalstaates als Leistung der Weltpolitik zu verstehen und zum anderen machen nichtstaatliche internationale Organisationen, „deren weltpolitische Funktion man so beschreiben kann, dass sie Interessenlagen aufgreifen, die am Souveränitätsprinzip des Nationalstaats scheitern" (Stichweh 1995: 41) deutlich, dass es neben der politischen Kommunikation auf Ebene der Nationalstaaten eine weltpolitische Ebene der Kommunikation gibt, die zunehmend an Bedeutung gewinnt.

---

[117] „In vielen Diskussionen über weltweite gesellschaftliche Zusammenhänge werden heute genau zwei konkurrierende Denkschulen gegeneinander ins Feld geführt. Eine Theorie der internationalen Gesellschaft oder der internationalen Politik, die klassische internationale Akteure postuliert und deren intensivere Interaktion und Verflechtung hervorhebt – und ihr gegenüber eine Globalisierungstheorie, die zu zeigen versucht, daß viele ehedem wichtige Systemgrenzen bedeutungslos werden [...]. Angesichts dieser Alternativen ist immer wieder zu betonen, daß die Theorie der Weltgesellschaft keiner der beiden Denkschulen zugehört. Sie weist kein eingebautes Präjudiz zugunsten des Verschwindens klassischer Grenzen, beispielsweise des Nationalstaates auf. Ihre These ist nur die, daß eine Makroordnung entsteht, für die gilt, daß neben vielem anderen auch die Funktion nationaler Grenzen von der Systembildungsebene Weltgesellschaft her neu bestimmt wird" (Stichweh 1995: 42f.).

Das Beispiel nichtstaatlicher Organisationen, die für die Weltpolitik von Bedeutung sind, macht wiederum auf einen Aspekt der Weltgesellschaft aufmerksam, der im engen Zusammenhang mit der funktionalen Differenzierung der modernen Gesellschaft steht: im Zuge der Globalisierungsentwicklungen entstehen neue Foren der Politik und des Rechts – und dies gilt eventuell auch für die anderen Funktionssysteme.[118] Mit der Globalisierung der einzelnen Funktionssysteme gerät die funktionale Differenzierung der Gesellschaft insofern an ihre Grenzen als im Zuge der Globalisierung gerade die für die globale Ausdehnung verantwortlichen Kommunikationsbeziehungen nicht eindeutig einem Funktionssystem zugeordnet werden können, wie auch am Beispiel der Globalisierung des Rechts deutlich geworden ist. In diesem Zusammenhang schlägt Willke den Begriff der „lateralen Weltsysteme" vor, mit dem er versucht, diejenigen Kommunikationsbeziehungen in den Mittelpunkt zu stellen, die für die globale Ausdehnung der Funktionssysteme verantwortlich sind (Willke 2000; 2001: 131). Baecker (2000) weist allerdings darauf hin, dass dieser Begriff problematisch ist, da er mit Luhmanns Begriff der Gesellschaft aufgrund der Annahme einer Vielzahl von Weltsystemen nicht kompatibel ist. Zugleich stellt Baecker aber heraus, dass der Begriff auf einen interessanten Aspekt aufmerksam macht, nämlich den der System-zu-System-Beziehungen. Diese scheinen gerade unter Globalisierungsbedingungen von besonderer Bedeutung und für ein Verständnis der Globalisierungsdynamik der modernen Gesellschaft unverzichtbar zu sein. Für die Globalisierungsforschung wäre es somit notwendig, gerade diese Beziehungen zu untersuchen und der Vorschlag von Baecker, einen „Austausch der soziologischen Systemtheorie mit der soziologischen Netzwerktheorie" voranzutreiben (Baecker 2000: 212), könnte auch in diesem Zusammenhang eine mögliche Perspektive sein.

Für einen Anschluss an eine Netzwerktheorie spricht auch, dass gerade im Zuge der Globalisierung nicht mehr nur die funktionssystemeigenen Organisationen, wie Unternehmen in der Wirtschaft, Gerichte im Rechtssystem, Parteien in der Politik etc. eine Rolle spielen, sondern auch nichtstaatliche Organisationen für die Weltpolitik von Bedeutung sind, die Rechtsglobalisierung nicht nur durch Rechtsorganisationen vorangetrieben wird und die Globalisierung der Wissenschaft auch durch Unternehmen der Wirtschaft vorangetrieben wird.[119] Diese Beispiele zeigen schon, dass sich der Fokus auf neue Kommunikationsbeziehungen richten muss, die nicht mehr eindeutig einem Funktionssystem zuzurechnen sind, sondern die Grenzen der Funktionssysteme überschreiten. Es sind dann Beziehungen zwischen unterschiedlichen Organisationen, zwischen

---

[118] So sind auch neue Foren der Wissenschaft, der Kunst oder der Religion vorstellbar, die nicht unmittelbar dem jeweiligen Funktionssystem zugeordnet werden, aber mit ihrer Kommunikation an der Kommunikation der Funktionssystem beteiligt sind.

[119] Zur Bedeutung von Netzwerkbeziehungen im Zuge der Globalisierung vgl. auch Schulz (1998), der eine Studie zum Zapatisten-Aufstand vorlegt und Witte et al. (2000), die die Rolle von global public policy networks untersuchen.

Organisationen und Funktionssystemen und zwischen verschiedenen Funktionssystemen, die hier näher betrachtet werden sollten. Eine Netzwerktheorie, die offen ist für die Analyse unterschiedlicher System-zu-System-Beziehungen könnte deshalb einen wichtigen Beitrag zur Globalisierungsforschung leisten. Der Begriff der Weltgesellschaft macht somit zwar darauf aufmerksam, dass genau das, was der Begriff im engeren bezeichnet für die moderne Gesellschaft zum Problem wird, nämlich ihre Globalität. Aber der Begriff eignet sich weniger zur Analyse der Reaktionen der modernen Gesellschaft auf diese Herausforderung. Hier müssten dann die Theorie der Weltgesellschaft ergänzende Ansätze gefunden werden, von denen die Netzwerktheorie sicher nur eine Möglichkeit ist.[120]

Mit den Überlegungen in diesem Kapitel sollte deutlich gemacht werden, welche Perspektiven sich die Globalisierungsforschung ermöglichen würde, wenn sie sich auf eine systemtheoretische Herangehensweise einlassen würde. Damit sind zugleich aber auch die Grenzen eines solchen Herangehens deutlich geworden. Insbesondere der Begriff der Weltgesellschaft eignet sich zwar in besonderer Weise zur Beschreibung der Globalisierungsentwicklungen in der Weltgesellschaft, weist aber auf der anderen Seite einen deutlichen Ergänzungsbedarf auf, wenn es um die Analyse der Kommunikationsbeziehungen geht, die für die Globalisierungsentwicklungen verantwortlich sind. Eine systemtheoretische Perspektive würde der Globalisierungsforschung somit zu einem gesellschaftstheoretischen Ansatz verhelfen, aber damit würde sich zugleich die Systemtheorie dazu herausfordern, zu reflektieren, an welchen Stellen hier noch Ergänzungsbedarf besteht um zu einer angemessenen Analyse der Globalisierungsentwicklungen in der Weltgesellschaft zu gelangen. In diesem Sinne fragt das folgende Kapitel 9 nach den Herausforderungen der Systemtheorie für die Systemtheorie, die sich aus der Argumentation der vorliegenden Arbeit insgesamt – also nicht nur in bezug auf die Globalisierungsforschung – ergeben.

---

[120] Dies wird in Abschnitt 9.2 wieder aufgenommen.

9. Konsequenzen für die Systemtheorie

In der vorliegenden Arbeit wurde versucht, die Globalisierung des Rechts und den Zusammenhang zwischen der Globalisierung des Rechts und der Globalisierung der Wirtschaft mit Mitteln der soziologischen Systemtheorie zu beschreiben. Dies kann nicht ohne Folgen für die Theorie bleiben, denn jede Beschreibung mit Mitteln der Theorie fordert die Theorie neu heraus, so dass sich die Theorie immer wieder selbst zur Reflektion auffordert. Die Herausforderungen der Theorie, die in dieser Arbeit markiert wurden, sollen hier noch einmal zusammenfassend skizziert werden. Dazu soll die folgende Frage, die sich aus der bisherigen Arbeit in bezug auf die Gesellschaftstheorie der Systemtheorie ergibt, beantwortet werden: An welchen Stellen innerhalb der Theorie der modernen Gesellschaft wird Bedarf für weitere Entwicklung deutlich, wenn die Gesellschaftstheorie der Systemtheorie zu einem Beitrag zur Globalisierungsforschung aufgefordert wird? Mit der vorliegenden Beschreibung der Globalisierung des Rechts sind vor allem die Theoriestellen System-zu-System-Beziehungen (9.2), strukturelle Kopplung (9.3) und Globalisierung (9.4) als Stellen markiert worden, die in der Theorie bislang noch wenig entwickelt sind.[121] Dies soll im folgenden ausgeführt werden.

9.1 Konsequenzen für die Theorieentwicklung

Die soziologische Systemtheorie ist ja gerade im Bereich der Gesellschaftstheorie weit entwickelt, wie vor allem Luhmanns „Die Gesellschaft der Gesellschaft" in zugleich kondensierter und ausführlicher Form zeigt. Die Argumentation, die in der vorliegenden Arbeit entwickelt wurde, hat aber darauf aufmerksam gemacht, dass gerade weil die Theorie in diesem Bereich sehr gut entwickelt ist, sie selbst auf Stellen hinweist, die noch Entwicklungsbedarf aufzeigen. Denn einerseits fordert die Theorie dazu auf, sie auf bestimmte Entwicklungen der modernen Gesellschaft anzuwenden und damit zu versuchen, anderes zu sehen, als ohne die Theorie möglich wäre. Andererseits bedeutet genau dies aber für die Theorie, dass sie sich selbst dazu herausfordert, für alle Fragen das angemessene Instrumentarium zur Verfügung zu haben. Die vorliegende Analyse der Globalisierung des Rechts hat gezeigt, dass diese Herausforderung von der Theorie angenommen werden kann, dass damit aber zugleich Theoriestellen markiert werden, die bislang noch wenig ausgearbeitet sind. Dies sind neben der Theoriestelle der strukturellen Kopplung zum einen System-zu-System-Beziehungen im allgemeinen und zum ande-

---

[121] Dabei geht es aber nicht um das Aufzeigen eines Innovationsbedarfs der Systemtheorie, sondern im Gegenteil: es soll nur auf Stellen der Theorie hingewiesen werden, die für eine Theorie der modernen Gesellschaft unverzichtbar sind, aber bislang noch nicht vollständig ausgearbeitet sind.

ren das Thema Globalisierung.[122] Alle drei Stellen sind für eine Theorie der modernen Gesellschaft nahezu unverzichtbar und es erstaunt gerade aus diesem Grund, dass sie bislang vernachlässigt wurden. Eine Erklärung dafür könnte sein, dass in Luhmanns Werk die *Entwicklung* hin zur modernen Gesellschaft lange Zeit im Vordergrund gestanden hat und weiterhin in erster Linie System/Umwelt-Beziehungen analysiert wurden (Baecker 2000). Analysen der modernen Gesellschaft hat Luhmann ausführlich auf der Ebene von Gesellschaftsstruktur und Semantik vorgenommen, die sich in „Die Gesellschaft der Gesellschaft" unter dem Titel Selbstbeschreibungen finden. Einer Beschreibung der modernen Gesellschaft, die die drei Theoriestränge Kommunikationstheorie, Evolutionstheorie und Theorie funktionaler Differenzierung gleichermaßen berücksichtigt *und* zugleich auch auf die Folgen der funktionalen Differenzierung für die Theorie (und nicht nur für Gesellschaft!) aufmerksam macht, wurde bislang in der Systemtheorie insgesamt wenig Aufmerksamkeit eingeräumt, obwohl sich gerade „Die Gesellschaft der Gesellschaft" unter dieser Perspektive lesen lässt. Die vorliegende Arbeit versucht, diese Folgen in ersten Ansätzen zu berücksichtigen. Hier wird Globalisierung als Konsequenz funktionaler Differenzierung verstanden und ist somit eine Herausforderung für die Systemtheorie, da einige der Theoriestellen, die zur Analyse der modernen Gesellschaft im Hinblick auf Globalisierungsentwicklungen entscheidend sind, bislang noch nicht genügend ausgearbeitet worden sind. Dabei erhebt die vorliegende Arbeit nicht den Anspruch, diese Lücken zu füllen, sondern will lediglich die Stellen markieren, die im Kontext einer Theorie der modernen Gesellschaft noch weiter zu entwickeln wären – insbesondere dann, wenn diese einen Beitrag zur Globalisierungsforschung leisten soll.[123] Dies soll im folgenden anhand der drei Theoriestellen System-zu-System-Beziehungen, strukturelle Kopplung und Globalisierung geschehen.[124]

Die Systemtheorie „mutet ihrem Gegenstand (der ihre eigene Voraussetzung ist) zu, sich selbst anders zu beobachten, als er sich selbst beobachtet, indem zum einen auf das Faktum der Beobachtung reflektiert und zum anderen dieser Beobachtung andere als die gewohnten Unterscheidungen zu Grunde gelegt werden" (Baecker 2000: 209). Für das folgende Vorhaben kann dann ergänzt werden: Damit setzt sich die Theorie selbst der Zumutung aus, dass jede Beschreibung, die sie anfertigt, Auswirkungen auf die Theorie selbst hat, denn jede neue Beschreibung reflektiert zugleich die Theoriemittel, wie eine

---

[122] Daneben wurden auch noch weitere Stellen markiert, die der weiteren Ausarbeitung bedürfen: so z.B. Inklusion/Exklusion als Metadifferenzierung und Irritation als zentraler Begriff im Zusammenhang mit strukturellen Kopplungen.

[123] Dies hat dann wiederum Auswirkungen auf die Globalisierungsforschung, wie in Kapitel 8 deutlich geworden sein sollte.

[124] Dabei ist selbstverständlich, dass ein anderer Themenzuschnitt andere Theoriestellen als entwicklungsbedürftig identifizieren würde.

Formulierung Luhmanns deutlich macht: „Wenn die Kommunikation einer Gesellschaftstheorie als Kommunikation gelingt, verändert sie die Beschreibung ihres Gegenstandes und damit den diese Beschreibung aufnehmenden Gegenstand" (Luhmann 1997a: 15). Luhmann bezieht dies zunächst nur auf die neben der Systemtheorie vorhandenen anderen Beschreibungen der Gesellschaft. Dies müsste aber ebenso auf die Systemtheorie selbst bezogen werden: wenn die systemtheoretische Beschreibung als Kommunikation gelingt, dann hat dies nicht nur Auswirkungen auf den Gegenstand, sondern auch auf weitere Beschreibungen, die mit Hilfe dieser Theorie angefertigt werden. Jede neue Beschreibung mit Mitteln der Theorie reflektiert die Theorie und markiert so Stellen, an denen die Theorie weiterentwickelt oder gar ergänzt werden kann. In diesem Sinne sollen die folgenden Überlegungen verstanden werden: als eine Reflektion der bisherigen Argumentation im Hinblick auf die für diese Argumentation zu Rate gezogene Theorie mit der möglichen Konsequenz, dass dadurch zwar nicht die Theorie verändert wird, aber zumindest drei Stellen markiert werden, an denen die Präzision der Beschreibung noch erhöht werden kann.

9.2   System-zu-System-Beziehungen

Die zentrale Frage der Arbeit, wie der Zusammenhang zwischen der Globalisierung des Rechts und der Globalisierung der Wirtschaft zu verstehen ist, ist zugleich die Frage danach, wie das Verhältnis der beiden Systeme Recht und Wirtschaft und somit wie das Verhältnis von Funktionssystemen zu anderen Funktionssystemen zu verstehen ist. Die Frage, wie sich die Beziehungen von Funktionssystemen zu Systemen in ihrer Umwelt gestalten, wird unter Globalisierungsbedingungen deshalb relevant, weil Globalisierung alle Funktionssysteme betrifft und die einzelnen Globalisierungsentwicklungen miteinander im Zusammenhang stehen. Auf der Ebene der Funktionssysteme ist das dann die Frage nach solchen System-zu-System-Beziehungen, die dazu führen, dass Entwicklungen in einem Funktionssystem Auswirkungen in einem anderen Funktionssystem haben. Zur Beantwortung dieser Frage wurde in der vorliegenden Arbeit der Begriff der strukturellen Kopplung herangezogen. System-zu-System-Beziehungen werden aber im Kontext der Globalisierungsentwicklungen auch noch in anderer Hinsicht relevant. Die globale Ausdehnung der Funktionssysteme und der weltgesellschaftliche Entwicklungsprozess insgesamt sind auf System-zu-System-Beziehungen zurückzuführen, die aber nicht ausschließlich auf der Ebene der Funktionssysteme zu verorten sind. Es sind hier Beziehungen von Organisationen zu anderen Organisationen, von Organisationen zu Funktionssystemen und von Funktionssystemen zu anderen Funktionssystemen, die in ihrem Zusammenspiel für die globale Ausdehnung der Funktionssysteme verantwortlich sind. Dies wurde für den Fall der lex mercatoria als Beispiel für die Globalisierung des Rechts mit dem Begriff des globalen Intersystemregimes beschrieben.

System-zu-System-Beziehungen sind für die Gesellschaftstheorie der Systemtheorie eine unverzichtbare Theoriestelle, da die relevante Umwelt von Organisationen und Funktionssystemen zumeist aus anderen sozialen Systemen besteht. Dies ist für das Gesellschaftssystem selbst zwar nicht so, ist aber für das Verständnis der Gesellschaft insgesamt von großer Bedeutung. Innergesellschaftliche Turbulenzen in der Umwelt der Systeme werden somit zumeist von anderen Systemen ausgelöst und damit ist die Frage nach den System-zu-System-Beziehungen von Organisationen und Funktionssystemen eine nach dem Umgang der Systeme mit Umweltunsicherheit. In einer Theorie, für die die Differenz von System/Umwelt die alles entscheidende Unterscheidung ist, stehen System-zu-System-Beziehungen zunächst nicht im Mittelpunkt des Interesses. Sie werden aber dann relevant, wenn deutlich wird, dass in manchen Fällen die System/Umwelt-Unterscheidung präziser als System-zu-System-Unterscheidung zu verstehen ist. Damit wird die System/Umwelt-Unterscheidung lediglich in einer genaueren Fassung verwendet, aber nicht aufgegeben. Im Gegenteil macht diese Fassung erst deutlich, welche Probleme in der modernen Gesellschaft gerade deshalb erzeugt werden, weil die Umwelt der meisten sozialen Systeme innerhalb der Gesellschaft aus anderen sozialen Systemen besteht. Dafür ist die System/Umwelt-Unterscheidung grundlegend, aber nicht ausreichend. Dies ist in der Systemtheorie bislang wenig ausgearbeitet (vgl. auch Baecker 2000). In bezug auf Interorganisationsnetzwerke als eine spezifische Form von System-zu-System-Beziehungen stellt Luhmann an einer der wenigen Stellen, die das Thema behandeln, fest: „Die zunehmende Aufmerksamkeit für Netzwerke ergibt sich aus der Beschleunigung und der wachsenden Tiefenschärfe von Strukturänderungsmöglichkeiten innerhalb des eigenen und innerhalb anderer Systeme. Mehr als zuvor sieht man, was aber immer schon der Fall war, dass ‚die Umwelt' nicht einfach nur ‚der Markt' oder die ‚öffentliche Meinung' ist, sondern aus unterscheidbaren Systemen besteht, die als solche eingeschätzt sein wollen. Die System/Umwelt-Unterscheidung ist durch die System-zu-System Unterscheidung zu ergänzen – aber nicht zu ersetzen" (Luhmann 2000a: 410). Verdichtete System-zu-System-Beziehungen auf der Ebene von Organisationen, wie sie hier angesprochen werden, haben in den letzten Jahren verstärkt Aufmerksamkeit erfahren. Auch aus systemtheoretischer Perspektive sind hier einige Arbeiten entstanden (Teubner 1992; Baecker 1999: 189ff. u. 359ff.; Kämper/Schmidt 2000; Tacke 2000), denn gerade auf der Organisationsebene stellt sich die Frage nach den Möglichkeiten, die Umwelt „zu kontrollieren" in besonderer Weise. Organisationsnetzwerke sind aber aus gesellschaftstheoretischer Perspektive noch in anderer Hinsicht interessant. Organisationen sind einerseits unverzichtbar für die Ausdifferenzierung der Funktionssysteme, somit unverzichtbar für die funktionale Differenzierung der modernen Gesellschaft, aber andererseits hat die Ausbreitung von formalen Organisationen auch dazu geführt, dass andere, nichtorganisatorische Komplementärstrukturen verdrängt wurden (Mayntz 1992).

Organisationsnetzwerke könnten in dieser Hinsicht eine Antwort auf die mit der Ausdifferenzierung und Durchsetzung von Organisationen entstandenen Probleme sein. Globale Intersystemregimes weisen in eine ähnliche Richtung. Selbstverständlich sind sie von ihrer Struktur her nicht mit Organisationsnetzwerken zu vergleichen, aber sie verweisen auf das Problem, wie in der modernen Gesellschaft Kommunikationsbeziehungen hergestellt und aufrechterhalten werden können, die die Globalisierung der Funktionssysteme ermöglichen. Dies können nicht allein Organisationen oder allein Funktionssysteme sein, sondern die Beziehungen zwischen Organisationen, zwischen Organisationen und Funktionssystemen und zwischen Funktionssystemen sind hier relevant. Die moderne Gesellschaft erzeugt mit der gleichzeitigen Ausdifferenzierung von Organisationen und Funktionssystemen somit Probleme, auf die Organisationsnetzwerke eine, globale Intersystemregimes eine andere Antwort sein können. Willkes (2001) Frage nach den Kommunikationsstrukturen, die für die globale Ausdehnung der Funktionssysteme verantwortlich sind, Stichwehs Frage nach den Mechanismen der Globalisierung (Stichweh 2000: 103ff.) und die in dieser Arbeit gestellte Frage nach der Umsetzung koordinierter Strukturentwicklungen von Funktionssystemen im Kontext der Globalisierung weisen ebenfalls auf dieses Problem hin: welche Kommunikationen und Kommunikationsbeziehungen treiben die Globalisierung der Funktionssysteme voran? Unter der Annahme, dass es sich bei den Globalisierungsentwicklungen der einzelnen Funktionssysteme nicht um isolierte Prozesse handelt und sich die Globalisierungsdynamik erst aus dem Zusammenhang zwischen den Globalisierungsentwicklungen der einzelnen Funktionssysteme erschließt, ist es hier notwendig, den Blick auf die Beziehungen der Funktionssysteme zueinander zu richten. Dabei reicht es aber nicht aus, wie nun schon mehrfach betont wurde, ausschließlich die Beziehungen von Funktionssystemen allein in den Blick zu nehmen, sondern das komplexe Gefüge von Funktionssystemen, Organisationen und struktureller Kopplung ist hier der geeignete Ansatzpunkt. Dann wird auch schnell deutlich, dass gerade unter Globalisierungsbedingungen die Beziehungen zwischen Funktionssystemen weitaus komplizierter und vielschichtiger sind, als häufig angenommen wird. Dies betrifft im Kontext der vorliegenden Arbeit insbesondere das Verhältnis von Recht und Politik und von Recht und Wirtschaft.

Die Frage, an welchen Stellen innerhalb der Theorie der modernen Gesellschaft Bedarf zur weiteren Entwicklung deutlich wird, wenn diese zu einem Beitrag zur Globalisierungsforschung aufgefordert wird, lässt sich für die Theoriestelle der System-zu-System-Beziehungen dann so begründen: Die weltgesellschaftliche Entwicklung lässt sich in ihrer Konsequenz nur dann angemessen verstehen, wenn die Globalisierungsentwicklungen der einzelnen Funktionssysteme in ihrem Zusammenhang und in ihren jeweils spezifischen Wechselwirkungen beschrieben werden. Dazu wird es notwendig, nach den Kommunikationen zu fragen, die dies ermöglichen. Somit geht es nicht um das Verhältnis der jeweiligen Systeme zu ihrer unspezifischen Umwelt, sondern um Beziehungen der

Systeme zu anderen Systemen. Dies sind, wie am Beispiel der Globalisierung des Rechts und der Globalisierung der Wirtschaft gezeigt wurde, nicht nur Beziehungen zwischen Funktionssystemen, sondern auch zwischen Organisationen und Funktionssystemen und zwischen Organisationen. Dabei wurden hier zwei unterschiedliche Varianten von System-zu-System-Beziehungen näher erläutert: strukturelle Kopplungen als verdichtete System-zu-System-Beziehungen auf der Ebene von Funktionssystemen und globale Intersystemregimes als „intersystemische Koordinierungsmechanismen" und damit als System-zu-System-Beziehungen, die unterschiedliche Systemebenen einschließen.

Globale Intersystemregimes, strukturelle Kopplungen und Netzwerke beschreiben Beziehungen von Systemen zu anderen Systemen, die über ein einzelnes Kommunikationsereignis, über den einmaligen Leistungsaustausch hinausgehen. Sie bezeichnen dabei aber drei unterschiedliche Möglichkeiten von System-zu-System-Beziehungen, die alle im Zusammenhang mit Globalisierungsentwicklungen relevant werden. Die beiden Varianten, die im Kontext der Globalisierung des Rechts näher betrachtet wurden – strukturelle Kopplungen und globale Intersystemregimes – sollen hier und im folgenden Abschnitt 9.3 noch einmal im Hinblick auf ihren Beitrag zur Entwicklung der Theoriestelle der System-zu-System-Beziehungen skizziert werden.

Globale Intersystemregimes sind eine Variante von System-zu-System-Beziehungen, mit der erklärt werden kann, wie globale Normen aufgrund der Beziehungen des Rechts zu anderen Systemen entstehen. Der intersystemische Charakter der Rechtsglobalisierung erklärt sich durch die globalen Intersystemregimes, da das Zusammenspiel von multinational operierenden Unternehmen, Formulating Agencies, Schiedsgerichten und Vertrag/Transaktion als struktureller Kopplung von Recht und Wirtschaft im Fall der lex mercatoria als Beispiel für die Globalisierung des Rechts bestimmend ist. Interessant ist an diesem Beispiel, dass hier System-zu-System-Beziehungen auf zwei unterschiedlichen Ebenen miteinander verknüpft werden. Die strukturelle Kopplung von Recht und Wirtschaft über Vertrag/Transaktion stellt eine verdichtete System-zu-System-Beziehung auf der Ebene der Funktionssysteme dar. Diese wird ergänzt durch System-zu-System-Beziehungen auf der Ebene von Organisationen. Erst das Zusammenspiel macht aber das Spezifische der globalen Intersystemregimes aus und erinnert in der Funktion wiederum an Netzwerkstrukturen. So stellt Baecker (1999) im Anschluss an die Netzwerktheorie von Harrison White (1992) heraus, dass in Netzwerken realisiert wird, „dass Kontrolle nicht von Akteuren ausgeht, sondern von Zusammenhängen, Verknüpfungen, Beziehungen, Interaktionen" (Baecker 1999: 363). Globale Intersystemregimes produzieren in diesem Sinne Verlässlichkeit ohne die operationale Schließung der Systeme in Frage zu stellen. Für eine Weiterentwicklung der Theoriestelle der System-zu-System-Beziehungen könnte daraus als Ansatzpunkt folgen, globale Intersystemregimes und strukturelle Kopplungen als eine Variante von Netzwerken, bzw. als Bestandteil von

Netzwerken zu sehen, denn globale Intersystemregimes und strukturelle Kopplungen sind beides Möglichkeiten, trotz der operativen Schließung der Systeme Verlässlichkeit zwischen Systemen zu produzieren. Wenn nun genau dies das Kennzeichen von Netzwerken ist, dann spricht viel dafür, den Netzwerkbegriff als Ausgangpunkt für die Entwicklung der Theoriestelle der System-zu-System-Beziehungen zu wählen und globale Intersystemregimes und strukturelle Kopplungen aus dieser Perspektive zu behandeln.

Strukturelle Kopplungen, die im nächsten Abschnitt (9.3) behandelt werden, sind die andere Variante von System-zu-System-Beziehungen, die im Zusammenhang mit der Globalisierung des Rechts relevant sind. Sie produzieren ebenfalls Verlässlichkeiten für die gekoppelten Systeme ohne deren operative Schließung zu gefährden.

9.3   Strukturelle Kopplung

Mit der Theoriefigur der strukturellen Kopplung konnte die in der rechtswissenschaftlichen Diskussion häufiger zu findende Annahme, dass sich die globale Wirtschaft mit der lex mercatoria ihr eigenes globales Recht schaffe, zugleich präzisiert und widerlegt werden. Präzisiert werden konnte die Annahme in der Hinsicht, als der offensichtliche Zusammenhang zwischen der Globalisierung des Rechts und der Globalisierung der Wirtschaft auf die strukturelle Kopplung von Recht und Wirtschaft durch Vertrag und Organisation zurückgeführt wurde. Widerlegt wurde die Annahme allerdings in der Hinsicht, dass nicht die Wirtschaft sich ihr eigenes globales Recht schafft, sondern die Globalisierung des Rechts ausschließlich nach der Logik des Rechts verläuft. Damit verweist die Figur der strukturellen Kopplung zugleich darauf, dass das Verhältnis von Recht und Wirtschaft – auch und gerade unter Globalisierungsbedingungen – komplizierter ist, als die Aussage, die Wirtschaft schaffe sich ihr eigenes Recht, vermuten lässt. Dieses komplizierte Verhältnis lässt sich, wie die vorstehenden Kapitel gezeigt haben, mit der Theoriefigur der strukturellen Kopplung beschreiben. Dabei wurde der Begriff der strukturellen Kopplung zu einem Schlüsselbegriff zur Erklärung des Zusammenhangs zwischen der Globalisierung des Rechts und der Globalisierung der Wirtschaft. Vertrag und Organisation wurden dabei als diejenigen Kommunikationsstrukturen identifiziert, die in diesem Fall der strukturellen Kopplung dienen. Eine Besonderheit ist dabei, dass sich diese wechselseitig aufeinander beziehen, bzw. ergänzen.

Strukturelle Kopplungen sind somit eine spezifische Variante von System-zu-System-Beziehungen, welche unter Globalisierungsbedingungen deshalb relevant wird, weil hier die Zusammenhänge zwischen den Globalisierungsentwicklungen der einzelnen Funktionssysteme für die Globalisierungsentwicklungen in den jeweiligen Funktionssystemen von Bedeutung sind. Strukturelle Kopplungen sind eine Erklärung für diese Zusammen-

hänge und somit auch relevant für das Verständnis der einzelnen Globalisierungsentwicklungen. Globalisierung ist kein isolierter Prozess, aber die Globalisierung der Wissenschaft unterscheidet sich von der Globalisierung der Wirtschaft und diese wiederum
von der Globalisierung des Rechts etc. Strukturelle Kopplungen ermöglichen erst dieses
komplexe Verhältnis von Autonomie und Abhängigkeit der Funktionssysteme, das sich
auch im Globalisierungsprozess deutlich zeigt, denn strukturelle Kopplungen sind für die
Funktionssysteme eine Lösung ihres Selbstreferenzproblems, da sie Verlässlichkeiten in
der Umwelt erzeugen – in diesem Fall die Verlässlichkeit der Irritation – ohne die operative Schließung der Systeme in Frage zu stellen.

Dies ist der Grund, warum die Theoriestelle der strukturellen Kopplung für die Gesellschaftstheorie der Systemtheorie von großer Bedeutung ist.[125] Unter Bedingungen funktionaler Differenzierung erfordert die „Ausdifferenzierung operativ geschlossener Funktionssysteme [...] eine entsprechende Einrichtung ihrer gesellschaftsinternen Umweltbeziehungen" (Luhmann 1997a: 779). Dies ist zugleich ein Hinweis darauf, dass strukturelle
Kopplungen aus Perspektive der Theoriearchitektur als Variante von System-zu-System-
Beziehungen zu verstehen sind. Gesellschaftsinterne Umweltbeziehungen sind zumeist
Beziehungen von Systemen zu anderen Systemen und strukturelle Kopplungen sind eine
besondere Form verdichteter System-zu-System-Beziehungen. Ebenso wie die zuvor
angesprochenen Netzwerke und globalen Intersystemregimes behandeln strukturelle
Kopplungen das allgemeine Problem der Umweltunsicherheit sozialer Systeme im Hinblick auf Beziehungen zu anderen sozialen Systemen. Im Unterschied zu Netzwerken
und globalen Intersystemregimes handelt es sich bei strukturellen Kopplungen aber um
den Sonderfall, dass ein und die gleiche kommunikative Einrichtung von zwei Systemen
jeweils wechselseitig zur Selbstirritation genutzt wird. Dies ist in den vorstehenden Kapiteln ausführlich erläutert worden. Interessant ist in diesem Zusammenhang, strukturelle
Kopplungen, Netzwerke und globale Intersystemregimes als unterschiedliche Varianten
von System-zu-System-Beziehungen zu sehen. Das ermöglicht einen schärferen Blick auf
bestimmte Beziehungen zwischen Funktionssystemen und zeigt zugleich die Vielfalt, mit
welcher die Gesellschaft auf die durch sie erzeugte Probleme reagiert. Ebenso wie die
Theoriestelle der System-zu-System-Beziehungen im allgemeinen ist auch die Theoriestelle der strukturellen Kopplung bislang wenig ausgearbeitet, obwohl gerade hier wichtige Beiträge für ein Verständnis der modernen Gesellschaft zu erwarten sind.

Die vorstehenden Ausführungen zum Zusammenhang zwischen der Globalisierung des
Rechts und der Globalisierung der Wirtschaft haben einige Fragen markiert, die im Zu-

---

[125] Hier soll noch einmal darauf hingewiesen werden, dass es in dieser Arbeit immer um innergesellschaftliche
strukturelle Kopplungen geht. Strukturelle Kopplungen der Gesellschaft mit ihrer nichtkommunikativen Umwelt werden hier außer Acht gelassen.

sammenhang mit strukturellen Kopplungen noch zu klären wären und auf den Entwicklungsbedarf an dieser Stelle hinweisen.[126] Dies ist zunächst die Frage nach der Umsetzung der strukturellen Kopplung, bzw. nach der Spezifizierung unspezifischer Irritationen. Luhmanns Arbeiten haben sich stark auf jeweils eine kommunikative Einrichtung konzentriert, die als strukturelle Kopplung zweier Funktionssysteme dient – so Steuern, Verfassung, Vertrag, Universität etc. Damit ist aber noch nicht geklärt, wie die strukturelle Kopplung in den gekoppelten Systemen umgesetzt wird, wie also der Anschluss der Kommunikation im Falle der Irritation gesichert wird. Dies ist aber für die gekoppelten Systeme insofern eine relevante Frage, als nur die Umsetzung der strukturellen Kopplung die Realisierung der Kopplungsvorteile garantiert. Für den hier interessierenden Fall der lex mercatoria als Globalisierung des Rechts wurde gezeigt, dass der Vertrag als strukturelle Kopplung von Recht und Wirtschaft durch Organisationen ergänzt wird. Vertrag/Transaktion erzeugen als strukturelle Kopplung für die gekoppelten System das Problem der unspezifischen Irritation. Für dieses Problem muss im jeweiligen System eine Lösung gefunden werden. Wie gezeigt wurde, leisten Organisationen (in diesem Fall) einen wichtigen Beitrag zur Bearbeitung der Irritation. Diese Leistung von Organisationen mag nur für den Fall der Globalisierung des Rechts gelten, aber das Problem der unspezifischen Irritation und deren Weiterbearbeitung innerhalb der jeweiligen Funktionssysteme stellt sich für alle strukturell gekoppelten Systeme.

Eine weitere Frage ist die nach den Folgeproblemen struktureller Kopplung. Bei Luhmann stehen deutlich die Vorteile im Vordergrund, die mit strukturellen Kopplungen für die Funktionssysteme realisiert werden können, wie auch das folgende Zitat belegt: Strukturelle Kopplungen „verdichten und aktualisieren die wechselseitige Irritationen und erlauben so schnellere und besser abgestimmte Informationsgewinnung in den beteiligten Systemen" (Luhmann 1997a: 788). Die Frage nach den negativen Folgen struktureller Kopplung für die gekoppelten Systeme wurde bislang noch wenig bearbeitet. Dabei drängt sich die Frage nach den mit strukturellen Kopplungen entstehenden Abhängigkeiten der Funktionssysteme geradezu auf. Strukturelle Kopplung bedeutet Ermöglichung und Einschränkung von Freiheit. Diese Einschränkung von Freiheit und die damit möglicherweise verbundenen negativen Konsequenzen für die Funktionssysteme sollten für die Weiterentwicklung dieser Theoriestelle ein wichtiges Thema sein. Auch unter Globalisierungsbedingungen wird diese Frage relevant, da sich die Funktionssysteme wechselseitig in eine Globalisierungsdynamik hineinziehen, deren Folgen dann wiederum in den einzelnen Funktionssystemen bearbeitet werden muss.

---

[126] Hierbei handelt es sich wiederum um Fragen, die im Kontext dieser Arbeit entstanden sind. Eine andere Fragestellung würde sicher auch andere Fragen in bezug auf die Theoriestelle der strukturellen Kopplung produzieren.

Des weiteren entstehen Fragen, die eher die Theoriearchitektur betreffen und deshalb hier nicht weiter ausgeführt werden sollen. Dies ist z.B. die Frage, ob der Begriff der strukturellen Kopplung innergesellschaftlich für System-zu-System-Beziehungen auf der Ebene der Funktionssysteme reserviert ist, oder ob er sich als allgemeiner Begriff eignet, der dann auch Beziehungen von Organisationen, die eine ähnliche Qualität der wechselseitigen Selbstirritation aufweisen, beschreiben würde.[127] Eine weitere Frage dieser Art wäre, welche Kommunikationsstrukturen sich überhaupt für strukturelle Kopplungen eignen. Die Beispiele, die Luhmann anführt sind ja sehr unterschiedlich und die Frage ist dann, ob Steuern, Vertrag, Werbung[128] oder die Verfassung mehr gemeinsam haben als dass sie der strukturellen Kopplung dienen.

Als eine mögliche Antwort auf die Frage nach der Umsetzung der strukturellen Kopplung ist für den Fall der Globalisierung des Rechts (am Beispiel der lex mercatoria) auf globale Intersystemregimes verwiesen worden. Dies gilt sicher zunächst wiederum nur für diesen spezifischen Fall, könnte aber zumindest die Richtung markieren, in die für eine Weiterentwicklung an dieser Stelle gedacht werden könnte. Globale Intersystemregimes sind in diesem Sinne als eine Lösung des mit strukturellen Kopplungen einhergehenden Problems der Bearbeitung von Irritation zu verstehen. Die Notwendigkeit, die unspezifischen Irritationen in den jeweiligen Funktionssystemen in spezifische Irritationen und somit in anschlussfähige Kommunikation zu verwandeln, wird im Fall der lex mercatoria durch die globalen Intersystemregimes geleistet. In diesem Fall ist die durch die strukturelle Kopplung vermittelte Irritation eng mit dem globalen Normbildungsprozess verknüpft, so dass globale Intersystemregimes nicht allgemein als Lösung für das Problem der Umsetzung struktureller Kopplungen zu verstehen sind. Aber das Beispiel macht deutlich, dass mit strukturellen Kopplungen ein „Bearbeitungsbedarf" in den gekoppelten Funktionssystemen entsteht. Wie dieser Bedarf in den gekoppelten Systemen jeweils umgesetzt wird, ist sehr verschieden, jedoch kommen in den meisten Fällen wieder Organisationen ins Spiel, die für die notwendigen Entscheidungen sorgen.

Das Verhältnis von Organisation und strukturellen Kopplungen, das in Kapitel 6 für den hier interessierenden Fall der lex mercatoria ausgeführt wurde, könnte ebenso ein weiterer Ansatzpunkt für eine Weiterentwicklung der Theoriestelle der strukturellen Kopplung sein. Bislang wurde sich, wie schon erwähnt, fast ausschließlich auf einzelne kommunikative Einrichtungen konzentriert, die der strukturellen Kopplung dienen. Es wäre aber zu

---

[127] Wenn System-zu-System-Beziehungen nicht nur auf der Ebene der Funktionssysteme eine Rolle spielen, sondern z.B. auch auf der Organisationsebene (Netzwerke), dann stellt sich die Frage, ob bestimmte Beziehungen von Systemen auf dieser Ebene nicht auch als strukturelle Kopplungen zu verstehen sind. Luhmanns Ausführungen zur Theoriestelle der strukturellen Kopplung legen dies nicht unmittelbar nahe, aber vgl. z.B. Kämper/Schmidt (2000).

[128] So versteht Luhmann Werbung als strukturelle Kopplung von Wirtschaft und Massenmedien (1996: 122).

fragen, wie der Zusammenhang zwischen den Systemebenen Interaktion, Organisation und Gesellschaft (hier: Funktionssysteme) im Falle struktureller Kopplungen zum Tragen kommt. Hier könnten sich wichtige Hinweise für die Frage nach der Umsetzung der strukturellen Kopplung, aber auch für die Frage nach den Folgeproblemen struktureller Kopplungen ergeben.

9.4   Globalisierung

Die dritte Theoriestelle, für die hier Entwicklungsbedarf markiert wurde, ist das Thema Globalisierung insgesamt. Auf den ersten Blick mag es merkwürdig anmuten, auf die Frage, an welchen Stellen innerhalb der Theorie der modernen Gesellschaft Bedarf zur weiteren Entwicklung deutlich wird, wenn diese zu einem Beitrag zur Globalisierungsforschung aufgefordert wird, das Thema Globalisierung insgesamt als Antwort zu geben. Diese ‚Merkwürdigkeit' entsteht deshalb, weil die Systemtheorie der modernen Gesellschaft einerseits einen wichtigen Beitrag zur Globalisierungsforschung leisten kann (wie in Kapitel 8 ausgeführt wurde), andererseits aber das Thema in Luhmanns Arbeiten explizit kaum behandelt wird.[129] Dies soll hier zum Anlass genommen werden, diejenigen Fragen zu rekapitulieren, die in der Arbeit in bezug auf die Theoriestelle der Globalisierung entstanden sind.

Dies waren zunächst Fragen nach den treibenden Kräften der Globalisierung, nach dem Zusammenhang zwischen den Globalisierungsentwicklungen in den einzelnen Funktionssystemen und der jeweiligen Eigenlogik der Funktionssysteme und nach den Globalisierungsfolgen für die Funktionssysteme und für die Gesamtgesellschaft. Diese Fragen sollen hier nicht noch einmal aufgenommen werden, da sie zuvor schon thematisiert wurden. Des weiteren sind aber Fragen aufgetaucht, die bislang nur angedeutet wurden und hier nun ausgeführt werden sollen. Dies sind Fragen, die sich auf das Verhältnis von funktionaler Differenzierung und Globalisierung beziehen.

Innerhalb der Theorie der modernen Gesellschaft wird das Thema Globalisierung in Luhmanns Arbeiten an zwei Stellen relevant: Zum einen im Kontext der Theorie der Weltgesellschaft und zum anderen im Zusammenhang mit der Theorie funktionaler Differenzierung. Diese beiden Theoriestellen beziehen sich aufeinander, da funktionale Differenzierung der Gesellschaft und deren Entwicklung hin zur Weltgesellschaft als parallel verlaufende Prozesse verstanden werden. Für die Theorie der Weltgesellschaft ist die Annahme zentral, dass „es in der gesamten kommunikativ erreichbaren Welt nur eine

---

[129] Zu einigen Ausnahmen s. Luhmann (1997a: 806ff.); Luhmann (1997b); Luhmann (1998) und Luhmann (2000b: 220ff.).

Gesellschaft geben kann" (Luhmann 1997a: 156). Die Struktur der Weltgesellschaft ist durch funktionale Differenzierung gekennzeichnet, was besagt, dass jedes der ausdifferenzierten Funktionssysteme selbst einen weltumspannenden Kommunikationszusammenhang herstellt und so wiederum das Gesellschaftssystem als Weltgesellschaftssystem bestätigt. In diesem Zusammenhang ist es konsequent, davon auszugehen, dass Globalisierung für die einzelnen Funktionssysteme als Prozess weiterer Ausdifferenzierung zu verstehen ist, somit also Globalisierung die These der Weltgesellschaft und die Theorie funktionaler Differenzierung bestätigt. Nun werfen aber Phänomene wie Netzwerke, globale Intersystemregimes oder neue Foren von Recht und Politik, die im Zuge der Globalisierung entstehen oder an Bedeutung gewinnen, die Frage auf, ob Globalisierung nicht in bestimmter Hinsicht die Theorie funktionaler Differenzierung in Frage stellt, anstatt sie zu bestätigen. So stellt auch Luhmann im Zusammenhang mit dem Thema Globalisierung fest: „Je mehr man auf Details zugeht, desto auffälliger werden die Abweichungen von dem, was die Theorie funktionaler Differenzierung erwarten lässt" (Luhmann 1997a: 807).

Luhmanns Differenzierungstheorie ist häufig kritisiert worden,[130] insbesondere auch im Hinblick auf die empirische Evidenz und Anschlussfähigkeit der Theorie. Luhmann selbst hingegen sieht gerade in der Anschlussfähigkeit der Theorie an aktuelle Entwicklungen eine der herausragenden Fähigkeiten der Theorie.[131] Aber er sieht zugleich die Notwendigkeit, diese Theorie mit der Fähigkeit zur Selbstkorrektur auszustatten, da nur so eine angemessene Selbstbeobachtung der Gesellschaft gewährleistet werden kann (Luhmann 1993b: 144). Sind Globalisierungsentwicklungen nun ein Anlass zur Selbstkorrektur der Differenzierungstheorie weil sie die strikte Grenzziehung der Funktionssysteme in Frage stellen oder sind die genannten Phänomene einfach als Reaktion auf funktionale Differenzierung zu verstehen? Der Zusammenhang zwischen funktionaler Differenzierung und Globalisierung ist zunächst ja leicht dadurch zu erklären, dass Globalisierungstendenzen in der Konzeption jedes Funktionssystems schon angelegt sind. Aber der Blick auf diejenigen Kommunikationen, die für die globale Ausdehnung der Funktionssysteme verantwortlich sind, lässt die Frage entstehen, wie diese mit der Theorie funktionaler Differenzierung noch erfasst werden können. Damit entsteht die Frage,

---

[130] Vgl. dazu stellvertretend Knorr Cetina (1992); Schwinn (1995) und zur Kritik an dieser Kritik Nassehi (1999: 18ff.).

[131] „Sie vermag sehr viele, sehr aktuelle Probleme aufzugreifen. Ich denke nur an die mit dem Scheitern des sozialistischen Jahrhundertexperiments evidente politische Unkontrollierbarkeit der Wirtschaft oder an Schwierigkeiten der Umsetzung wachsender ökologischer Probleme auf die Operationsmöglichkeiten und -unmöglichkeiten der einzelnen Funktionssysteme, an die Belastung fast aller Funktionssysteme mit wissenschaftlich produziertem Nichtwissen und an all die Verständigungsprobleme in einer Gesellschaft mit hoher Entscheidungsabhängigkeit und, daraus folgend, selbsterzeugter Ungewißheit der Zukunft" (Luhmann 1993b: 144).

ob und wie die Theorie funktionaler Differenzierung einen angemessenen Beitrag zum Thema Globalisierung leisten kann. Diese Frage kann hier nicht abschließend beantwortet werden, aber es sollen zumindest die zwei genannten Antwortrichtungen kurz skizziert werden: (1) die im Zuge der Globalisierung an Bedeutung gewinnenden Kommunikationsbeziehungen, wie Netzwerke oder globale Intersystemregimes sind als Reaktion auf funktionale Differenzierung zu verstehen und somit mit der Theorie funktionaler Differenzierung kompatibel und (2) die genannten Kommunikationsbeziehungen sind als gegenläufig zur funktionalen Differenzierung zu verstehen und somit ist das Thema Globalisierung in dieser Hinsicht eine Herausforderung für die Theorie funktionaler Differenzierung.

Für die Annahme, dass die Globalisierungsentwicklungen in den jeweiligen Funktionssystemen als weitere Ausdifferenzierung zu verstehen sind, spricht, dass Globalisierung im engeren einen Prozess der Zunahme weltweiter Kommunikationen bezeichnet und Globalisierung somit die Entwicklung der einzelnen Funktionssysteme hin zu weltumspannenden Funktionssystemen meint. Ihre vollständige Ausdifferenzierung erfahren die Funktionssysteme erst, wenn sich diese zu weltumspannenden Systemen entwickelt haben, in denen regionale Differenzen nur noch eine untergeordnete Rolle spielen. In diesem Verständnis ist Globalisierung als konsequente Folge funktionaler Differenzierung, als notwendiger Pfad der weltgesellschaftlichen Entwicklung zu verstehen. Dies erklärt vielleicht auch, warum Globalisierung als Thema in Luhmanns Arbeiten nur selten auftaucht: Globalisierung wird aufgrund der weltumspannenden Konstitution der Funktionssysteme als deren Entwicklungstendenz immer schon mitgedacht. Für den Weg zur Weltgesellschaft spielen aber gerade solche sozialen Phänomene eine große Rolle, die in gewisser Weise quer zur strikten funktionalen Differenzierung der Gesellschaft stehen. So lässt sich die Kommunikation globaler Intersystemregimes gerade nicht eindeutig nur der Wirtschaft, nur dem Recht oder nur der Politik zurechnen. Diese Beziehungen zwischen Funktionssystemen sind in bestimmter Hinsicht tatsächlich als ein „Zwischen" der Systeme zu verstehen, als eine Kommunikationsebene, die nicht eindeutig den Funktionssystemen zuzurechnen, aber auch nicht eindeutig auf der Organisations- oder Interaktionsebene zu verorten ist.

Damit entsteht hier die schon erwähnte Frage, ob globale Intersystemregimes – als Beispiel für globalisierungsrelevante Kommunikationsbeziehungen – die Annahme einer funktionalen Differenzierung der Gesellschaft in Frage stellen. Umgekehrt lassen sich Netzwerke und globale Intersystemregimes eventuell aber gerade als Reaktion auf funktionale Differenzierung verstehen und wären somit durchaus mit dem Konzept funktionaler Differenzierung kompatibel. Die Theorie funktionaler Differenzierung besagt ja in erster Linie, dass die auf der Ebene der Gesamtgesellschaft vorherrschende Differenzierungsform die der funktionalen Differenzierung ist. Zwar liegt es damit nahe, so wie

Luhmann davon auszugehen, dass auch die meisten Organisationen den Funktionssystemen zuzuordnen sind, aber hier besteht bislang noch eine gewisse Offenheit darüber, wie die Theorie funktionaler Differenzierung die Systemebenen Interaktion und Organisation überhaupt berücksichtigt. So kritisiert auch Schimank (1998), dass die wechselseitigen Leistungsbezüge und Externalitäten der Funktionssysteme stärker als bislang in der Theorie funktionaler Differenzierung thematisiert werden sollten. Dass dazu wiederum die anderen Systemebenen berücksichtigt werden müssten, ist offensichtlich.

Netzwerke und globale Intersystemregimes lassen dann Zweifel an der empirischen Evidenz der Theorie funktionaler Differenzierung aufkommen, wenn man ähnlich wie Knorr Cetina (1992) ansetzt und die operative Geschlossenheit der Funktionssysteme als reale Geschlossenheit versteht. Trotz dieses leicht auszuräumenden Missverständnisses macht aber ein solcher Ansatzpunkt darauf aufmerksam, dass die moderne Gesellschaft gerade durch das gemeinsame Auftreten unterschiedlicher funktionaler Perspektiven gekennzeichnet ist (Nassehi 1999: 21). Damit wird die Theorie funktionaler Differenzierung mit der Frage konfrontiert, ob sie dies mit ihren strikten Begriffen auch einfangen kann. Netzwerke und globale Intersystemregimes sind Beispiele für das gemeinsame Auftreten unterschiedlicher funktionaler Perspektiven und wie gezeigt wurde, ist dies für die Globalisierungsdynamik der einzelnen Funktionssysteme von großer Bedeutung. Hier wird dann deutlich, warum die strikte Trennung der Funktionssysteme von vielen Kritikern als zu künstlich oder zu starr empfunden wird. Es wäre somit eine Aufgabe der Theorie funktionaler Differenzierung, ihre theoretischen Begrifflichkeiten deutlicher so zu stricken, dass sie für empirische Befunde kompatibler sind, als dies bislang der Fall ist. Netzwerke und globale Intersystemregimes machen auf diese Schwierigkeiten der Theorie aufmerksam, weil sie verschiedene Logiken verbinden und nicht auf die Logik eines Funktionssystems zu reduzieren sind.

Genau hier liegt wiederum die Anschlussstelle für die Auffassung, dass Netzwerke und globale Intersystemregimes als Reaktion auf funktionale Differenzierung zu verstehen sind. Netzwerke und globale Intersystemregimes sind soziale Beziehungen, die sich auf die funktionale Differenzierung in der Weise beziehen, als die Trennung der Funktionsbereiche die Voraussetzung ihrer Existenz ist. Erst die operative Schließung der Funktionssysteme macht es möglich und notwendig, dass für das Aufeinandertreffen der unterschiedlichen Logiken Kommunikationen gefunden werden, die dies in produktiver und wechselseitig weiterführender Weise ermöglichen. Funktionale Differenzierung bedeutet steigende Autonomie und steigende Abhängigkeiten zugleich. Dafür müssen innerhalb der Gesellschaft soziale Formen gefunden werden, die einerseits die operative Schließung ermöglichen, aber zugleich gerade das Aufeinandertreffen der Logiken umsetzen können. Unter Globalisierungsbedingungen scheinen diese Formen von großer Bedeutung zu sein, was möglicherweise auf die zunehmende Ausdifferenzierung der Funktionssysteme zurückzuführen ist. Mit zunehmender Ausdifferenzierung nehmen die wechselseitigen Abhängigkeiten der Funktionssysteme *und* die Möglichkeiten des Aufeinandertreffens der Logiken zu. In diesem Sinne wären Netzwerke und globale Intersystemregimes als Reaktion der Gesellschaft auf Globalisierung und funktionale Differenzierung zu verstehen.

Die hier etwas lose vorgetragenen Möglichkeiten, den Zusammenhang zwischen Globalisierung und funktionaler Differenzierung zu verstehen, sollten vor allem deutlich machen, dass und warum Globalisierung bislang als Theoriestelle noch wenig in der Systemtheorie verankert ist. Dabei ist mehr als deutlich, dass hier nur Perspektiven anskizziert werden konnten, die selbst wieder mehr Fragen aufwerfen als beantwortet werden konnten. Das Ziel dieses Kapitels bestand darin, zum einen die Fragen anzuführen, die mit der Argumentation der vorliegenden Arbeit in bezug auf die hier verwendete Theorie entstanden sind. Damit sollte zum anderen der Versuch unternommen werden, die eigene Argumentation an einigen Stellen noch zu schärfen. Zugleich wurden so aber wieder neue Fragen produziert, die hier unbeantwortet bleiben müssen. Dieses eigentümliche Verhältnis von Fragen und Antworten, die neue Fragen produzieren, scheint wiederum auf die Theorie zurückzuführen zu sein: „Any communication about society is an autological operation. It produces a text that combines, even confuses, autoreference and heteroreference, a text that implies a collapse of the distinction between a subject and its object, between the observer and the observed, on which science has to rely for methodological and logical reasons. It can be scientific and non-scientific, depending upon which system reference has been chosen. And by whom? By sociology, of course" (Luhmann 1997b: 77).

10. Schluss

Zum Schluss soll die Arbeit jeweils aus Perspektive der drei Themenfelder resümiert werden, die für den Titel der Arbeit bestimmend waren: Lex mercatoria – Recht der Weltgesellschaft – Systemtheoretische Perspektiven. Dabei wird es in den drei Abschnitten zwangsläufig zu Wiederholungen kommen, aber es wird mit diesem Vorgehen möglich, drei unterschiedliche Lesarten der Arbeit vorzuschlagen. Zugleich soll hier einerseits auf Fragen aufmerksam gemacht werden, die in der Arbeit entstanden sind und deren Antworten noch auszuarbeiten wären und andererseits sollen Themen markiert werden, die sich hier anschließen würden, aber in der vorliegenden Arbeit nicht berücksichtigt wurden.

10.1 Lex mercatoria

Ausgangspunkt der Arbeit war die Beobachtung, dass die lex mercatoria – als transnationales Wirtschaftsrecht – einen Zusammenhang zwischen der Globalisierung des Rechts und der Globalisierung der Wirtschaft nahe legt. Entgegen der in der rechtswissenschaftlichen Literatur häufiger anzutreffenden Annahme, dass sich die Wirtschaft mit der lex mercatoria ihr eigenes Recht schaffe, wurde hier davon ausgegangen, dass dieser Zusammenhang komplexer und komplizierter sein muss. Mit Hilfe der Theoriefigur der strukturellen Kopplung konnte dieser Zusammenhang auf die zwischen Recht und Wirtschaft bestehenden verdichteten System-zu-System-Beziehungen zurückgeführt werden. Hier spielen vor allem Vertrag und Organisation eine wichtige Rolle für die strukturelle Kopplung von Recht und Wirtschaft. Unter Globalisierungsbedingungen entwickelt sich der Vertrag zu einem global gültigen Konditionalprogramm, das für globale Anschlussfähigkeit der Rechtskommunikation sorgt. Zugleich wird der Vertrag selbst zur Rechtsquelle, da mit jedem Vertrag Rechtsgeltung übertragen wird. Mit jedem Vertrag, der zwischen Unternehmen geschlossen wird und neue Möglichkeiten der Konfliktregelung enthält, wird Geltung in Anspruch genommen und das so entstehende Recht in Geltung gesetzt. Dabei ist der Vertrag als strukturelle Kopplung von Recht und Wirtschaft in unterschiedliche Kommunikationskontexte eingebettet, die im Fall der lex mercatoria vor allem aus Organisationen bestehen. Multinational operierende Unternehmen, Schiedsgerichte und Formulating Agencies beziehen sich in unterschiedlicher Weise auf den Vertrag. Gemeinsam ist ihnen, dass sie die strukturelle Kopplung von Recht und Wirtschaft durch den Vertrag noch verstärken. Wirtschaftsorganisationen benötigen global gültige Verträge um globale Transaktionen unternehmen zu können, Schiedsgerichte bieten ein Forum zur Lösung von Konflikten, die im transnationalen Wirtschaftsverkehr entstehen und Formulating Agencies leisten die Formalisierung der in der Rechtspraxis vorhandenen Regeln und Normen. In diesem Zusammenhang wurde aber auch deutlich, dass der

Begriff der strukturellen Kopplung allein nicht ausreicht, um den globalen Normbildungsprozess, also die Globalisierung des Rechts im engeren, zu erklären. An dieser Stelle wurde der etwas sperrige Begriff der globalen Intersystemregimes eingeführt. Mit Hilfe dieses Begriffs konnte gezeigt werden, dass der globale Normbildungsprozess auf das Zusammenspiel von Vertrag und Organisation zurückzuführen ist. Globale Intersystemregimes sind im Fall der lex mercatoria durch ein Zusammenspiel von multinational operierenden Unternehmen, Formulating Agencies, Schiedsgerichten und Vertrag/Transaktion gekennzeichnet. So lässt sich dann der Zusammenhang zwischen der Globalisierung des Rechts und der Globalisierung der Wirtschaft durch globale Intersystemregimes erklären, denn diese satteln auf der strukturellen Kopplung von Recht und Wirtschaft auf und ermöglichen globale Intersystembeziehungen, die den globalen Normbildungsprozess umsetzen. Globale Intersystemregimes dienen somit der Weiterbearbeitung der (Selbst-)Irritation der Funktionssysteme.

In diesem Verständnis macht es durchaus Sinn, die lex mercatoria als das globale Recht der (globalen) Wirtschaft aufzufassen. Aber die lex mercatoria ist zugleich mehr als das, da sie eine eigenständige Rechtsentwicklung im Recht – und nur im Rechtssystem! – darstellt. Diese Entwicklung hängt eng mit Globalisierungsentwicklungen in der Wirtschaft zusammen, aber sie ist nicht in der Weise auf diese zurückzuführen, dass die Wirtschaft ihr eigenes Recht entwickelt. Die lex mercatoria ist deshalb ein gutes Beispiel dafür, dass die Globalisierungsentwicklungen der einzelnen Funktionssysteme im Zusammenhang stehen, jedoch strikt nach ihrer eigenen Logik verlaufen. Genau dies lässt sich mit Hilfe der Theoriefigur der strukturellen Kopplung zeigen.

In bezug auf die lex mercatoria hat die Arbeit viele Fragen produziert, von denen sie nur einige beantworten konnte. So wurde die Frage, die in der Rechtswissenschaft mit viel Aufmerksamkeit diskutiert wird, ob nämlich die lex mercatoria Recht ist oder nicht, hier nicht explizit behandelt. In diesem Zusammenhang ist es interessant, dass der Begriff eines reflexiven Rechts erneut Aufmerksamkeit erfahren hat. Teubner hat diesen Begriff 1982 in die rechtwissenschaftliche bzw. rechtssoziologische Diskussion zur Beschreibung und Analyse der Evolution des Rechts eingeführt. Die Frage nach der Beziehung zwischen Recht und Gesellschaft (Teubner 1982: 29), die der Ansatzpunkt einer Theorie reflexiven Rechts ist, drängt sich durch Entwicklungen wie die lex mercatoria geradezu auf. In bezug auf die Globalisierung des Rechts ist ein Ansatz reflexiven Rechts eventuell eine Möglichkeit, rechtswissenschaftliche und soziologische Analysen näher in Zusammenhang zu bringen.

Für eine weitere Auseinandersetzung mit dem Thema wäre es sicher interessant, einen Vergleichsfall heranzuziehen und zu prüfen, ob sich die Annahmen, die hier in bezug auf die lex mercatoria entwickelt wurden, auch dann noch aufrecht erhalten lassen. Dazu würde sich die Rechtsentwicklung im Internet besonders anbieten. Hier lässt sich ebenfalls eine autonome Rechtsentwicklung beobachten, die aber – ähnlich wie im Fall der lex mercatoria – im engen Zusammenhang mit gesellschaftlichen Entwicklungen insgesamt steht. Die Abwicklung von Transaktionen über das Internet (Verbraucherschutz), neue technische Möglichkeiten des File-Sharing und der Telekommunikation (copy right) oder die Entwicklung von Virtual Communities (intellectual property rights) geben aus ganz unterschiedlichen gesellschaftlichen Richtungen Anlass zur Rechtsentwicklung. Die Frage wäre dann, ob sich hier ein Cyber Law entwickelt, das sich mit der lex mercatoria vergleichen lässt.

10.2   Recht der Weltgesellschaft

Luhmanns Frage, wie man sich das Entstehen eines Weltrechts vorzustellen habe (Luhmann 1999: 250), stand am Anfang dieser Arbeit und war der Ausgangspunkt für das Themenfeld „Recht der Weltgesellschaft". Die Frage von Luhmann macht noch einmal deutlich, dass gerade das Rechtssystem aufgrund seiner strukturellen Kopplung an das nationalstaatlich differenzierte Politiksystem ein eher unwahrscheinlicher Fall von Globalisierung ist. Wirft man einen nur flüchtigen Blick auf das Recht in der modernen Gesellschaft, dann sieht man vor allem viele unterschiedliche Rechtsräume, die an die Nationalstaaten gekoppelt sind und entsprechend als deutsches Recht, italienisches Recht, USamerikanisches Recht usw. gekennzeichnet sind. Bei näherem Hinsehen wird dann aber deutlich, dass es neben dieser quasi nationalstaatlichen Differenzierung des Rechtssystems sehr unterschiedliche Entwicklungen in den verschiedenen Rechtsbereichen gibt, die im Zusammenspiel als Globalisierung des Rechts zu verstehen sind. In nahezu allen Rechtsbereichen finden Globalisierungsentwicklungen statt, die zum Teil auch auf die Rechtsangleichung im Rahmen der EU-Integration zurückzuführen sind. Die lex mercatoria zeigt für den Bereich des Wirtschaftsrechts, wie weit die Globalisierung des Rechts in einigen Bereichen schon fortgeschritten ist. An diesem Beispiel wurde deutlich, dass sich innerhalb des Rechtssystems globale Normen mit globaler Geltung durchsetzen, die sich nicht mehr an nationalstaatlichen Grenzen orientieren. Wie Globalisierung insgesamt, ist auch diese Entwicklung als ein evolutionärer Prozess zu verstehen, der nur nach seiner eigenen Logik abläuft. Jedoch steht die Globalisierung des Rechts im engen Zusammenhang mit Globalisierungsentwicklungen in anderen Funktionssystemen. Dies gilt im übrigen für alle Funktionssysteme. Aufgrund der weltgesellschaftlichen Dynamik und funktionalen Differenzierung der modernen Gesellschaft erzeugen die Funktionssysteme wechselseitig einen Globalisierungsdruck füreinander, der jeweils nach der eigenen Logik der Funktionssysteme bearbeitet wird.

Innerhalb des Rechtssystems führt dieser Globalisierungsdruck, den das Recht im Fall der lex mercatoria aufgrund der strukturellen Kopplung von Recht und Wirtschaft über Vertrag/Transaktion erfährt, zur Ausbildung globaler Rechtsstrukturen. Globalisierung des Rechts bezeichnet somit einen Prozess, in dem sich Rechtsnormen mit globaler Geltung durchsetzen. Globale Geltung des Rechts bedeutet dabei aber nicht, dass die Geltung nationaler Rechtsordnungen vollkommen verdrängt wird. Das Recht der Weltgesellschaft lässt sich nur als plurales Recht verstehen. Und zwar sowohl im Hinblick auf lokale, nationale und globale Rechtsentwicklungen, die sich wechselseitig beeinflussen, als auch im Hinblick auf die Rechtsquellen. Lokale und globale Rechtsordnungen lassen sich nicht auf Gesetze zurückführen, sondern verdanken ihre Entwicklung gesellschaftlichen Quellen. Somit ist das Recht der Weltgesellschaft in doppelter Hinsicht plurales Recht.

Auch hier sind einige Fragen in der Arbeit entstanden, die nicht hinreichend beantwortet werden konnten. Als erstes wäre hier die Frage nach der Rolle des Rechts in der Weltgesellschaft zu nennen. Hier wurden in recht spekulativer Weise zwei mögliche Entwicklungstendenzen genannt, die sich zumindest auf den ersten Blick wechselseitig ausschließen: entweder wird das Recht im Zuge der weltgesellschaftlichen Veränderungsdynamik stärker gefordert, weil vermehrt Konflikte auftauchen, für deren Lösung noch keine Normen zur Verfügung stehen oder das Recht verliert seine prominente Stellung aufgrund des sich im Zuge der weltgesellschaftlichen Entwicklung ändernden Gefüges zwischen den Funktionssystemen. Hier ist es fraglich, ob sich die Differenz von Inklusion/Exklusion tatsächlich als Metadifferenz durchsetzen wird, die dann in der Folge die Relevanz der Differenz von Recht/Unrecht verringern würde. Damit stellt sich insgesamt die Frage nach dem Verhältnis von Recht und Gesellschaft, die in der Arbeit explizit kaum behandelt wurde (aber zugleich nimmer mitgelaufen ist) und wenn sie behandelt wurde, dann nur für einen sehr spezifischen Ausschnitt. Wie schon die zuvor erwähnte „Wiederentdeckung" eines reflexiven Rechts[132] deutlich macht, ist das Verhältnis von Recht und Gesellschaft aber nicht erst unter Globalisierungsbedingungen zu einem bedeutenden Thema geworden. In diesem Zusammenhang muss auch festgehalten werden, dass die Arbeit einen weiteren Zuschnitt vernachlässigt hat, der für die Frage nach einem Recht der Weltgesellschaft insgesamt aber höchst relevant ist: das Verhältnis von Recht und Politik. Für anschließende Arbeiten zur Globalisierung des Rechts wäre somit das Verhältnis von Wirtschaft, Recht und Politik (und eventuell anderen Funktionssystemen) in den Blick zu nehmen. Dabei wäre es interessant, Entwicklungen in der Institutionenlandschaft, wie ein mögliches Weltgericht, im Hinblick auf ihre Entstehungsgeschichte hin zu untersuchen. Für ein solches unparteiisches, internationales Strafgericht haben

---

[132] Wiederentdeckung ist hier insofern mehr als unzutreffend, als Teubner in seinen Arbeiten diesen Ansatz konsequent weiterentwickelt hat, allerdings nicht mehr unbedingt unter diesem Titel.

bereits 139 Staaten den Gründungsvertrag unterschrieben und 38 schon ratifiziert. Der in Den Haag geplante Gerichtshof soll Völkermord, Kriegsverbrechen und Verbrechen gegen die Menschlichkeit weltweit ahnden. Hier wäre insbesondere im Anschluss an Luhmanns Frage nach dem Entstehen eines Weltrechts die Frage zu stellen, in welcher Weise ein Gericht dieser Art zur Globalisierung des Rechts beitragen würde.

Eine weitere Frage, die hier nur in ersten Ansätzen beantwortet wurde, ist die nach den Auswirkungen der Globalisierung auf das Rechtssystem selbst. In der Arbeit wurde auf die möglichen Auswirkungen auf die Differenzierung von Zentrum/Peripherie des Rechtssystems aufmerksam gemacht. Dies könnte ein Ansatzpunkt für die Analyse möglicher weiterer Veränderungen sein. Wenn sich das Verhältnis von spontaner und organisierter Normbildung tatsächlich in der Weise umkehrt, dass die organisierte Normbildung nunmehr in der Peripherie des Rechts stattfindet und die spontane Normbildung im Zentrum des Rechts hat dies Auswirkungen auf die Konstitution des Rechtssystems insgesamt. Gerade hier wären empirische Studien notwendig, die die möglichen Veränderungen des Rechts in den verschiedenen Facetten nachzeichnen.

10.3   Systemtheoretische Perspektiven

Ein Ziel der Arbeit war es, Luhmanns Frage nach dem Entstehen eines Weltrechts mit Mitteln seiner eigenen Theorie zu beantworten. Dies geschah entlang des Falls der lex mercatoria. Das Ausgangsproblem war hier, dass die lex mercatoria einen Zusammenhang zwischen der Globalisierung des Rechts und der Globalisierung der Wirtschaft nahe legt, dem aber die Systemtheorie mit großer Skepsis begegnen muss. Diese Skepsis wurde zum Anlass genommen, den möglichen Zusammenhang näher zu betrachten. Dabei spielte die Theoriefigur der strukturellen Kopplung eine zentrale Rolle. Mit Hilfe dieser Theoriefigur wurde deutlich, dass Eigentum und Vertrag/Transaktion als strukturelle Kopplungen eine verdichtete System-zu-System-Beziehung von Recht und Wirtschaft begründen. Unter Globalisierungsbedingungen ist insbesondere die strukturelle Kopplung durch Vertrag/Transaktion von Bedeutung. Diese strukturelle Kopplung von Recht und Wirtschaft führt dazu, dass jede Transaktion im Recht als Vertrag beobachtet wird und so reagiert das Recht nach seinen eigenen Kriterien auf einen veränderten Normbedarf. Dieser Normbedarf wird nicht in der Wirtschaft, sondern im Recht generiert, was auf den ersten Blick vielleicht anders erscheinen mag. Aber es ist das Verdienst dieser Theoriefigur, hier genauer beschreiben zu können, wie solche Zusammenhänge zu verstehen sind. Ergänzt wird diese strukturelle Kopplung durch Organisationen, die ebenfalls der strukturellen Kopplung dienen. Dabei ist es im Fall der lex mercatoria aber so, dass keine der hier relevanten Organisationen selbst als strukturelle Kopplung zu verstehen sind. Sie sind entweder Vermittler der strukturellen Kopplung oder die Vorausetzung für die strukturelle Kopplung. Es ist das Zusammenspiel von Organisationen, die der strukturellen Kopplung in unterschiedlicher Weise dienen und der strukturellen Kopplung durch Vertrag/Transaktion, die die Globalisierung des Rechts im Fall der lex mercatoria vorantreiben.

An dieser Stelle wurde jedoch deutlich, dass die Theoriefigur der strukturellen Kopplung allein nicht mehr ausreicht, um zu beschreiben, wie der globale Normbildungsprozess abläuft. Der Begriff ist dafür in bestimmter Hinsicht zu eng gefasst, da es mit ihm nicht möglich ist, alle Kommunikationsbeziehungen zu erfassen, die für den globalen Normbildungsprozess relevant sind. Deshalb wurde hier auf einen Begriff von globalen Intersystemregimes zurückgegriffen, der es ermöglichen sollte, den zirkulären Prozess von Vertrag und Organisation, der für die Globalisierung des Rechts verantwortlich ist, zu beschreiben. Mit diesem Begriff sollte die Theoriefigur der strukturellen Kopplung allerdings nicht ersetzt, sondern höchstens ergänzt werden. Der globale Normbildungsprozess findet (im Fall der lex mercatoria) zwischen den Funktionssystemen Recht und Wirtschaft statt und greift dabei auf Organisationen und auf strukturelle Kopplungen der Funktionssysteme zurück. Der Begriff der globalen Intersystemregimes ermöglicht es, auf diesen ebenenübergreifenden Charakter des Globalisierungsprozesses aufmerksam zu machen.

Die Antwort auf Luhmanns Frage, wie man sich das Entstehen eines Weltrechts vorzustellen habe, lautet – zumindest für den Fall der lex mercatoria – dann, dass die Entstehung eines Weltrechts auf die Beziehung von Recht und Gesellschaft, also auf die Beziehungen des Rechts zu anderen Funktionssystemen zurückzuführen ist, da die weltgesellschaftliche Dynamik, von der alle Funktionssysteme betroffen sind, dazu führt, dass sich die Funktionssysteme wechselseitig unter Globalisierungsdruck setzen. Dabei bleibt es den einzelnen Funktionssystemen überlassen, wie sie diese Irritationen weiterverarbeiten. Für den hier betrachteten Fall der Globalisierung des Rechts spielt die strukturelle Kopplung von Recht und Wirtschaft die entscheidende Rolle. Dies wäre für andere Rechtsbereiche ebenfalls zu untersuchen, wie schon oben erwähnt wurde. In diesem Zusammenhang wäre es aber auch notwendig, die aus dem Fall der Globalisierung des Rechts abgeleitete Annahme, dass sich die Funktionssysteme wechselseitig in eine Globalisierungsdynamik hineinziehen, näher zu untersuchen und mit anderen Beispielen, als dem hier vorgestellten, zu illustrieren.

In Kapitel 9 wurden schon einige Fragen skizziert, mit denen sich die Theorie selbst konfrontiert, wenn sie einen Beitrag zur Globalisierung des Rechts leisten will. Die Theoriestellen System-zu-System-Beziehungen, strukturelle Kopplung und Globalisierung wurden hier als diejenigen Stellen markiert, an denen die Theorie noch wenig ausgearbeitet ist, die aber für einen Beitrag zur Globalisierungsforschung von großer Bedeutung wären. Die hier entstandenen Fragen sollen nicht noch einmal wiederholt werden. An ihnen ist aber deutlich geworden, dass insbesondere die Theorie funktionaler Differenzierung einerseits ein sehr leistungsfähiges Instrumentarium zur Analyse der modernen Gesellschaft und ihrer Veränderungsprozesse bereitstellt, andererseits aber auch gerade für die Analyse von Globalisierungsprozessen an einigen Stellen zu eng ist. Dies ist ein verbreiteter Vorwurf gegenüber der Theorie funktionaler Differenzierung, dessen Ausarbeitung sicher lohnenswert ist, da bislang noch Analysen fehlen, die z.B. auf der Basis von empirischen Untersuchungen die Berechtigung des Vorwurfs plausibel machen.

Mit diesen abschließenden Ausführungen ist noch einmal deutlich geworden, dass in der Arbeit nur erste Antworten auf Luhmanns Frage nach dem Entstehen eines Weltrechts gegeben werden konnten. Dies geschah im Rückgriff auf die Theorie Niklas Luhmanns und hat im Gegenzug viele Fragen produziert, die hier noch nicht beantwortet werden konnten. Ganz im Sinne der Theorie wäre es naheliegend, nun die Frage von Luhmann vor dem Hintergrund der vorliegenden Arbeit noch einmal neu zu stellen: „Wenn man annimmt, dass eine Weltgesellschaft entstanden oder jedenfalls im Entstehen begriffen ist: wie soll man sich dann die Entstehung eines Weltrechts denken?" (Luhmann 1999: 250).

Literatur

Abel, R. L., 1994: Transnational Law Practice, in: Case Western Reserve Law Review, 44, 737-840

Albert, M., 1999/2000: Entgrenzung und Globalisierung des Rechts, in: Voigt, R. (Hg.), Globalisierung des Rechts, Baden-Baden

Apelbaum, R. P., 1998: The Future of Law in a Global Economy, in: Social and Legal Studies, 7, 171-192

Baecker, D., 1988: Information und Risiko in der Marktwirtschaft, Frankfurt a.M.

Baecker, D., 1994: Soziale Hilfe als Funktionssystem der Gesellschaft, in: Zeitschrift für Soziologie, 23, 93-110

Baecker, D., 1999: Organisation als System, Frankfurt a.M.

Baecker, D., 2000: Eine bestimmt unbestimmte Gesellschaft, in: Ethik und Sozialwissenschaften. Streitforum für Erwägungskultur, 11, 209-212

Baron, G., 1999: Do the UNIDROIT Principles of International Commercial Contracts Form a New Lex Mercatoria?, in: Arbitration International, 15, 115-130

Basedow, J., 2000: The Effects of Globalization on Private International Law, in: Basedow, J., Kono, T. (eds.), Legal Aspects of Globalization. Conflict of Laws, Internet, Capital Markets and Insolvency in a Global Economy, The Hague/London/Boston

Benson, B., 1995: An Exploration of the Impact of Modern Arbitration Statutes on the Development of Arbitration in the United States, in: The Journal of Law, Economics, & Organization, 11, 479-501

Benson, B., 1999: To Arbitrate or to Litigate: That Is the Question, in: European Journal of Law and Economics, 8, 91-151

Behrens, P., 2000: Weltwirtschaftsverfassung, in: Jahrbuch für neue politische Ökonomie, Bd. 19: Globalisierung und Weltwirtschaft, Tübingen

Bercusson, B., 1997: Globalizing Labour Law: Transnational Private Regulation and Countervailing Actors in European Labour Law, in: Teubner, G. (ed.), Global Law Without a State, Dartmouth

Berger, K. P., 1996: Formalisierte oder „schleichende" Kodifizierung des transnationalen Wirtschaftsrechts. Zu den methodischen und praktischen Grundlagen der lex mercatoria, Berlin/New York

Berger, K. P., 2000a: The CENTRAL Enquiry On The Use of Transnational Law In International Contract Law and Arbitration. Selcted Results From the First Worldwide Survey on the Practice of Transnational Commercial Law, in: Mealey's International Arbitration Report,15,1-13

Berger, K. P., 2000b: The New Law Merchant and the Global Market Place. A 21st Century View of Transnational Commercial Law, in: International Arbitration Law Review, 91-102

Berger, K. P., 2000c: The relationship between the UNIDROIT Principles of International Commercial Contracts and the new lex mercatoria, in: Uniform Law Review, 153-170

Berger, K. P. (ed.), 2001a: The Practice of Transnational Law, The Hague

Berger, K. P. 2001b: Transnational Commercial Law in the Age of Globalization, in: Centro di studi e ricerche di diritto comparato e straniero, Saggi, conferenze e seminari, No. 42, Roma

Berger, K. P., Dubberstein, H., Lehmann, S., Petzold, V., 2001: The CENTRAL Enquiry on the Use of Transnational Law in International Contract Law and Arbitration – Background, Procedure and Selected Results, in: Berger, K. P. (ed.), The Practice of Transnational Law, The Hague

Bernstein, L., 1992: Opting out of the Legal System: Extralegal Contractual Relations in the Diamond Industry, in: Journal of Legal Studies, 21, 115-157

Bernstein, L., 1996: Merchant Law in a Merchant Court: Rethinking the Code's Search for Immanent Business Norms, in: University of Pennsylvenia Law Review, 144, 1765-1821

Bianchi, A., 1997: Globalization of Human Rights: The Role of Non-state Actors, in: Teubner, G. (ed.), Global Law Without a State, Dartmouth

Blaurock, U., 1993: Übernationales Recht des internationalen Handels, in: Zeitschrift für europäisches Privatrecht, 1, 247-267

Blessing, M., 1992: Globalization (and Harmonization?) of Arbitration, in: Journal of International Arbitration, 9, 79-89

Bolsinger, E., 2001: Autonomie des Rechts? Niklas Luhmanns soziologischer Rechtspositivismus – Eine kritische Rekonstruktion, in: Politische Vierteljahresschrift, 42, 3-29

Bonell, M. J., 1997a: The UNIDROIT principles of international commercial contracts: Towards a new lex mercatoria?, in: Revue du droit des affaires internationales/International Business Law Journal, 2, 145-187

Bonell, M. J., 1997b: The UNIDROIT Principles in practice - The experience of the first two years, <http://www.agora.stm.it/unidroit/english/principles/pr-exper.htm> (16.02.1998)

Boyle, E. H., Meyer, J. W., 1998: Modern Law as a Secularized and Global Model: Implications for the Sociology of Law, in: Soziale Welt, 49, 213-232

Brodocz, A., 1996: Strukturelle Kopplung durch Verbände, in: Soziale Systeme, 2, 361-387

Burger, R., 1999: Globale Ethik: Illusion und Realität, in: Leviathan, 27, 433-446

Calliess, G.-P., 2000: Das Tetralemma des Rechts. Zur Möglichkeit einer Selbstbeschränkung des Kommunikationssystems Recht, in: Zeitschrift für Rechtssoziologie, 21, 293-314

Calliess, G.-P., 2001a: Rechtssicherheit und Marktbeherrschung im elektronischen Welthandel: die Globalisierung des Recht als Herausforderung der Rechts- und Wirtschaftstheorie, in: Donges, J. B., Mai, S. (Hg.), E-Commerce und Wirtschaftspolitik, Stuttgart

Calliess, G.-P., 2001b: Globale Kommunikation – staatenloses Recht. Zur (Selbst-) Regulierung des Internet durch prozedurales Recht am Beispiel des Verbraucherschutzes im elektronischen Geschäftsverkehr, in: ARSP-Beiheft 79: Globalisierung als Problem von Gerechtigkeit und Steuerungsfähigkeit des Rechts, 61-79

Carberry, J. A., 1999: Terrorism: A Global Phenomenon Mandating a Unified International Response, in: Global Legal Studies Journal, 6, 685-719

Carbonneau, T., 1990: The Remaking of Arbitration: Design and Destiny, in: Carbonneau, T. (ed.), Lex mercatoria and arbitration: a discussion of the new merchant law, New York

Charny, D., 2000: Regulatory Competition and the Global Coordination of Labor Standards, in: Journal of International Economic Law, 3, 281-302

Cooter, R. D., 1994: Decentralized Law for a Complex Economy, in: Southwestern University Law Review, 23, 443-451

Derains, Y., 2001: Transnational Law in ICC Arbitration, in: Berger, K.P. (ed.), 2001a: The Practice of Transnational Law, The Hague

Dezalay, Y., Garth, B., 1996: Dealing in Virtue. International Commercial Arbitration and the Construction of a Transnational Legal Order, Chicago

Dunning, J. H. 1994: Multinational Enterprises and the Globalization of Innovatory Capacity, in: Research Policy, 23, 67-88

Dunning, J. H., 2000: Regions, Globalization, and the Knowledge Economy: The Issues Stated, in: Dunning, J. H, (ed.), Regions, Globalization, and the Knowledge Economy, Oxford

Engel, C., 2001: A Constitutional Framework for Private Governance, Preprints aus der Max-Planck-Projektgruppe Recht der Gemeinschaftsgüter Bonn, 2001/4

Fidler, D. P., 1999: Introduction. The Rule of Law in the Era of Globalization, in: Global Legal Studies Journal, 6, 421-424

Fox, E. M. 1998: Globalization and its Challenges for Law and Society, in: Loyola University Chicago Law Journal, 29, 891-905

Friedman, L. 1996: Borders. On the Emerging Sociology of Transnational Law, in: Stanford Journal of International Law, 32, 65-90

Froehling, H.-C., Rauch, A. M., 1995: Die Rolle multinationaler Konzerne in der Weltwirtschaft, in: Zeitschrift für Politik, 42, 297-315

Fuchs, P., 1992: Die Erreichbarkeit der Gesellschaft, Frankfurt a.M.

Gaillard, E., 2001: Transnational Law: A Legal System or a Method of Decision Making?, in: Berger, K. P. (ed.), The Practice of Transnational Law, The Hague

Gerstenberg, O., 1997: Law's Polyarchy: A Comment on Cohen and Sabel, in: European Law Journal, 3, 343-358

Gerstenberg, O., 2000: Justification (and Justifiability) of Private Law in a Polycontextural World, in: Social and Legal Studies, 9, 419-429

Gessner, V., 1994: Global legal interaction and legal culture, in: Ratio Juris, 7, 132-145

Gessner, V., 1995: Global approaches in the sociology of law: Problems and challenges, in: Journal of law and society, 22, 85-96

Giddens, A., 2001: Entfesselte Welt. Wie die Globalisierung unser Leben verändert, Frankfurt a.M.

Göbel, M., Schmidt, J. F. K., 1998: Inklusion/Exklusion: Karriere, Probleme und Differenzierungen eines systemtheoretischen Begriffspaars, in: Soziale Systeme, 4, 87-117

Goshal, S., Bartlett, C. A., 1993: Multinational Corporation as an Interorganizational Network, in: Goshal, S., Westney, D. E. (eds.), Organization Theory and the Multinational Corporation, New York

Gottwald, P., 1997: Generalbericht Internationale Schiedsgerichtsbarkeit, in: Gottwald, P., Schlosser, P. (Hg.), Internationale Schiedsgerichtsbarkeit: Generalbericht und Nationalberichte, Bielefeld

Greenblatt, J. L., Griffin, P., 2001: Towards the Harmonization of International Arbitration Rules: Comparative Analysis of the Rules of the ICC, AAA, LCIA and CIETAC, in: Arbitration International, 17, 101-110

Hillgruber, C., 1999: Der Vertrag als Rechtsquelle, in: Archiv für Rechts- und Sozialphilosophie, 85, 348-361

Hiller, P., Welz, F., 2000: Rechtssoziologie: Vom Rechtsdiskurs zum Recht der Gesellschaft, in: Soziologische Revue, Sonderheft 5, 231-243

Hobley, A., Wagner, V., 1999: Environmental Law – A Global System of Law?, in: International Company and Commercial Law Review, 10, 239-241

Hutter, M., 1989: Die Produktion von Recht. Eine selbstreferentielle Theorie der Wirtschaft, angewandt auf den Fall des Arzneimittelpatentrechts, Tübingen

Hutter, M., 1992: How the Economy Talks the Law into Co-Evolution: An Exercise in Autopoetic Social Theory, in: Teubner, G., Febbrajo, A. (Hg.), State, Law, and Economy as Autopoetic Systems, Milan

Hutter, M., 1998: Über den Unterschied, den Gesellschaftstheorie für eine Wirtschaftstheorie machen kann, in: Rechtshistorisches Journal, 17, 547-557

Hutter, M., 1999: The Emergence of Rules through Regimes. Evidence from the Internet, in: Liebl, F. (Hg.), e-conomy. Management und Ökonomie in digitalen Kontexten. Wittener Jahrbuch für ökonomische Literatur 1999, Marburg

Hutter, M., 2001a: Die Entmaterialisierung des Wertschöpfungsprozesses, in: ders. (Hg.) e-conomy 2.0, Marburg

Hutter, M., 2001b: Efficiency, Viability and the New Rules of the Internet, in: European Journal of Law and Economics, 11, 5-22

International Chamber of Commerce, 1994: Collection of ICC arbitral awards, 1986-1990, The Hague

International Chamber of Commerce, 1997: Collection of ICC arbitral awards, 1991-1995, The Hague

International Legal Materials, 2000: eResolution: Noodle Time, Inc. V. Max Marketing, 794-797

Jackson, J. H., 1998: Global Economics and International Economic Law, in: Journal of International Economic Law, 1, 1-23

Japp, K. P., 2001: Struktureffekte öffentlicher Risikokommunikation auf Regulierungsregime. Zur Funktion von Nichtwissen im BSE-Konflikt, Ms. Bielefeld

Jayasuriya, K., 1999: Globalization, Law, and the Transformation of Sovereignity: The Emergence of Global Regulatory Governance, in: Global Legal Studies Journal, 6, 425-455

Joerges, C., 1979: Vorüberlegungen zu einer Theorie des internationalen Wirtschaftsrechts, in: Rabels Zeitschrift, 43, 6-79

Joerges, C., 1997: Scientific Expertise in Social Regulation and the European Court of Justice: Legal Frameworks for Denationalized Governance Structures, in: Joerges, C., Ladeur, K.-H., Vos, E. (Eds.), Integrating Scientific Expertise into Regulatory Decision-Making, Baden-Baden

Joerges, C., Vos, E., 1999: Structures of Transnational Governance and Their Legitimacy, in: Vervaele, J. A. E. (ed.), Compliance and Enforcement of European Community Law, Den Haag/London/Boston

Kämper, E., Schmidt, J. F. K., 2000: Netzwerke als strukturelle Kopplung. Systemtheoretische Überlegungen zum Netzwerkbegriff, in: Weyer, J. (Hg.), Soziale Netzwerke. Konzepte und Methoden der sozialwissenschaftlichen Netzwerkforschung, München

Kogut, B., 1999: What Makes a Company Global?, in: Havard Business Review, January-February 1999, 165-170

Knorr Cetina, K., 1992: Zur Unterkomplexität der Differenzierungstheorie. Empirische Anfragen an die Systemtheorie, in: Zeitschrift für Soziologie, 21, 406-419

Kolkey, D. M., 1998: It's Time to Adopt the UNCITRAL Model Law on International Commercial Arbitration, in: Transnational Law & Contemporary Problems, 8, 3-17

Kurtz, T., 2001: Form, strukturelle Kopplung und Gesellschaft. Systemtheoretische Anmerkungen zu einer Soziologie des Berufs, in: Zeitschrift für Soziologie, 30, 135-156

Ladeur, K.-H., 2000: Das selbstreferentielle Kamel. Die Emergenz des modernen autonomen Rechts, in: Zeitschrift für Rechtssoziologie, 21, 177-188

Lehmkuhl, D., 2000: Commercial Arbitration – A Case of Private Transnational Self-Governance?, Preprints aus der Max-Planck-Projektgruppe Recht der Gemeinschaftsgüter, 2000/1

Levitt, T., 1983: The Globalization of Markets, in: Harvard Business Review, 3, 92-102

Lieckweg, T., Wehrsig, C., 2001: Organisationen und Funktionssysteme der Gesellschaft. Hinweise für eine Gesellschaftstheorie der Organisation, in: Tacke, V. (Hg.), Organisation und gesellschaftliche Differenzierung, Opladen

Loch, D., Heitmeyer, W. (Hg.), 2001: Schattenseiten der Globalisierung, Frankfurt a.M.

Luhmann, N., 1975: Die Weltgesellschaft, in: ders., Soziologische Aufklärung Bd. 2, Opladen

Luhmann, N., 1981: Ausdifferenzierung des Rechts, Frankfurt a.M.

Luhmann, N., 1984: Soziale Systeme, Frankfurt a.M.

Luhmann, N., 1986: Die soziologische Beobachtung des Rechts, Frankfurt a.M.

Luhmann, N., 1988a: Die Wirtschaft der Gesellschaft, Frankfurt a.M.

Luhmann, N., 1988b: Organisation, in: Ortmann, G., Küpper, W. (Hg.), Mikropolitik, Opladen

Luhmann, N., 1990: Verfassung als evolutionäre Errungenschaft, in: Rechtshistorisches Journal, 9, 176-220

Luhmann, N., 1993a: Das Recht der Gesellschaft, Frankfurt a.M.

Luhmann, N., 1993b: Bemerkungen zu „Selbstreferenz" und zu „Differenzierung" aus Anlass von Beiträgen im Heft 6, 1992, der Zeitschrift für Soziologie, in: Zeitschrift für Soziologie, 22, 141-146

Luhmann, N. 1995a: Das Paradox der Menschenrechte und drei Formen seiner Entfaltung, in: ders., Soziologische Aufklärung Bd. 6, Opladen

Luhmann, N., 1995b: Inklusion und Exklusion, in: ders., Soziologische Aufklärung Bd. 6, Opladen

Luhmann, N., 1995c: Die Behandlung von Irritationen: Abweichung oder Neuheit?, in: ders., Gesellschaftsstruktur und Semantik Bd. 4, Frankfurt a.M.

Luhmann, N., 1996: Die Realität der Massenmedien, Opladen

Luhmann, N., 1997a: Die Gesellschaft der Gesellschaft, Frankfurt a.M.

Luhmann, N., 1997b: Globalization or World Society? How to Concieve of Modern Society?, in: International Review of Sociology, 7, 67-79

Luhmann, N., 1998: Der Staat des politischen Systems. Geschichte und Stellung in der Weltgesellschaft, in: Beck, U. (Hg.), Perspektiven der Weltgesellschaft, Frankfurt a.M.

Luhmann, N., 1999: Ethik in internationalen Beziehungen, in: Soziale Welt, 50, 247-254

Luhmann, N., 2000a: Organisation und Entscheidung, Opladen

Luhmann, N., 2000b: Politik der Gesellschaft, Frankfurt a.M.

Luhmann, N., 2000c: Die Rückgabe des zwölften Kamels, in: Zeitschrift für Rechtssoziologie, 21, 3-60

Malnight, T. W., 1995: Globalization of an ethnocentric firm: an evolutionary perspective, in: Strategic Management Journal, 16, 119-141

Mayntz, R., 1992: Modernisierung und die Logik von interorganisatorischen Netzwerken, in: Journal für Sozialforschung, 32, 19-32

McGrew, A., 1998: Global Legal Interaction and Present-day Patterns of Globalization, in: Gessner, V., Budak, A. C. (eds.), Emerging legal certainty: empirical studies on the globalization of law, Dartmouth

McConnaughay, P. J., 1999: The risks and virtues of lawlessness: A „second look" at interntional commercial arbitration, in: Northwestern University Law Review, 93, 453-523

Mefford, A., 1997: Lex Informatica: Foundations of Law on the Internet, in: Indiana Journal of Global Legal Studies, 5, 1-15

Merry, S. E., 1988: Legal Pluralism, in: Law & Society Review, 22, 869-896

Mertens, H.-J., 1992: Nichtlegislatorische Rechtsvereinheitlichung durch transnationales Wirtschaftsrecht und Rechtsbegriff, in: Rabels Zeitschrift, 56, 219-242

Mertens, H.-J., 1997: Lex Mercatoria: A Self-applying System Beyond National Law?, in: Teubner, G. (ed.), Global Law Without a State, Dartmouth

Meyer, R., 1994: Bona fides und lex mercatoria in der europäischen Rechtstradition, Göttingen

Michaels, R., 1998: Privatautonomie und Privatkodifikation. Zu Anwendbarkeit und Geltung allgemeiner Vertragsrechtsprinzipien, in: Rabels Zeitschrift, 62, 580-626

Mistelis, L. A., 2000: Regulatory Aspects: Globalization, Harmonization, Legal Transplants, and Law Reform – Some Fundamental Observations, in: International Lawyer, 34, 1055-1069

Moore, W. E., 1966: Global Sociology: The World as a Singular System, in: The American Journal of Sociology, 71, 475-482

Muchlinski, P., 1995: Multinational Enterprises and the Law, Oxford

Muchlinski, P., 1997: 'Global Bukowina' Examnined: Viewing the Multinational Enterprise as a Transnational Law-making Community, in: Teubner, G. (ed.), Global Law Without a State, Dartmouth

Nassehi, A., 1999: Differenzierungsfolgen. Beiträge zur Theorie der modernen Gesellschaft, Opladen

Nafziger, J. A. R., 1996: International Sports Law as a Process for Resolving Disputes, in: International and Comparative Law Quarterly, 45, 130-149

Neves, M., 2001: From the Autopoiesis to the Allopoieis of Law, in: Journal of Law and Society, 28, 242-264

Neyer, J., 1998: Binding Territoriality and Functionality? Globalization Meets the Law, in: Gessner, V., Budak, A.C. (eds.), Emerging legal certainty: empirical studies on the globalization of law, Dartmouth

Ohmae, K., 1994: Die neue Logik der Weltwirtschaft. Zukunftsstrategien der internationalen Konzerne, Frankfurt a.M.

Osthaus, W., 2000: Local Values, Global Networks and the Return of Private Law - On the function of Civil Law and Private International Law in Cyberspace, in: Christoph Engel/Kenneth H.Keller (eds.), Governance of Global Networks in the Light of Differing Local Values, Baden-Baden

Petersen, H., 1995: : Reclaiming ‚Juridical Tact'? Observations and Reflections on Customs and Informal Law as (pluralist) Sources of Polycentric Law, in: Petersen, H./Zahle, H. (eds.), Legal Polycentricity: consequences of pluralism in law, Dartmouth

Perritt, H. H., 1998: The Internet as a Threat to Sovereignty? Thoughts on the Internet's Role in Strenghtening National and Global Governance, in: Indiana Journal of Global Legal Studies, 5, 423ff.

Preinerstorfer, K., 1997/98: Die Lando-Kommission. Rechtswissenschaft als Vermittler zwischen Europäisierungsprozeß und Privatrecht, Arbeit zur Erlangung des LL.M.-Grades am Europäischen Hochschulinstitut, Florenz

Redfern, A., Hunter, M., 1991: Law and Practice of International Commercial Arbitration, London

Reich, R. B., 1996: Die neue Weltwirtschaft. Das Ende der nationalen Ökonomie, Frankfurt a.M.

Robè, J.-P., 1997: Multinational Enterprises and the Law, in: Teubner, G. (ed.), Global Law Without a State, Dartmouth

Rogowski, R., 2000: Recht und industrielle Beziehungen in Luhmanns Weltgesellschaft, in: Zeitschrift für Rechtssoziologie, 21, 279-292

Ronit, K., Schneider, V., 1999: Global Governance through Private Organizations, in: Governance. An International Journal of Policy and Administration, 12, 243-266

Santos, B. d. S., 1987: Law: A Map of Misreading. Toward a Postmodern Conception of Law, in: Journal of Law and Society, 14, 279-302

Sassen, S., 1998: On the Internet and Sovereignity, in: Indiana Journal of Global Legal Studies, 5, 545ff.

Scheuermann, W. E., 1999: Economic Globalization and the Rule of Law, in: Constellations, 6, 3-25

Schimank, U., 1998: Code – Leistungen – Funktion: Zur Konstitution gesellschaftlicher Teilsysteme, in: Soziale Systeme, 4, 175-183

Schnyder, A.K., 2000: Internationales Wirtschaftsrecht – zu Begriff und Phänomenologie, in: Baums, T., Hopt, K. J., Horn, N. (eds.), Corporations, Capital Markets and Business in the Law. Liber Amicorum Richard M. Buxbaum, London

Schulz, M., 1998: Collective Action Across Borders: Opportunity Structures, Network Capacities, and Communicative Praxis in the Age of Advanced Globalization, in: Sociological Perspectives, 41, 587-616

Schwinn, T., 1995: Funktion und Gesellschaft. Konstante Probleme trotz Paradigmenwechsel in der Systemtheorie Niklas Luhmanns, in: Zeitschrift für Soziologie, 24, 196-214

Shapiro, M., 1993: The Globalization of Law, in: Indiana Journal of Global Legal Studies, 1, 37-64

Spickhoff, A., 1992: Internationales Handelsrecht vor Schiedsgerichten und staatlichen Gerichten, in: Rabels Zeitschrift, 56, 116-141

Stein, U., 1995: Lex mercatoria: Realität und Theorie, Frankfurt a.M.

Stichweh, R., 1994: Nation und Weltgesellschaft, in: Estel, B., Mayer, T. (Hg.), Das Prinzip Nation in modernen Gesellschaften, Opladen

Stichweh, R., 1995: Zur Theorie der Weltgesellschaft, in: Soziale Systeme, 1, 29-45

Stichweh, R., 1996a: Weltgesellschaft und Fundamentalismus, Ms., Bielefeld

Stichweh, R., 1996b: Globalisierung der Wissenschaft und die Region Europa, Ms., Bielefeld

Stichweh, R., 1997: Inklusion/Exklusion, funktionale Differenzierung und die Theorie der Weltgesellschaft, in: Soziale Systeme, 3, 123-136

Stichweh, R., 1999: Globalisierung von Wirtschaft und Wissenschaft: Produktion und Transfer wissenschaftlichen Wissens in zwei Funktionssystemen der modernen Gesellschaft, in: Soziale Systeme, 5, 27-39

Stichweh, R., 2000: Die Weltgesellschaft. Soziologische Analysen, Frankfurt a.M.

Tacke, V., 2000: Netzwerk und Adresse, in: Soziale Systeme, 6, 291-320

Teubner, G., 1982: Reflexives Recht. Entwicklungsmodelle des Rechts in vergleichender Perspektive, in: Archiv für Rechts- und Sozialphilosophie, 68, 13-59

Teubner, G., 1989: Recht als autopoietisches System, Frankfurt a.M.

Teubner, G., 1991: Steuerung durch plurales Recht. Oder: Wie die Politik den normativen Mehrwert der Geldzirkulation abschöpft in: Zapf, W. (Hg.), Modernisierung moderner Gesellschaften, Frankfurt a.M.

Teubner, G., 1992: Die vielköpfige Hydra. Netzwerke als kollektive Akteure höherer Ordnung, in: Krohn, W., Küppers, G. (Hg.), Emergenz: Die Entstehung von Ordnung, Organisation und Bedeutung, Frankfurt a.M.

Teubner, G., 1995: Die zwei Gesichter des Janus: Rechtspluralismus in der Spätmoderne, in: Schmidt, E., Weyers, H. L. (Hg.), Liber Amicorum Josef Esser, Heidelberg

Teubner, G., 1996: Globale Bukowina. Zur Emergenz eines transnationalen Rechtspluralismus, in: Rechtshistorisches Journal, 15, 255-290

Teubner, G., 1997a: 'Global Bukowina': Legal Pluralism in the Worl Society, in: Teubner, G. (ed.), Global Law Without a State, Dartmouth

Teubner, G., 1997b: Im blinden Fleck der Systeme: Die Hybridisierung des Vertrages, in: Soziale Systeme, 3, 313-326

Teubner, G., 1998: Vertragswelten: Das Recht in der Fragmentierung von Private Governance Regimes, in: Rechtshistorisches Journal, 17, 234-265

Teubner, G., 1999: Die unmögliche Wirklichkeit der lex mercatoria: Eine Kritik der théorie ludique du droit, in: Festschrift für Wolfgang Zöllner, Köln

Teubner, G., 2000: Privatregimes: Neo-Spontanes Recht und duale Sozialverfassungen in der Weltgesellschaft?, in: Simon, D., Weiss, M. (Hg.), Zur Autonomie des Individuums. Liber Amicorum Spiros Simitis, Baden-Baden

Teubner, G., Zumbansen, P., 2000: Rechtsentfremdungen: Zum gesellschaftlichen Mehrwert des zwölften Kamles, in: Zeitschrift für Rechtssoziologie, 21, 189-215

Trubek, D.M., Mosher, J., Rothstein, J.S., 1999: Transnationalism in the Regulation of Labor Relations: International Regimes and Transnational Advocacy Networks, in: Journal of Law and Social Inquiry, 11, 1-30

Tyrell, H., 1983: Gruppe als Systemtyp, in: Neidhardt, F. (Hg.), Gruppensoziologie: Perspektiven und Materialien, Sonderheft 25 der Kölner Zeitschrift für Soziologie und Sozialpsychologie, 75-87

Vesting, T., 2001: Die Systemtheorie des Rechts, in: JURA, 299-305

Voigt, R., 1999/2000: Globalisierung des Rechts. Entsteht eine „dritte Rechtsordnung"?, in: Voigt, R. (Hg.), Globalisierung des Rechts, Baden-Baden

Volckart, O., Mangels, A., 1996: Has the Modern Lex Mercatoria Really Medieval Roots?, Diskussionsbeitrag 08-96 des Max-Planck-Instituts zur Erforschung von Wirtschaftssystemen

Wehrsig, C., Tacke, V., 1992: Funktionen und Folgen informatisierter Organisationen, in: Malsch, T., Mill, U. (Hg.), ArBYTE. Modernisierung der Industriesoziologie? Berlin

Weick, K. E., 1985: Der Prozess des Organisierens, Frankfurt a.M.

White, H. C., 1992: Identity and Control. A Structural Theory of Social Action, Princeton

Willke, H., 2000: Die Gesellschaft der Systemtheorie, in: Ethik und Sozialwissenschaften. Streitforum für Erwägungskultur, 11, 195-209

Willke, H., 2001: Atopia. Studien zur atopischen Gesellschaft, Frankfurt a.M.

Witte, J. M., Reinicke, W., Benner, T., 2000: Beyond Multilateralism: Global Public Policy Networks, in: IPG, 176-188

Zerdick, A. et al., 2000: E-conomics. Strategies for the Digital Marketplace, Berlin

Ziegert, K. A., 1999/2000: Globalisierung des Rechts aus Sicht der Rechtssoziologie, in: Voigt, R. (Hg.), Globalisierung des Rechts, Baden-Baden

Zürn, M., 2001: Politische Fragmentierung als Folge der gesellschaftlichen Denationalisierung?, in: Loch, D., Heitmeyer, W. (Hg.), Schattenseiten der Globalisierung, Frankfurt a.M.

Kommunikation, Koordination und soziales System

Theoretische Grundlagen für die Erklärung der Evolution von Kultur und Gesellschaft

von Manfred Aschke

2002. XVI/275 S., kt. € 36,- / sFr 63,-
ISBN 3-8282-0210-1

Das Buch entwickelt in Auseinandersetzung mit der Systemtheorie Niklas Luhmanns ein Konzept der Erklärung kultureller und sozialer Evolution, das Systemtheorie und Handlungstheorie schlüssig miteinander verbindet.

Dimensionen der Verteilungsgerechtigkeit

Von Frank Dietrich

2001. VIII/222 S., kt. € 27,- / sFr 48,10
ISBN 3-8282-0180-6

Im Zentrum dieses Buches steht das Thema der Verteilungsgerechtigkeit. Die Darstellung folgt der Einsicht, dass verschiedene Problemdimensionen der Verteilungsgerechtigkeit auseinandergehalten werden müssen. Grundsätzlich wirft jede Verteilung drei Fragen auf:·

- Wer soll bei der Verteilung berücksichtigt werden?
- Was soll bei der Bewertung der Verteilung betrachtet werden?
- Wie, d.h. gemäß welcher Prinzipien soll die Verteilung vorgenommen werden?

Die Rückgabe des zwölften Kamels

Niklas Luhmann in der Diskussion über Gerechtigkeit

Hrsg. von Günter Teubner

2000. 245 S., kt. € 25,- / sFr 44,50
ISBN 3-8282-0130-X

Luhmanns brillanter Essay zur Rückgabe des zwölften Kamels, einer Rechtsparabel aus dem islamischen Raum, ist der Ausgangspunkt für eine lebhafte Diskussion über die Paradoxien von Recht und Gerechtigkeit, die in diesem Bande von theologischen, philosophischen, soziologischen und rechtstheoretischen Perspektiven ausgeführt wird.

 *Stuttgart*

Vertrauen

von Niklas Luhmann

Ein Mechanismus der Reduktion sozialer Komplexität
4. Aufl.
2000. 140 S., kt. € 12,90 / sFr 24,-. ISBN 3-8282-0148-2
(UTB 2185, ISBN 3-8252-2185-7)

Luhmann analysiert Funktion, Bedingungen und Taktiken des Vertrauens sozialwissenschaftlich, vor allem das Bestreben, den Bereich der rationalen Handlungen nach Möglichkeit zu erweitern, durch persönliches Vertrauen oder Vertrauen in das Funktionieren gesellschaftlicher Systeme auch höhere Risiken einzugehen.

Macht

von Niklas Luhmann

3. Aufl.
2003. 156 S., kt. € 12,90 / sFr 22,80. ISBN 3-8282-4549-8
(UTB 2377, ISBN 3-8252-2377-9)

Macht wird von Luhmann als symbolisch generalisiertes Kommunikationsmedium analysiert. Dieser Gesichtspunkt bietet die Möglichkeit, verschiedene Machtkonzepte sowie verschiedene symbolisch generalisierte Kommunikationsmedien (vor allem Geld, Wahrheit, Liebe) miteinander zu vergleichen.

Luhmann-Lexikon

Eine Einführung in das Gesamtwerk von Niklas Luhmann
von Detlef Krause
3., neu bearbeitete und erweiterte Auflage
2001. VII/293 S., 29 Abb., 500 Stichworte, kt. € 16,90 / sFr 31,50
ISBN 3-8282-0147-4 (UTB 2184, ISBN 3-8252-2184-9)

Dieses sehr erfolgreiche Einführungs- und Nachschlagewerk versteht sich als ein Wegweiser durch die gegenwärtig wohl reichhaltigste, eigenwilligste und anregendste Landschaft disziplinübergreifenden Denkens. Vermittelt wird ein Überblick zur gesamten systemtheoretischen Gedankenwelt Niklas Luhmanns. Dies geschieht in Form eines grafisch unterstützten konzentrierten Einführungstextes und in der Form von Stichworten zu Luhmanns begrifflichen Werkzeugen sowie zu dem, was mit diesen Werkzeugen alles bearbeitet wird.

 *Stuttgart*

Wörterbuch der Soziologie

Herausgegeben von Günter Endruweit und Gisela Trommsdorff

2., völlig neu bearbeitete und erweiterte Auflage

2002. X/754 S., kt. € 34,90 / sFr 57,80
ISBN 3-8282-0172-5
(UTB 2232, ISBN 3-8252-2232-2)

Nachdem die 1. Auflage dieses Wörterbuchs mit 14.000 verkauften Exemplaren ein großer Erfolg geworden ist, verlangte die Weiterentwicklung der Soziologie diese überarbeitete und erweiterte 2. Auflage. Das Wörterbuch umfasst über 350 Stichwörter, die aufgrund ihres deutlich über lexikalische Kürze hinausgehenden Umfangs sich auch gut zur Einführung in zentrale Fragestellungen der modernen Soziologie eignen.

Beibehalten wurde die Grundkonzeption, in größeren Überblicksartikeln wichtigere Bereiche und Begriffe der Soziologie eingehend und in sich geschlossen zu behandeln. Daneben stehen kürzere, eher lexikalische Stichwortbehandlungen, denn die vielfältige Entwicklung der Soziologie und ihrer Nachbarwissenschaften hat auch solchen Gegenständen eine große Bedeutung gegeben, die nicht auf den ersten Blick als Teil eines Systemzusammenhangs zu erkennen sind.

In diesem Sinne trägt auch diese Neuauflage der weitergegangenen Entwicklung Rechnung. Insgesamt hat sich dabei, auch dem von Soziologen ausgerufenen Zeitalter der Individualisierung gemäß, die Einheitlichkeit von Gliederung und Bearbeitung etwas vermindert - aber die Soziologie insgesamt hat im letzten Jahrzehnt des vorigen Jahrhunderts inhaltlich mehr "neue Unübersichtlichkeit" als ein schärferes fachliches Profil entwickelt. Eine einengende Stichwortauswahl oder schematische Stichwortstrukturen wären daher unangemessen. Jedes Stichwort wurde für die Neuauflage überprüft und meist wesentlich überarbeitet. Neue Stichworte, darunter Ernährungssoziologie, Fremdenfeindlichkeit, Globalisierung, Individualisierung und Milieu, Regionalisierung, Umweltsoziologie wurden aufgenommen. Dafür konnten über 60 neue Autorinnen und Autoren gewonnen werden.

Ein ausführliches Sachregister ermöglicht die detaillierte Auffindung von Fachbegriffen und Zusammenhängen innerhalb und zwischen den Stichworten, so dass sich dieses Wörterbuch nicht nur als Nachschlagewerk, sondern auch zur Erarbeitung von Basiswissen eignet.

 *Stuttgart*

Zeitfracht Medien GmbH
Ferdinand-Jühlke-Straße 7
99095 Erfurt, Deutschland
produktsicherheit@kolibri360.de